글 쓰는 공학자, 하창식 자서전

내 머리 위 하늘엔
두 개의 달이 떠 있었다

글 쓰는 공학자, 하창식 자서전

내 머리 위 하늘엔
두 개의 달이 떠 있었다

Janus & Two Moons

하창식 저

부산대학교 출판문화원

| 머리말 |

언감생심(焉敢生心)! 감히 자서전을 쓰겠다는 마음을 한 번도 먹어 본 적 없었다. 그동안 역사적인 위인(偉人)들처럼 내 삶을 통해 역사에 이름을 남길 만한 업적을 남긴 게 없기 때문임은 물론이다. 나는 유명 정치인이나 기업인, 예술가, 연예인 등, 이름 석 자 들면, "아, 그 사람!"하고 누구나 알 수 있을 만한 유명인도 아니다. 게다가 남들과는 다르게 파란만장한 삶을 살아왔다고 생각되는 특이한 삶의 궤적도 딱히 없다.

게다가 자서전을 통해 나 자신을 발가벗기게 되어, 두려움이 앞서는 것도 사실이다. 나를 알고 있는 독자이든, 모르고 있는 독자이든, 나는 그들의 삶에 대해 아는 바가 없는데, 오롯이 나의 거의 전부를 드러낸다는 것이 솔직히 적지 않게 두렵고 부끄럽다. 처세술의 중요한 원칙 중 하나는, 상대방에게 자신의 본모습을 다 드러내지 말라고 배웠다. 그렇기에 더욱 두렵고 부끄러움이 앞선다.

그럼에도 소설가이신, 부산가톨릭문인협회 김상원 전 회장님의 수차례에 걸친 진지한 조언에 힘입어 용기를 내었다. 이해인 수녀님이 함께하는, 문학 단체 '길' 동인의 회원으로 추천해 주신 인연도 동기가 되었다. 언제나 나에게 따뜻한 관심과 애정을 보여 주시는 문학 선배이신 분이었다. 그동안 공학자이면서도, 일곱 권의 수필집과 아홉 권의 인문학적 산문집을 발간할 정도로 활발한 문학 활동을 해 온 나의 삶에 대해 궁금해하는 독자들이 적지 않다며, 자서전을 한번 써 보라는 조언을 하셨다. 오랜 고민 끝에 자서전을 쓰기로 마음먹었다.

무릇 자서전이란 자신이 살아온 삶을 숨김없이 드러냄이 중요한 원칙의 하나이다. 하지만 과장된 자기 자랑으로, 별것 아닌 나의 그릇 크기를 실제보다 부풀리게 할 수도 있어 매우 조심스럽다.

이런저런 사정을 고려하여 이 책에서는, 수필가이자 공학자의 삶을 어떻게 살아왔는가에 초점을 맞춰 기억의 편린(片鱗)들을 모아 적기로 했다.

이공계 대학/대학원을 졸업하고, 40여 년간 공과대학 교수로 재직하면서, 수필가의 길도 함께 걸어온 나의 삶에 대해 궁금해하시는 분들을 위해 그 비밀 아닌 비밀을 밝힌다는 의미도 있겠다.

비밀이라 해서 뭐 그리 대단한 비밀도 아니다. 하지만 적지 않은 지인(知人)들이 나에 대해 오해하고 있는 것들에 대해 진실을 털어놓는 것도 나름대로 의미 있지 않을까 한다. 가령 공과대학 교수이니, 수학을 잘했으리라는 상식적인 오해 같은 것이다. 수학과는 거리가 멀었던 공과대학 교수였던 나 자신을 지인들에게 어떻게 설명할 수 있을까 하는 것들에 대한 비밀이다.

그런 의미에서 이 책에서는 공학자이자 수필가로 살아온 내 삶의 궤적을 따라, 마치 조각 맞추기 놀이처럼 내 기억의 조각들을 맞춰 나가고자 한다. 내 자서전의 제목을 '내 머리 위 하늘엔 두 개의 달이 떠 있었다'라 붙인 까닭에 대해 먼저 설명해야겠다.

야누스(Janus)는 로마 신화에서 문, 대문, 문간을 상징하는 신이자, 처음과 끝, 시작과 변화, 이중성을 상징하는 신이다. 야누스는 서로 반대편을 바라보고 있는 두 얼굴 모습을 한 신으로 묘사된다.

곧 한 사람에게서 이중적인 모습이 보일 때 야누스 같은 사람이라고 말할 때가 더러 있다. 내 경험에 비추어 봤을 때도, 공학과 문학은 물과 기름처럼 어울리지 않는, 어딘가 반대되는 특성을 보이는 것 같다. 40여 년간 공과대학의 학생들을 가르치면서, (인문사회 계열의 학생들과 비교할 때) 공대 학생들의 상대적으로 낮은 수준의 문해력과 글짓기 솜씨를 생생하게 보아 왔다. 그런가 하면 수필가를 비롯해 문인(文人)들은 대개 공학이나 과학 이야기를 하면, "신기하긴 하지만 어렵다."라고 하면서 우선 머리부터 흔드는 모습을 수없이 목격해 왔다. 그러기에 수필가이자 동시에 공학자로 살아온 나의 삶이 '야누스적' 삶이었다는 점은 나 자신도 인정할 수밖에 없다.

제목은, 영국 작가 서머싯 몸의 소설 『달과 6펜스』에서 따왔다. 서머싯 몸 작품에서처럼, 어찌 보면 평생 예술가의 이상(理想)을 뜻하는 '달'을 좇아 살아왔으면서도, '6펜스(sixpence)'로 상징되듯, 현실적으로는 공학자로 밥벌이를 해왔기 때문이다.

야누스의 두 얼굴은 항상 서로 반대쪽을 바라보고 있다. 때문에, 하나의 같은 달을 볼 수는 없다. 우리나라와 지구 반대편에 있는 나라들이 밤낮이 뒤바뀐 것을 생각하면 짐작할 수 있을 것이다. 왼쪽에 있는 내가 달을 바라볼 때 오른쪽에 있는 다른 나는 해를 볼 것이고, 오른쪽에 있는 내가 달을 바라볼 때, 왼쪽에 있는 나는 해를 바라보기 때문이다. 그러니 머릿속엔 공학자의 마음과 문학적 마음이 함께 공존해도, 서로가 바라보는 달은 다를 수밖에 없다.

따라서 내 머리 위 하늘엔 항상 두 개의 달이 떠 있어야 했다. 각각의 얼굴은 항상 자기만의 달을 바라볼 수밖에 없기 때문이다. 나는 평생 내 머리 위 하늘에 떠 있는 두 개의 서로 다른 달을 바라보면서 살아왔다. 많은 사람이 자기 머리 위 하늘에서 하나의 달만을 바라보며 살아온 것에 비하면, 내 머리 위 하늘에 뜬 두 개의 다른 달을 보면서도 별 어려움 없이 살아온 내 삶을 생각하면, 나 자신도 가끔 놀랄 때가 적지 않다.

공학자의 얼굴을 하였으면서도, 문학가를 포함한 예술가의 달을 보고자 애썼다. 반면, 수필가로서 문학가의 얼굴을 하였으면서도 공학자의 달을 좇아 왔다. 하지만 내 삶을 되돌아보면, 공학자든 수필가든, 두 다른 모습을 하나로 '융합'하며, 공학자로도, 수필가로도, 동시에 성공적인 삶을 살아보리라는 다짐과 소망으로, '나의 머리 위 하늘에서만 볼 수 있을 것 같은 두 개의 달'을 좇으며 평생을 살아왔다고는 말할 수 있을 것 같다.

실제로 나는 세계적으로 이름을 날리는 저명 공학자도 아니고, 베스트셀러 작가 같은 유명한 문학가도 아니다. 어느 한 분야도 제대로 하지 못하는 반푼이 공학자, 반푼이 문인이다. 이렇게 어정쩡한 공학자이자 수필가의 삶을 살아온 나이지만, 그래도 나에게 관심을 보여 주는 분들이 적지 않아, 자서전을 쓰기로 마음을 크게 먹었다. 아마도 이 자서전을 읽어 줄 독자들은 대부분, 문인들일 것이다. 공학자가 수필가란 사실이 다소 낯설 수 있을 것 같다. 문인들뿐만 아니라, 공학을 잘 모르는 일반 독자들이 내 자서전을 읽게 되면, 내가 걸어온 공학자의 길에 다소 놀랄 수도 있을 것이다.

반면, 공학자나 선, 후배 혹은 동료 공과대학 교수들이 이 책을 읽으면, 자신들에게서 쉽게 볼 수 없는 문인으로서의 내 삶의 여정이 조금은 신기하게 여겨질 수도 있겠다.

스물여섯 살에 교수 생활을 시작한 것이나, 공과대학 교수로 이런저런 상들을 많이 받은 이야기만 읽다 보면, 내가 무슨 대단한 공학자가 되는 것으로 착각하실 수도 있을 것 같아, 미리 말씀드리고 싶다. 공학자라는 측면에서 보았을 때는, 내 주변만 보더라도 나보다 훌륭한 공학자들이 정말 많다. 나 자신을 판단하라면, 나는 절대 일류 공학자가 아니다. 겨우 이류나 삼류 학자를 면할 정도이다. 때문에, 나의 공학자적 이력이 특별한 게 아니라는 사실을 생각하고, 내 이야기를 읽어 주었으면 한다.

내 머리 위에는 언제나 두 개의 달이 떠 있었지만, 하나의 달만을 바라보고 살아온 독자들을 생각할 때 사실 나 자신이 무척 부끄럽게 여겨진다. 문학가로서 내가 바라보는 달 아래에서 활동하는 많은 훌륭한 문인들이나 예술가들을 볼 때마다 주눅이 든다. 공학자로서 내가 바라보는 달 아래에서 활동하는 많은 탁월한 학자들을 볼 때도 주눅이 드는 건 마찬가지이다. 나는 그분들 신발 끈을 맬 자격조차 없는 사람이다.

단지 두 개의 얼굴로 내 머리 위에 두 개의 달이 떠 있는 걸 볼 수 있다는 것 이외는, 어정잡이 공학자, 어정잡이 수필가로, 이도 저도 아닌 것 같아 더욱 그렇다.

그동안 내 삶의 이야기들은 비록 조각 조각으로 나누어져 있지만, 부분적으로는 내가 펴낸 기존의 수필집이나 산문집들에 담겨 있다. 때문에, 이 자서전은 내가 공학자이자 수필가로 살아온 삶에 대해서만 초점을 맞추어 서술하였다. 언젠가 이 자서전에 기록되지 않은, 더 많은 기억의 보따리를 풀어 헤칠지는 모르겠지만, 그때가 오면 나머지 이야기들을 써 볼까 한다.

이 자서전은 4부, 23장으로 엮어져 있다. 1부는 '야누스의 달'이란 제목으로, 나의 어린 시절부터 대학원인 한국과학원 시절까지의 이야기를 담았다. 2부는 '공학자의 달을 좇아서'란 제목으로, 공학자로서 살아온 삶을 회고한 것이다. 3부는 '수필가의 달을 좇아서'란 제목으로, 수필가로서의 나의 여정과 작품집 출간 이야기를 다룬 것이다. 4부는 '내 머리 위에 뜬 새로운 달'이란 제목으로, 공과대학 교수 정년퇴임 후 새롭게 걸어가고 있는 '예술의 융합' 전문가의 오솔길을 그리고 있다. 내 삶에서 있었던 에피소드나 그 에피소드를 중심으로 한 나의 사유(思惟)는 모두 116개의 작은 번호로 구분하였다. 장, 절의 번호와 상관없이 대개 116개 정도의 내 삶의 이야기가 담겨 있다고 보면 될 것이다. 자서전인 만큼 책 끝에 부록으로 나의 연보와 저서 목록 (특히 전공 저서 및 번역서)을 정리해 한자리에 모았다.

칠순을 앞두고, 이 자서전을 통해 보잘것없는 자신의 삶을 되돌아보는 것도 나름 뜻있는 일은 될 것이라는 생각이다. 자서전 쓰기에 도전하도록 용기를 불러일으켜 주시고, 인기를 끈 대하소설의 작가답게, 독자들에게 가깝게 다가갈 수 있는 자서전다운 자서전이 될 수 있도록 자서전 초고에 대해 여러 가지 도움 말씀을 주신, 소설가 김상원 선생님께 다시 한번 깊은 감사를 드린다. 더구나 내 자서전 초고를 읽고 발문(跋文)을 써주신 데 대해서도 어떻게 감사드려야 할지 모르겠다.

부산대학교 가톨릭교수회 선배 교수였던 고(故) 박선자 교수님이 나의 첫 수필집 『가슴 따뜻한 세상을 꿈꾸며』 발간 때 나를 위해 써 주신 글 또한, 발문으로 수록하였다. 나의 첫 수필집의 발문 형식으로 써 주신 글이지만, 나의 교수 생활, 나의 수필 세계, 그리고 가톨릭 신앙인으로서의 나의 모습을 잘 그려 주셨기 때문이다. 분에 넘칠 만큼 나를 더 돋보이게 쓴 글이라, 다시 읽어도 부끄러움에 내 얼굴이 붉어지지만, 어떤 지인도 '있는 그대로의 나'의 모습을 그보다 더 잘 그릴 수 없을 것 같아, 발문으로 다시 수록하였다. 이미 고인이 되신 그 분의 명복을 빈다.

끝으로, 가정 울타리가 만드는 괄호 안에서 꾸준히 나에게 힘이 되어 준 가족들에게 고마움을 전한다. 내가 공학자로, 수필가로, 또한 예술의 융합 전문가로 살아오면서 가정

울타리의 괄호 밖에서 의미 있는 삶을 살아올 수 있었던 것은 온전히 가족 덕분이다. 때로는 나로 말미암아 마음고생하며 힘들어한 시간도 많았을 것이다. 나를 키워주신 부모님은 물론이고, 결혼을 통해 새로 맺어진 가족들, 40여 년 동안, 자신의 앞가림하기에 바빠 제대로 사랑을 드러내지 않아 "빵점 아빠, 괄호 밖의 남편"인 내 곁에서 나를 지켜준 나의 아이들, 특히 아내에게 '끝으로, 하지만 가장 속 깊은("Last, but not the least")' 사랑과 감사의 인사를 드린다.

2025. 3. 10. 집필을 시작한 날

하창식 씀

| 차 례 |

1부.
야누스의 달
- 나의 성장 과정

1.
야누스의 운명

1

머리말에서도 언급하였듯이, 나는 공학자이자 수필가로서 야누스적인 삶을 살아왔다. 물론 어느 한쪽도 대단한 성공을 거둘 만큼 자랑거리로 내세울 만한 것은 없다. 그래도 전혀 상반된 두 갈래의 다른 길을 지그재그로 걸어오면서 큰 넘어짐 없이 오늘까지 무난하게 살아온 것만은 틀림없는 것 같다.

"의학은 나의 아내, 문학은 나의 애인이다."

의사이자 작가였던 러시아의 대문호 안톤 체호프가 한 말이 생각난다. 체호프의 말을 빌려 나의 삶을 돌아보면, 공과대학 교수로서 지내 온 40년 가까운 세월 동안, 공학을 내 아내로, 문학을 나의 애인으로 여기며 살아온 셈이다.

야누스(Janus)는 서로 반대쪽을 바라보는 두 얼굴을 가진 로마의 신이다. 영어권 지역을 비롯해 유럽 대부분의 나라에서 1월을 상징하는 신이다. 곧 한 해가 끝나고 다른 새해로 들어가는 문이라는 의미로, 1월은 야누스의 달에서 유래된 January라 불린다. 고대 로마에서부터 시작된 유래이다.

그래서일까? 나는 음력으로는 1955년 12월 18일생이지만, 양력으로는 1956년 1월 30일 태생이다. 음력을 기준으로 양띠 태생이다. 태생을 상징하는 띠만큼 양을 닮아, 성격이 온순한 편이다. 어찌 보면 태생부터 어른이 되기까지 걸어온 내 온 삶에서 볼 수 있듯이, 1월이 상징하는 바와 같은 야누스의 운명을 가지고 태어난 듯 하다.

고고한 울음과 함께 이 세상에 태어났을 때는 먼 훗날, 내가 무엇이 될지 짐작할 수 없었겠지만, 야누스가 상징하듯, 무엇이든 두 가지 전혀 다른 성격을 한 몸에 지니고 살아가야 할 운명을 타고났으리라는 생각이 든다. 그때는 몰랐지만, 70세를 앞둔 지금에 와서 생각하면, 내가 걸어온 삶 자체가 바로 그 야누스적인 삶의 길을 갈팡질팡 걸어왔으니까 말이다.

2.
수줍음 많던 어린아이

소리로 기억되는 유년 시절

2

학창 시절은 물론이고 사회생활을 하면서, 고향이 있는 이웃들의 이야기를 들을 때마다 부러운 생각이 많이 들었다. 산 넘고 물을 건너야만 닿을 수 있는 시골에 고향을 둔 친구들이 꿈에 젖은 듯, 고향 이야기를 펼칠 때는 나도 그런 고향이 있었으면 얼마나 좋을까 하는 생각을 많이 했었다. 그네들의 초가집, 주위를 둘러싼 논밭과 산의 고즈넉한 풍경이 부러웠다. 조그만 고기잡이배가 가지런히 닻을 내리고 있는 어촌 풍경도 부러웠다.

나는, 시골이나 어촌 마을에 고향을 둔 친구들의 고향에 대한 아련한 추억이라든가 낭만과는 거리가 먼, 도회지 출신이다. 화려한 번화가는 아니더라도 부산이라는 도시의, 논밭

없는 아스팔트 도로 곁에 놓인 주택에서 태어나고 자랐다.

'고향'에 대해 내가 가진 이미지는, 간접적이긴 하지만, 어릴 적 부모님을 따라 명절에 인사차 들르던, 김해 진영의 작은 고모 댁과 진례 지역의 큰 고모 댁에서 바라보던 시골 풍경이 전부이다. 도회지에서 태어나고 자랐기에 시골 출신의 이웃들보다는 내 유년(幼年)의 추억이 그리 많지는 않다. 그렇지만 그나마 내 머릿속에 남아 있는 희미한 기억의 조각들을 맞추면서 과거를 회상해 보고자 한다.

60년대 유년 시절을 보낸 내 머릿속에 똬리를 틀고 남아 있는 풍경은 몇 가지 소리로만 기억된다. 그 시대를 살아온, 지금 60, 70대 사람들이라면 대부분 기억할 만한 소리일 것이다.

동틀 무렵이 되면, 대문 밖에서는 언제나 "재첩국 사~~~려." 소리가 가장 먼저 들려왔다. 그러면 어머니가 대문을 열고 재첩국 파는 아주머니로부터 재첩국을 사서 데운 후 우리 식탁에 올려놓곤 했다. 그 당시 참 많이 먹었던 음식이었다. 어릴 적부터 몸이 허약했던 터라, 유난히 코피를 자주 흘렸다고 한다. 재첩국이 몸에 좋다며, 자주 먹었던 기억이 난다. 나뿐 아니라 부산 지역에서 태어나고 자란 사람이라면, 대부분이 소리를 듣고 자랐을 것이란 생각이 든다.

해가 지면 대문 밖에서, 특히 가을이 깊어 가는 즈음의 저녁이 되면, 언제나 "송편 사~~려.", "망개떡 사~~~려." 소리가 정겹게 들려왔다. 대문에서 "~~~사~~~려."를 외치며 지나가는 아저씨를 불러 세우면, 아저씨가 어깨에 진 물지게에 매달린 한쪽 바구니를 내려놓고, 그 속에 든 송편과 망개떡을 주셨다. 자주는 아니지만, 가끔 어머니가 사 들고 온, 솔잎 위에 놓인 송편과 망개떡은 저녁 간식으로는 최고였었다. 그야말로 꿀맛이었다.

밤 12시가 되면, 잠결에 어렴풋이 들려오던 방범대원들의 호루라기 소리 또한, 우리 시대의 대표적인 소리였다. 1961년부터 시작되어 1982년 해제될 때까지 20여 년 동안 존재했던 야간 통행금지를 알리는 호루라기 소리였다. 자정부터 오전 4시까지 계속되는 야간 통행금지를 알리기 위해 밤 열두 시가 다가오면 이곳저곳에서 호루라기 소리가 들려왔다.

1960년, 4.19 혁명 때에는 밤 9시부터 다음 날 오전 5시까지 통금이 연장되기도 했고, 1979년, 부산과 마산 지역에서 일어난 부마민주항쟁 당시와 박정희 대통령의 시해 사건으로 말미암아 계엄령이 발동될 때는, 밤 10시부터 오전 4시까지 통금 시간이 연장된 적도 있었다. 당시 야간 통행금지를 알리는 호루라기 소리는 유년 시절의 잊을 수 없는 소리의 하나였었다.

그리고 또 하나, 자주 들은 것은 아니었지만, 가끔 듣게 되는 전차에서 울리는 종소리 또한 잊을 수 없는 소리였다. 겨울방학이 되면, 가끔 지금 동래 대동병원 근처 골목길에 있었던 고모할머니 댁에 나들이했었다. 그 당시 고모할머니 댁에 가려면 전차를 타고 가야 했었다. 당시엔 지금 대동병원 있는 곳이 모두 논밭이었던 것으로 기억된다. 겨울이 되면 논밭 사이 둠벙에 있던 물이 얼음으로 변했다. 그곳에서 앉은뱅이 썰매를 타고 송곳으로 얼음을 지치며 신나게 썰매를 타곤 했었다.

전차를 타고 오가면서 정류장에 도착할 때마다 딸랑딸랑 들려오던 종소리 또한, 오래 기억되는 소리이다. 5원짜리 종이 표를 내고 승차했다. 서면 로터리의 부산탑 아래를 지나 동래역까지 갈 때 전차 창밖으로 펼쳐지던 시가지 모습 또한 아련한 기억으로 남아 있다.

부산탑은 '부산직할시' 승격 기념으로 1963년 12월 14일 건립된 탑이었다. '부산'의 '부' 자를 딴 모습으로 지어진 탑이었다. 탑 상부에는 부산을 상징하는 오륙도가 조상(彫像)되어 있었고, 탑 중앙에는 자유의 횃불을 든 남녀 동상이 세워져 있었다. 부산탑은 1981년 7월, 부산 지하철 1호선 공사로 탑신이 철거되어 지금은 흔적도 없이 사라졌다.

현재 탑 중앙에 있던 남녀 조각상은 부산시립박물관 야외 전시장에 안치되어 있다고 한다. 얼마 전까지 만덕 로터리에도 부산탑의 축소 모형이 설치되어 있었는데, 도로 확장 공사로 지금은 보이지 않는다. 서면 영광도서 근처를 지나가다, 그곳에 놓여 있는 부산탑의 축소 모형을 보면서 가끔 그 시절이 생각날 때도 있다.

시대를 상징하는 그런 소리를 듣고 살아왔지만, 정작 오늘날까지 내 머릿속에 남아 있는 개인적인 어릴 적 기억은 많지 않다. 어릴 때부터 바깥 놀이를 즐겨하지 않고, 주로 공부에만 매달리던 어린아이였다 보니 더더욱 그런 것 같다. 주위의 지인들이 공대 교수로서, 수필가로서, 이런저런 활동을 하는 걸 보면서, '못하는 게 뭐냐?"고 가끔 묻는 경우가 있다. 그때마다 사실 마음속으로는 큰 부끄러움이 몰려온다.

3

내 나이 또래 성년 남자들이 흔히들 할 수 있는 취미 활동이 내게는 없기 때문이다. 요즈음 많은 사람이 즐기는 골프를 전혀 치지 않는다. 바둑은 물론이고; 대한민국 남자들이라면 보편적으로 할 수 있는 당구 같은 운동이나, 다른 잡기(雜技)들도 잘할 수 있는 게 없다.

잡기랑은 무관하지만, 어릴 적 하루에 두 갑의 담배를 피우던 아버지를 보면서 그 냄새가 싫어, 형이랑 나는 크면 절대 담배는 피우지 않겠다고 마음먹었기 때문에, 담배는 평생 입에 댄 적이 없다. 술을 먹으면 속이 불편하고 쉽게 취하다 보니, 맥주 한 잔 정도 마실 수 있을 정도의 주량이다. 왠지 모르지만, 소주를 마시면 위를 갉는 듯 속이 불편해서 소주는 마시지 않는다.

이름, 마당, 그리고 우물

4

김해에 살던 부모님이 부산으로 이사 오셨을 때는, 아무런 기반도 없이 모든 것을 새로 시작해야 했기 때문에 형편이 무척 어려웠다고 들었다. 1949년, 출생한 지 만 21일이 된 형을 데리고 부산으로 이주하였고, 1950년 한국동란의 와중에 부산진구 부암동 145번지에 내가 태어난 집을 신축하였다고 하셨다. 아버지의 일기장에 해당하는 '잡책(雜冊)' (41쪽 참조) 기록을 그대로 옮기면, "박봉 생활이라 굶주리면서 일하고 제반 외로(畏勞; 노동에 대한 두려움)를 극복하면서 근근히" 완공하였다. 부모님은 일제강점기 시대에도 가난하게 사셨다. 1948년 8월 15일, 일제로부터 독립된 이후 남북으로 분단되면서, 광복 초기 좌/우 세력들 간의 격심한 정치적 갈등은 물론이고, 1950년 한국동란, 곧 6.25 전쟁을 겪으면서 일반 국민과 마찬가지로 혼돈과 격동의 시간을 견뎌야 했다. 아버지께서는 이런 혼란 속에서 곤욕을 치르셨고, 이런 분위기 아래 경제적으로도 가난한 삶을 살아가야 했었다.

그나마 내가 태어나던 1955~1956년 당시에는 가정 형편이 조금은 나아졌나 보다. 가장 어릴 때의 내 사진은 돌 사진이다. 언젠가 어머니가 하신 말씀이 생각난다. 형과 누나가 태어날 때는 가난한 형편에다 먹고살기 바빠서, 돌 사진은 생각할 수조차 없었는데, 내가 태어날 때는 돌 사진을 찍을 수 있을 만큼은 경제적으로 좀 나아졌다고 한다. 해서, 나를 복덩이로 생각하며 기뻐하셨다고 들었다. 그래서 그런지 우리 네 형제 중에 돌 사진을 찍은 것은 내가 유일하다. 아버지의 '잡책'에도 "...차남인 창식이가...출생하였다. 그때는 가정 형편이 좀 윤택하였기에 제반 사정이 용의하였다."라고 적혀 있다. 형이 태어날 때는 말할 것도 없고, 아버지의 '잡책'에는 누나가 태어날 때만 해도, "생활상 식량이 곤란하였기에 적쇠를 만들어 물물교환으로 식량을 바꾸어 밥을 짓기도 하였다." 고 적혀 있을 만큼 가정 형편이 어려웠나 보다.

부산철도공작창 (현재는, 부산철도차량정비단으로 이름

이 바뀌었다.) 공원이었던 아버지(진양(晉陽) 하(河)家 원(元)字 도(道)字)와, 주부였던 어머니(함종(咸從) 어(魚)氏 봉(奉)字 순(順)字) 슬하에서 2남 2녀의 셋째로 태어났다. (아버지께서는 만 25년을 부산철도공작창에서 근무하시다 정년퇴임하셨다.)

당시만 해도 동사무소 직원분들의 교육 수준이 높지 못해서 그런지, 아이들의 호적을 기록할 때 한자를 잘 못 쓰는 경우도 비일비재했다. 연(連)O이란 이름을 가진 내 사촌의 경우는, 동사무소 서기의 잘못으로 이름이 그렇게 정해져 버린 대표적인 경우이다. 원래 이름은 운(運)O인데, 한자를 잘 몰랐던 동사무소 직원의 실수로, 운의 한자 위에 있어야 할 宀 ('집 면'이라는 한자로, '집'을 뜻한다.) 획을 빼버린 탓에 이름이 바뀐 삶을 살게 된 대표적인 예이다.

심지어 남녀 구분이 안 되는 이름 때문에 성(性)이 뒤바뀐 예도 있었다. 1968년도부터 시작된, 주민등록번호를 부여할 때, 생년월일-주민 고유번호로 이루어진 주민등록번호에서 생년 월일 뒤, 남녀를 구분하는 주민 고유번호 첫 자리 숫자(남자는 1, 여자는 2)가 잘못된 경우가 있어, 어른이 된 뒤 수정하는 사례도 있었다.

이름 이야기가 나왔으니, 이름에 관한 추억도 하나 소환해야겠다. 내 이름은 창식이다. '창성할' 창(昌)에 '심을' 식(植)이다. 나중에 아버지가 족보 공부를 하시면서 나와 형 이름에 붙은 O식(植)뿐만 아니라, 형과 누나의 이름에 붙은, '실을' 재(載)O가 사실은 우리보다 1~2대 아래 항렬에 붙어야 할 이름인 걸 뒤늦게 아시게 되었다. 그 사실을 알게 된 아버지는 형이 고등학교 졸업할 무렵, 법 절차에 따라 이름을 O운(運)으로 바꾸었다. 나는 차남이란 이유로 이름을 바꾸지 않고 그 이름을 현재도 사용하고 있다. 누나도 마찬가지였다. 이에 따라 큰집 조카와 내 아들은, 항렬 순서에 따라 재(載)O으로 이름을 지었다.

그런가 하면 당시엔 모두가 경제적으로 살기 힘들었던 때라 아이들을 많이 낳아도, 제대로 자라지 못하고 일찍 세상을 떠나는 아이들이 많았다. 의료 시스템도 열악하다 보니 병으로 일찍 죽은 아이들도 많았다. 아이들이 아무 일 없이 자란 뒤에야, 호적에 이름을 올리는 경우가 많았다고 한다. 내가 대학교수가 되고 난 뒤 동료 교수 중에서 자신의 실제 나이와 다른 교수들이 꽤 있음을 보고 적이 놀랐던 적이 있다. 실제 나이보다 서너 살 늦게 호적에 이름을 올린 탓에 동기 교수들보다 대학 학번은 같지만, 주민등록상에는 서너 살 적은 나이로 기록된 경우가 적지 않음을 알게 되었다.

2025년, 새롭게 활동하게 된 '길'이란 이름의 문학 동인회가 회원 작품을 모집할 때였다. 모두들 이름 외에 호(號)를 가지고 있었다. 나는 딱히 다른 필명도 없고 호도 없었는데, 선배 문인 중 한 분이 호가 있으면 좋겠다고 했다. 마땅히 생각나는 호도 없고 해서, 나의 항렬에 따른 족보 이름인 만운(萬運)을 호로 삼기로 하였다.

5

내가 쓴 수필을 읽으면, 일반적으로 생각하는 보통의 공돌이, 곧 공학자, 기술자들에게서 볼 수 없는, 뜻밖의 감성적인 모습이 많이 발견된다는 말을 독자들에게서 자주 들어왔다. 내 안에 숨겨져 있는 '감성적인' 측면이 어디서 어떻게 연유되어왔을까 생각하면서 먼 유년 시절로 되돌아가 볼까 한다.

어릴 적, 내가 살던 집에는 크고 넓지는 않았지만, 시멘트로 된 마당이 있었다. 우물도 있었다. 대문 근처 마당 한쪽 모서리에는 냄새나는 측간(廁間)도 있었다. 방 두 개와 부엌이 달린 건넌방도 있었다. 건넌방에는 고종사촌 형제들이, 그네들이 살던 김해 진영을 떠나 부산에 유학 와서 공부하기도 했고, 우리 집안 일가 형제가 직장 생활을 위해 잠시 거주하기도 했다.

추운 겨울밤, 요의(尿意)를 느껴 자다가 깨어, 덜덜 떨면서 마당을 가로질러 측간을 들락거린 것도 이제는 아련한 추억으로만 남아 있다. 더 어릴 적에는 방 안에 요강을 이용해 볼일을 보기도 했지만, 국민학교 학생(1996년 3월 1일부터 지금과 같은 초등학교로 바뀌었지만, 옛날 시절을 회고하기 위해 국민학교란 명칭을 그대로 사용한다.)이 된 이후는, 마당에 있던 측간을 사용했다. 오늘날은 깨끗한 화장지를 사용하지만, 당시 큰일을 볼 때, 폐지는 물론 일력(日曆)이 인쇄된 365장의 습자지 달력을 한 장 한 장 뜯어 썼던 기억이 난다.

마당의 담장 바로 앞에 우물이 하나 있었다. 담장은 어른 키보다 조금 더 높았던 것으로 기억된다. 지름이 최소 수십

cm 혹은 1m 가까이 되는 큰 우물이었다. 제법 깊기도 했다. 더운 여름날, 가끔 두레박으로 길어 올려 어머니가 해 주시던 시원한 등물은 여름날의 소중한 추억이다. 평소엔 항상 뚜껑으로 덮어 두었다. 해마다 정월 대보름이 되면, 어머니의 말씀에 따라, 그 우물 뚜껑 위에 올라서서 보름달을 보면서 소원을 빌곤 했던 생각도 난다.

하지만 이 우물과 관련하여 제일 머릿속에 남아 있는 추억은 다른 데 있다. 나는 전혀 기억이 없지만, 언젠가 어머니가 내게 해 주신 말씀이다. 국민학교 시절 이야기이다. 아마 5학년, 아니면 6학년 시절이었을 것이다. 당시엔 중학교 입학고사가 있었던 시절이라, 중학교 입시 준비로 열심히 공부하던 때였다.

어느 날 외출하신 어머니가 집에 돌아와 대문을 두드렸는데도, 집 안에서 응답하는 소리가 들리지 않았다고 한다. 분명 내가 집에 있는 걸 알고 나가셨기에 내가 잠시 어디 갔나 하고 생각하고, 몇 번을 두드리고 큰 소리로 불러도 보았지만, 아무 응답이 없었다고 하셨다. 어쩔 수 없이 어머니는 담장을 넘어 우물 뚜껑을 디딤 삼아 집 안으로 들어왔다고 말씀하셨다.

방에 들어와서 보니, 식탁으로도 사용하던, 앉은뱅이책상에 앉아 내가 열심히 공부하고 있더라고 하셨다. 어릴 적부터 공부할 때의 내 집중력은 대단했나 보다. 그때 어머니가 대문을 두드리는 소리도, 나를 부르는 소리도 전혀 듣지 못했던 걸로 기억한다. 중, 고등학교/대학교 때도 마찬가지이고, 더 큰 성인이 되어서도 공부하거나 일에 집중하게 되면, 가끔 바깥 소음과는 완전히 단절된 채 고도로 집중할 수 있었다. 주변이 아무리 시끄러워도 공부에 집중할 수 있는 그런 집중력 덕택으로, 국민학교, 중학교, 그리고 대학교 학창 시절, 학업 성적이 좋았을 것이라는 생각이 든다.

6

아버지가 철도청 공무원이라 그런지, 어릴 적 철도 여행을 참 많이 한 추억이 있다. 기차를 타고 부산 근교 삼랑진이나 송정해수욕장 등을 자주 찾았던 기억이 남아 있다. 얼마 전 내가 펴낸 일곱 번째 수필집인 『어느 멋진 아침에』에 수록된 원고에도 있듯이, 가족들과 함께 동해남부선 기차를 타고 달릴 때 창밖으로 펼쳐지던 옛날 동해남부선 상의 아름다운 동해의 바다 풍경은, 성인이 되어서도 선명한 기억으로 되살아나는 경우가 자주 있다. 옛날 동해남부선이 사라지고, 요즈음 동해선 전철로 바뀐 뒤로는, 기차 창밖으로 펼쳐지는 그런 아름다운 바다 풍경을 볼 수 없어 아쉽다.

공무원으로서 박봉이던 아버지를 도우려고 어느 때부터 어머니는 좌판 장사를 하셨다. 부전시장에서 바닥에 좌판을 깔고 채소류들을 파는 장사를 하셨다. 저녁 늦게 귀가하셨다. 매일 새벽에 물건을 구하러 가셔야 했다. 대개 새벽 4시경에 집을 나섰다. 예전에는 좀도둑들이 설치던 때라, 가족들이 다 귀가하면 대문을 걸어 잠가야 했다. 때문에, 새벽에 장 보러 가는 어머니를 배웅하고 대문을 걸어 잠그는 일은 나의 몫이었다. 매일 새벽 4시면, 잠이 덜 깬 채 눈을 비비며 일어나 문을 걸어 잠갔다. 몇 년 동안 그랬는지는 정확히 기억나지 않지만, 그때부터 학창 시절 내내 저녁에 일찍 자고, 새벽에 일어나 공부하는 습관이 몸에 배게 되었다.

아버지께서는 우리 식구들의 따가운 눈총에도 불구하고, 종친회 일이나 족보, 제사, 조상 묘 이장 같은 유교 문화에 큰 관심을 보이셨다. 박봉의 월급 중 일부를, 종친회 일이나 조상들의 무덤 이장, 비석 제작 등 유교적 업무를 위해 쓰셨다. 어쩌면 언젠가부터 어머니께서 좌판 장사를 시작한 것도 그 때문이었을지도 모르겠다는 생각이 든다. 집안 살림에 보탬을 주기 위해서였을 것이다. 어머니의 좌판 장사로 누나가 살림을 도맡아, 공부하랴 집안일 하랴 바빴던 기억이 난다.

7

그렇다고 공부만 한 건 아닌 것 같다. 우리가 국민학교 다니던 당시 매년 학기 초가 되면, 학생들의 가정 생활 환경 조사가 있었다. 내 기억으로는 자기 집에 가지고 있는 물품들을 조사하였는데, 있다고 친 동그라미 보다, 없다고 표기한 x 표가 더 많았다. 우리 집엔 TV도, 피아노도, 냉장고도, 전축, 전화도 없었기 때문이었다. 당시 TV나 피아노, 냉장고, 전축, 전화 등이 있는 집은 부잣집 아이들이라는 걸 반증했다.

집에서 600~800m 떨어진 곳에 외갓집이 있었다. 당시 어른 중에 대학교 출신을 찾아보기 힘든 시절이었지만, 대학교를 졸업하고 회사를 경영하던 외삼촌 집이라, 없는 게 없었다. 너른 마당에 조그만 동산과 함께 큰 소나무가 있고 별채에 세를 줄 정도로 큰 집이었다. 거실엔 『소년소녀 세계문학전집』 같은 책들이, 아름답게 양장으로 장식된 채 서가에 꽂혀 있었고, 당시 인기를 끌던 유명 가수들 노래가 담긴 LP 음반들과 전축이 놓인 장식장과 함께, 문을 여닫을 수 있는 TV장이 놓여 있었다.

홍수환 선수가 프로 권투 시합에서 세계 챔피언이 되었을 때나, 우리나라 축구가 동남아 축구에서 우승을 다툴 때, 외갓집에 가서 TV를 보았다. 온 동네에 하나밖에 없던 TV/라디오 전자 상가 앞에 동네 사람들이 안팎으로 장사진을 이룬 채 선수들을 응원하던 때였다. 아마도 우리가 살던 동네 가정집에선 하나밖에 없었을 외갓집 TV였기에, 나의 발걸음은 당연히 외갓집으로 향했다. 열심히 공부했지만, 이렇게 외갓집에서 우리나라 대표선수들의 경기도 보았을 뿐 아니라, 흑백으로 방영되던 TV 드라마도 시청했다.

어떤 드라마를 보았는지 모두 기억할 수는 없지만, 아직 내 머릿속에 남아 있는 재미있는 기억 하나는 있다. 당시 드라마 제목이 〈남과 북〉이었던가 그랬을 것이다. 남북 간 갈등을 그린 드라마였는데, 주연이었던 최무룡 배우가 죽음에 이르게 되었다. 당시만 해도 편집 기술이 미숙해서 그랬던 건지, 아니면 내 눈이 예리해서 그랬던 것인지 모르겠다. 모든 장면, 모든 줄거리가 기억에서 사라진 지금까지도, 그때 흑백 TV 화면을 통해 비치던, 죽은 배우의 오르락내리락하던 배 모습이 아직도 기억에 생생하다.

그 장면과 관련하여 학교에서 단체 영화 관람을 했을 때의 영화 한 장면도 기억난다. 제목이 〈용가리〉였던가? 도심에 나타난 용가리를 보고 사람들이 놀라서 도망 다니던 장면이 나오던 영화였다. 영화의 줄거리는 모두 잊었지만, 불을 내뿜던 용가리의 입속에서 용접기를 조작하는 사람의 손이 아주 인상 깊게 내 머릿속에 각인되었다.

이런 장면들을 회상하면, 당시 영화나 TV 드라마의 편집 기술의 미숙함보다는, 어찌 보면 그냥 슬쩍 지나칠 수 있는 그런 순간적인 장면들을 포착하고 오래 기억하고 있다는 사실이, 훗날 공학자로 40년의 삶을 살아온 나의 삶과 무관하지는 않았으리라는 생각이다. 아니면, 순간의 인상을 오랫동안 간직한 뒤 어느 날 글로써 그려낼 수 있는 문학적 능력과도 무관하지 않으리라는 생각도 든다.

8

우리 집에서 골목길을 따라 조금만 걸어가면 개울이 흘렀다. 지금은 복개되어 연지동 부산시민공원 정문-부암동 진양사거리 사이에 고가도로가 얹힌 곳이다. 오후에 갑자기 비가 오는 날엔 우리 집에서 거의 1시간 이상 걸리던, 아버지께서 근무하시던 철도공작창까지 우산을 가지고 갔다. 아버지께서 우산을 안 가지고 출근하셨기 때문이었다. 형과 누나는 각각 고등학생과 중학생이라 당연히 아버지께 우산을 가지고 가는 것은 국민학교 학생이었던 나의 몫이었을 것이다.

예전에는 다들 마찬가지였겠지만, 학교까지 적어도 30분 이상은 걸어야 했다. 지금도 부산진구 범천동 865-3번지, 범냇골 초입에 있는 부산철도공작창은 아이 걸음으론 꽤 먼 거리에 있었다. 하지만 당시에 그곳이 멀다고 생각한 적은 한 번도 없었던 것 같다. 다들 그렇게 걸어 다녔으니까. 오히려 개울에 놓인 징검다리 돌 개수를 헤아리며 신나게 걸어 다녔던 기억이 난다.

이렇게 내 유년 시절의 추억이 남아 있던 부산진구 부암동 145번지의 집은 이제는 이 지상에서 완전히 사라져 버렸다. 국민학교 때 아버지께 드릴 우산을 들고 갈 때도 마찬가지였고, 나중 중학교 다닐 때 등하굣길에 반드시 건너야 했던 개울도 없어져 버렸다. 후일 내가 결혼하고 얼마 되지 않았을 때였다. (아버지의 '잡책'에 따르면 1983년이다.) 도시 재정비 계획에 따라 내가 살던 집과 개울 있던 곳 모두, 도로 부지에 편성되었기 때문이었다. 35년을 살았던 우리 집도 철거되었다. 지금은 흔적도 없이 사라진 우리 집, 우리 집 앞에 있었던 동네 가게, 개울 있던 자리 등을 보면 만감이 교차한다.

도시 재개발이란 명목하에 어느 날 갑자기 주택들이 사라지고, 회색 콘크리트로 된 고층 아파트가 하늘을 가리며 우후죽순 건설되는 모습을 볼 때마다, 그 개울과 내가 태어나고 자랐던 그 집이 생각나 늘 안타까움을 느낀다.

9

사실 지금까지 머릿속에 남아 있는, 국민학교 시절의 기억은 별로 많지는 않다. 학교까지 30분 정도 걸어서 갔다는 것 이외에도, 60명이 넘는 학생들이 콩나물시루 같은 교실에서 공부하였다는 기억이 있다. 그렇게 많은 학생을 만났으면서도, 별로 기억에 남아 있는 친구가 없다. 원래 내성적인 성격에다 수줍음을 많이 타던 아이라, 친구 사귀기에 서툴렀기 때문이기도 했을 것이다.

오히려 그보다는 1학년 때인가, 학기 중간에 갑자기 다른 반에 편성되었을 때 아주 당혹스러워했던 기억은 난다. 일반적으로 큰 전쟁이 일어난 후에는 많은 신생아가 태어나고, 인구가 폭발적으로 증가하는 경향이 있다. 그렇게 전쟁 직후 태어난 아이들을 베이비붐 세대라 일컫는다.

우리나라에서는 6.25 전쟁, 곧 1950년 6월 25일에 시작되어 1953년 7월 27일 정전 협정이 체결되기까지 3년 1개월간 벌어졌던 한국동란 직후에, 세계 역사적으로는 제2차 세계 대전 직후에 태어난 아이들이 베이비붐 세대 아이들이다. 음력으로 1955년 12월에 태어난 나도 당연히 베이비붐 세대 아이였다. 때문에, 당시는 "하나만 낳아 잘 기르자."는 구호와 함께 산아제한정책이 실행되던 때였다. '콩나물 교실'도 부족해, 3학년 때까지는 오전, 오후반의 2교대 수업을 했다.

지금 생각하면 아마 베이비붐 세대 아이들이라 그랬던지

과밀 학급을 해소하기 위해, 학기 중이었지만 서둘러 한 반을 추가 편성하였을 것이다. 하지만 정작 당시 나 자신은, 학기 중간에 갑자기 다른 반으로 옮기게 되니, 내가 공부를 못해서 거나, 내가 무슨 잘못을 저질러, 반을 옮기게 하나 하고, 어린 마음에도 상당히 충격을 받았던 것 같다. 지금까지 그때 충격이 기억으로 남아 있는 걸 보면 더욱 그런 생각이 든다.

내가 다니던 광무국민학교는 1975년 폐교되고 부전국민학교와 통합되었다. 그 자리엔 광무여자중학교가 들어섰다.(광무여자중학교는 1991년 개금동으로 이전하였다.) 아마 베이비붐 세대가 끝나고 아이들의 출산율이 줄었기 때문일 것이다,

기억해 보면 나는 참, 수줍음을 많이 타던 아이였다. 1학년 때인가 2학년 때인가 정확하게는 기억나지 않지만, 어느 날 내가 준비물을 챙겨 가지 않은 채 등교했나 보다. 우리 교실로 그 준비물을 들고 형이 찾아왔는데, 몹시 부끄러워하면서 책상 밑으로 몸을 숨겼다고 한다. 형은, 형제들 모임에서 한 번씩 나의 어린 시절의 그 모습을 이야기하면서 껄껄 웃곤 한다.

6학년 때인가? 당시엔 3학년까지는 남녀 학생이 한 반에 같이 있었지만, 4학년이 되면 졸업 학년인 6학년 때까지는 남학생반과 여학생반이 따로 편성되었다. 어느 날 담임 선생님의 심부름으로 여학생반 담임 선생님께 무언가 드리러 여학생반 교실을 방문한 적이 있었다. 몹시 부끄러워하며 얼굴이 홍당무가 되어 교실에 들어섰던 기억이 아직도 선명하다.

당시 우리 집 근처-집 근처라 해도 바로 옆집은 아니었고, 지금 생각하면 적어도 600~700m 정도는 떨어진 곳-에

살고 있었던 어떤, 예쁜 여학생이 속한 반이라 더욱 그랬던 것 같다. 2학년 때인가 3학년 때인가 같은 반이었는 데다, 등하교 때 가끔 마주친 여학생이라 더 그랬을 것 같다. 평생 변변한 러브스토리 없이 살아왔지만, 그래도 그 여학생으로 말미암아 설렜던 추억이 나를 미소 짓게 한다. 그 학생이 누구였던지 지금은 이름도, 얼굴도 전혀 기억나지 않지만, 어쩌면 부끄러움을 많이 타고, 내향적이면서도 감성적인 이런 측면이 나의 문학적 감수성과도 관련이 될 수도 있을 것 같아 기억을 소환하였다.

국민학교 때, 우리 집 시멘트 마당에서 가끔 돌로 줄을 긋고 이웃집 아이들과 땅따먹기 놀이를 하곤 하던 생각이 난다. 툇마루에 앉아 여자아이들이 고무줄 놀이하는 모습도 자주 지켜보곤 했다. 여섯 살 위인 형이 있었지만, 형은 이미 중학교 고학년, 아니면 고등학생이다 보니, 아직 국민학교 고학년 혹은 국민학교 저학년이었던, 누나나 여동생 또래의 동네 여자아이들이 우리 집에 많이 놀러 온 것 같다. 누나는 나보다 세 살 위였고, 여동생은 나보다 세 살 적었다. 그러다 보니 남자아이들보다는 주로 동네 여자아이들과 많이 놀았던 것 같다.

6학년 때에 있었던 그 일처럼, 원래 수줍음을 많이 탔던 내 성격 자체가 그러하기도 했겠지만, 바깥에서 공차기 같은 남자아이들과의 놀이보다, 집 안마당에서 여자아이들과 그런 놀이를 많이 한 것도, 정적(靜的)인 내 성격 형성에 적지 않은 영향을 미쳤을 것으로 생각된다. 그런 놀이가, "다정다감하다. 감성적이다."라는, 어느 정도는 그런 정적인 내 성격 형성의 뿌리가 되었을 것이다.

10

나의 문학적 감수성과 관련하여 빼놓을 수 없는 중요한 기억이 있다. 아버지는 저녁상을 물리고 나면, 항상 앉은뱅이책상에 앉아 조그만 공책 (어릴 때 '잡책'이라고 불렀다.)에 매일 무엇인가를 쓰셨다. 아버지가 쓰시던 잡책은 아버지의 일기장이었다. 개인적인 일뿐만 아니라 우리나라의 주요 역사 기록이기도 하다. 아버지의 글을 읽다 보면, 당시 있었던 상황들을 눈으로 보듯 연상할 수 있다. 이를테면, 1983년 10월 9일엔, 버마 사회주의 연방 공화국(現 미얀마)을 방문 중이던 전두환 제12대 대한민국 대통령의 암살을 기도하며 북한이 저질렀던 폭탄 테러 사건을 기록하면서 당시 사망했던 우리나라 고위 각료들의 이름도 빠짐없이 기록하였다. 1985년 7월, 처음으로 개통된 부산 도시철도 1호선에 대한 기록도 있는가 하면, 1986년 가을, 서울에서 개최된 아시안 게임에서 국가별로 받은 메달 수를 집계한 표도 들어 있다.

나아가 아버지의 개인적인 일이나 생각 등이 숨김없이 적혀 있다. 우리 가족의 중요한 일들도 빠짐없이 담겨 있다. "서기 1955년 민국(民國) 을미(乙未) 12월 18일 차남인 창식이가 부산진구 부암동 145번지에서 출생하였다." 등과 같이. 아버지의 '잡책'을 보면, 아버지의 가족 사랑이 잘 드러난다. 이를테면 1987년, 내가 받았던 박사 학위기까지 베껴서 기록하고 있다. 당신의 아들이 받은 박사 학위가 자랑스러워 그랬을 것임은 두말할 나위가 없을 것이다.

국민학교는 물론이고 서당 문턱도 밟지 못한 분이셨지만, 독학으로 한문(漢文)을 깨우치시고 심지어 한시(漢詩)까지 지으셨다. 그 잡책엔 '제사 지내는 방법,' '지방(紙榜) 쓰는 방법' 등 유교적 상식을 포함하여, 진양 하(河)가의 간단한 족보 등도 빼꼭하게 기록되어 있다. 어릴 적부터 늘 앉은뱅이책상에 앉아 무언가를 쓰고, 또 쓰시는 아버지의 모습을 보면서 자란 나의 성장 과정에서 아마도 후일 내게 발현된 문학적 감수성의 싹이 트지 않았을까 하는 생각이다.

나아가 연년생의 두 딸(지원이는 1983년 12월 27일, 지현이는 1984년 12월 26일 생)과 늦둥이로 얻은 아들(재훈이, 1997년 7월 30일 생)인 내 자식들이, 나와 같은 문학 활동은 하지 않지만, 어학에 소질을 보인 것도 할아버지의 유전자에 힘입은 것일지도 모르겠다는 생각이 든다. (국제 실용 영어 능력 시험(Test of English for International Communication) (TOEIC))이 영어 실력의 절대적인 기준이 되는 것은 아니지만, 아이들 셋 다 학창 시절 치른 TOEIC 시험에서 975~990점 (만점; 990점)의 고득점을 받았다. 그뿐만 아니라 일본어나 중국어 같은 외국어도 독학으로 공부했다. 이 같은 어학 능력은 할아버지의 피 덕분일 것으로 생각한 적이 있다.)

결혼하고 30대가 되었을 때, 당시 예순일곱 되던 아버지께서는 당신의 사후(死後)를 대비하여, 평생 기록하신 그 잡책 내용 중의 중요 부분을 발췌하여 다시 정리한 공책을 복사해 우리들에게 주었다. (43쪽에 있는 사진은 1987년 추석날 받은 그 공책의 첫 장 사본이다. 아버지의 『자서전』 머리말에 해당하는 셈이다.)

마치 아버지의 자서전 같은 그 공책에는 아버지의 삶이 온전히 적혀 있다. 당시 내 앞가림하느라 바빠서 그랬는지, 그 공책은 내게 그리 큰 흥미를 주지 않았다고 솔직히 고백해야겠다. 그 공책에는, 후반부는 '제사 지내는 법', '지방 쓰는 방법' 등의 유교적인 전례 지침서는 물론이고, 우리 집안의 중요 족보 등이 적혀 있다. 아버지가 지으신 한시 몇 편도 들어 있다.

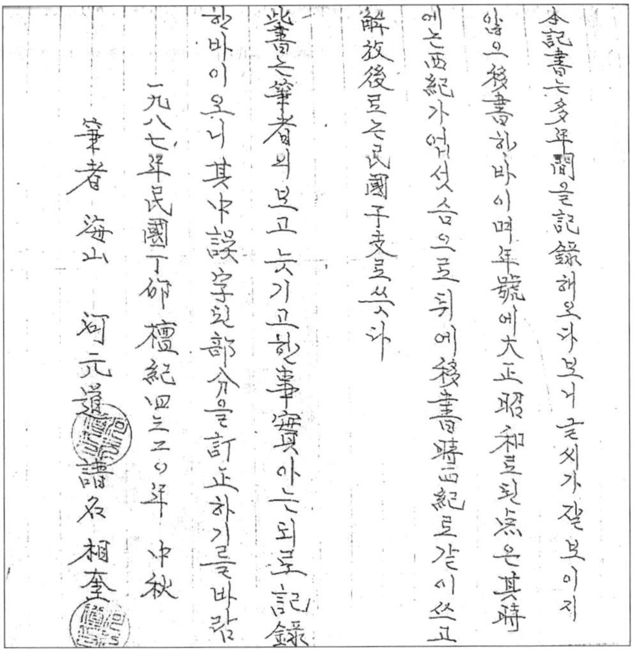
本記書는多年間을記錄해오다보니글씨가잘보이지
않음으로移書한바이며年號에大正昭和로된곳은其時
에는西紀가없었음으로뒤에移書時西紀로같이쓰고
解放後로는民國干支로쓰다
此書는筆者의보고듣기고한事實이는되로記錄
한바이오니其中誤字된部分을訂正하기를바람
一九八七年民國丁卯檀紀四三二○年中秋
筆者 海山 河元道 譜名 相奎

(아버지의 유산으로 남은 '잡책' 정리 공책 첫 장 사본)

이번에 나의 자서전을 쓰면서 아버지의 잡책 중에서 내용을 발췌, 정리해서 우리에게 주신 그 공책을 다시 읽게 되었다. 내게 가장 큰 울림을 준 부분은 초반 부분, 아버지께서 집안 친지가 보내온 편지에 적힌 한문을 몰라 곤란을 겪었을 때, 독학으로 한문을 익히고 배우면서 배움의 중요성을 깨닫는 과정을 적은 내용이다. 아버지의 나이 스무 살 되던 때였다. 문법이나 띄어쓰기도 맞지 않게 써진 데다 구두점 없는 한문식 혹은 일본식 문장이다. 일본 책처럼 문장도 세로쓰기로 적혀 있다. 하지만 아버지가 쓰신 글의 전체 내용은 영락없는 한 편의 수필이다. 아버지가 원래 쓰신 문장과 요즈음 어법에 맞춰 내가 수정한 문장을 옮겨 적어 본다.

(아버지께서 쓰신 원래 글 내용)

"...氏께서族譜冊을보이주서셔奉審[1]하여본바筆者의譜名이相奎로登載돼있는지라基翌日인四日...各宅訪問日程을마치고回家하여自覺해보니世上에서는글모러는無識보다드서러움이업다고自嘆하며알아여될것은學文뿐이다넉기고있을때...片紙가郵便으로送達돼였기밧으基事錄을살펴본바內容이漢文字임으로도저히일글수없으이웃집...보여서일어주시는말씀을듯고알게됨으로참恨心서러웠다何事가有하드라도親族間에書信程度는일걸수있어야겠다는結心을하고글을배우기로再三다짐

1) 봉심(奉審)은 왕의 명을 받들어 왕실의 황릉이나 사당 등을 살피고 점검하는 일을 지칭하는 유교 의식에서 사용되는 용어이다. 아버지께서는 유교 의식에도 깊은 관심을 가지셨기에, 집안의 족보를 들여다보는 것도, 족보에 대한 존경심을 드러내기 위해 '봉심'이란 단어를 쓰셨을 것으로 짐작된다.

하고基翌日進永場날가서書店에들여便紙讀本一券을購入해와서基冊을일고또復習하여겨우家內便紙는自筆로쓸수이섰다基後로는남의손을빌리지않었다무으이든勞力하면다됀다는마음不可能이란있을수업다…"

(다음은 내가 현대식으로 수정한 내용이다.)

"…씨께서 족보 책을 보여 주셔서 살펴 본 바, 필자의 족보 이름이 상규(相奎)로 등재되어 있었다. 그다음 날인 4일…각 집 방문 일정을 마치고 집에 돌아와 생각해 보니, 세상에는 글 모르는 무식함보다 더 서러운 것은 없다는 걸 스스로 깨닫게 되었다. 홀로 한탄하며 알아야 될 것은 학문뿐이라고 느끼고 있을 때…편지가 우편으로 송달되어 왔다. (편지를) 받아 그 적힌 내용을 살펴보니 내용이 한문 글자로 적혀있어 도저히 읽을 수 없었다. 이웃집…보여서 읽어 주시는 말씀을 듣고 알게 되니 참 한심스러웠다. 어떤 일이 있더라도 친족간의 편지 정도는 읽을 수 있어야겠다는 결심을 하고, 글을 배우기로 몇 번이나 다짐했다. 그다음 날 진영 장날에 가서 서점에 들러 『편지 독본』 한 권을 구입해 와서 그 책을 읽고 또 복습하여 겨우 집안 편지는 자필로 쓸 수 있었다. 그 후로는 남의 손을 빌리지 않았다. '무엇이든 노력하면 된다는 마음, 불가능이란 있을 수 없다.'(는 걸 깨닫게 되었다.)"

아버지의 자서전 같은 그 공책을 읽으면서, 어쩌면 내가 지금 수필가로 활동하는 바탕에는, 내 몸속에 흐르고 있는,

그런 아버지의 유전자, 아버지의 피 덕분일 것이라는 걸 다시 한번 더 깨닫게 되었다. 그뿐만 아니라 공학자로서 학자의 길을 걷게 된 것도, '학문'의 중요성을 깨달은 아버지의 피를 물려받았을 것이란 생각이 든다. 나중에 그 공책을 바탕으로 아버지의 자서전을 내가 대신 써 보리라 마음먹었던 때가 있었는데, 아직 그러지 못하고 나의 자서전부터 발간하게 되어 아버지께 죄를 짓는 것 같아 마음이 무겁다.

아버지는 국민학교나 서당의 문턱도 밟지 않았지만, 한문은 물론이고, 모든 측면에서 아는 것이 많았다. 게다가 동네 인심까지 많이 얻으셔서 통장을 역임했던 기억도 난다. 심지어 3개 동으로 구성된 통장협의회 회장이나 동 사무소 고문, 동네 노인회장도 역임하셨다.

11

다만, 아버지께서 특별한 취미 활동을 하시던 기억은 없다. 친구들, 특히 남자 친구들을 보면 적지 않은 친구들이 장기나 바둑을 둘 줄 알고, 낚시나 테니스 등도 잘한다.

어릴 적 그들의 부모님, 특히 아버지로부터 배우는 경우가 대부분이다. 하지만 내가 본 아버지 모습은 항상 앉은뱅이 책상에 앉아 '잡책'에 무엇인가를 쓰고, 또 쓰시던 것밖에 없었다. 아니면 종친회 일을 위해 진주나 밀양 등, 다른 지방으로 볼일을 보러 다니시던 모습 밖에 내 머릿속에 떠오르지 않는다.

바둑이나 낚시 등등을 아버지로부터 배우지 못한 탓에, 내 아이들도 그런 취미 활동을 나랑 함께한 적이 없어, 우리 아이들도 그런 잡기에 매우 미숙하다. 그렇다고 아버지를 원망하지는 않는다. 아버지는 그렇게 살아오셨더라도, 나 스스로가 그런 잡기를 좋아했더라면, 당연히 그런 잡기에도 능할 수 있었을 것이다. 불행하게도 내가 그런 잡기 활동에 무관심하였기 때문에 잡기를 배우지 않았던 것일 뿐이다. 게다가 바깥 놀이를 즐겨하지 않아 동네 친구들, 특히 또래 남자아이들과의 교류가 거의 없었다 보니 더욱 잡기를 배울 기회가 없었을 것이다.

요즈음 아빠들을 보면, 아이들과 함께 야구 놀이를 하고 농구 놀이를 하는 모습을 흔히 본다. 하지만 나는 우리 아이들과 그렇게 함께 공놀이를 한다든지, 게임을 같이 한다든지, 이런저런 잡기를 함께 한 적이 없다. 나 스스로가 할 줄을 모르거나 관심이 없으니, 아이들과 함께할 수가 없었기 때문이기도 하다. 내가 '빵점 아빠'라고 늘 자책하는 이유이다. 그렇지만 내가 글쓰기에 취미를 붙이고, 다른 사람들보다 글을 빠르게 쓰고, 많이 쓰게 된 까닭 중의 하나는, 이런 '잡기 없음'이 한몫했을지 모르겠다는 생각이 든다.

대학생이 되었을 때 친구들이 당구장에서 시간을 보낼 때도, 나는 신문사 편집실에서 시간을 보내거나, 책을 보며 시간을 보냈기 때문에 당구장에 한 번도 가 본 적이 없다. 그러니 나는 정말 바보 같은 남자, 재미없는 남자라 생각하지 않을 수 없다.

12

아버지는 꽤 자상한 편이셨다. 매달 월 말쯤 되면 월급날-어릴 적엔 간주 날이라 들었다.-, 봉급이 든, 얇은 노란 봉투와 함께 가끔 군고구마를 사 들고 오시곤 했다. 때로는 시장에서 늦게 오시는 어머니를 대신하여 김치 국밥이나 닭볶음탕을 요리해 우리를 위한 저녁 식탁을 차리곤 하셨다. 게다가 아버지는 구포 근처 선암 다리라는 곳에서 민물 장어를 사서 가지고 오실 때도 많았다. 그러면 어머니는 민물장어를 손질해 장어탕을 만들어 자주 끓여 주시기도 했다.

어릴 적, 가을에는 추어탕, 겨울에는 복국이 거의 매일 식탁에 올려졌다. 그리고 시래기 된장찌개는 가장 자주 식탁에 올라왔다. 시래기 된장찌개는 시장에서 장사를 마치고 귀가하는 어머니가 팔다 남은 시래기를 가지고 와서 만들었다. 그리고 시장에서 계절에 맞게 미꾸라지나 손질된 복어를 가지고 오셔서 자주 추어탕, 복국을 끓여 주셨다. 지금도 그런 요리들, 특히 시래기 된장찌개를 생각하면 어머니의 손맛이 그리워질 때가 적지 않다.

13

아버지와 관련하여 내 기억에 남아 있는 또 한 가지 중요한 사실은 '아버지의 회초리'이다. 국민학교 시절, 내 또래 아이들은 동네 만화방에 들러 만화를 보곤 했다. 어느 날, 어떤 동네 친구가 나더러 같이 동네 만화방에 가자고 했다. 만화방을 이용하려면 당연히 돈이 있어야 했다. 평소에도 용돈이라고는 받아 본 적 없었을 뿐 아니라, 나 자신이 무엇을 산다든가 한 적이 한 번도 없었기 때문에, 부모님께 만화방에 가겠다고 돈을 달라는 말씀을 드릴 수가 없었다.

당시 친구들처럼 나도 만화방에 가고 싶어 했나 보다. 어느 날, 안방 벽 한쪽 옷걸이에 아버지의 바지가 걸려 있었다. 아무 생각 없이 아버지의 바지 주머니를 뒤져 동전 몇 개를 손에 쥐게 되었다. 그리고 그 돈으로 만화책을 빌려 왔다. 집에 있는 만화책을 보고 아버지가 그 연유를 물으셨던 것 같다. 그러다 내가 아버지의 주머니에 손을 댄 것이 발각되었다. 그날 호된 나무람과 함께 종아리에 아버지의 회초리 몇 대를 맞았다. 난생처음이자 생애 딱 한 번 아버지로부터 맞은 매였다.

하지만 그 이후로 아버지가 우리 가족에게, 특히 나에게 화를 내신 적은 한 번도 없었던 걸로 기억된다. 어쩌면 아들이 아버지의 주머니에 든 돈을 훔친 데 대해, 자식을 잘못 가르쳤다는 아버지로서의 자책감, 사랑하는 아들에게 회초리를 들었다는 자책감 등이 복합적으로 아버지의 마음을 울렸던 것은 아니었을까? 아버지는 그 이후 평생 늘 나에게 웃는 모습만 보여 주셨다.

내가 가진 뚜렷한 성격 중 하나는, 화내기에 서툴다는 것이다. 아이들은 바깥 놀이를 통해 친구들에게서 욕을 배우고 싸움하는 법도 배우면서 성장한다. 요즈음이나 예전이나 변함없다. 친구들과 바깥 놀이를 해 본 기억이 없기에, 친구들로부터 욕이나 화를 내는 법을 배우지 못했다. 평생 어떤 욕도 해 본 적이 없다고 감히 말할 수 있다.

다른 사람에겐 화를 내지 않아도 가까운 가족에게 한 번도 화내거나 짜증을 부린 일이 없다고는 말할 수 없다. 어린 시절엔 형제끼리도 서로 화를 내거나 짜증을 내었을 것이다. 하지만 어른이 된 이후 적어도 가족 아닌 다른 사람에게 화를 낸 기억은 거의 없다.

살다 보면 짜증 날 일이 어찌 없겠는가? 사람에 의해서, 어떤 상황에 의해, 나도 짜증 날 때도 있다. 어찌 평생에 좋고 행복한 일만 겪어 왔겠는가? 나 자신, 혹은 가족, 나의 가까운 지인의 불행한 일로 며칠간 잠이 오지 않을 정도로 고민했던 적도 있었고, 가슴이 미어지거나 애간장이 타던 적도 있었다. 심지어 몇 달 동안 가슴앓이한 적도 있었다. 화가 날 만한 상황이 생겨도 화내기가 서툴다 보니, 나 자신이 정신적으로 피곤한 경우도 적지 않았을 때도 있다.

그럼에도 그렇게 화를 쉽게 내지 못하는 성격 덕분에 매사에 긍정적인 사람이 되게 된 것이리라. 지인들이 나를 보고 "늘 웃는 모습이 보기 좋다."고 말하는 것도, 그렇게 화내기에 서투른 성격에서 비롯된 것일 게다.

천주교에서 세례를 받은 후, 나는 "매사에 기뻐하며 감사하라."는 성경 말씀을 좌우명으로 삼아 살아가고 있다. 언젠가 어느 지인이 나의 좌우명이 무엇인지 물어본 적이 있다. 그때 농담 반 진담 반으로 "내 좌우명은 DDR과 BJR이다."라고 말한 적이 있다. DDR은 '될 대로 되라.'는 뜻의 억지춘향격 영어이고, BJR은 '배 째라.'는 뜻의 역시 억지춘향격 영어이다. 아무리 힘든 상황에 맞닥뜨려져도 DDR과 BJR을 외치며, 긍정적으로 그 상황을 이겨내려고 노력한다.

게다가 화를 돋우는 상황들이 있더라도 그 상황을 의도적으로 피하는 것도 '늘 웃으며 살아가는' 한 가지 방법이란 걸 살아오면서 체득하였다. 이를테면, 내가 응원하는 롯데 자이언츠 야구팀이 이기는 날보다 지는 날이 더 많고, 속이 터지는 경기를 할 때가 많지만, TV로 중계되는 생방송을 보면서 흥분하는 것보다는, 승리했을 때만 하이라이트로 지난 경기를 다시 음미한다든지 한다. 짜증을 유발하는 경기를 보면서 화를 내는 것보다는, 화를 낼 계기를 아예 원천 봉쇄(?)하면, 화를 내려고 해도 화를 낼 수가 없는 법이다.

살아오면서 만난 사람 중에서 어찌 모두 천사 같은 사람들, 죄없이 살 수 있는 사람들만 만나며 살아왔겠는가? 그럼에도 화를 쉽게 내지 않는 나를 보면서, 누군가는, 어릴 적뿐만 아니라, 어른으로 성장하면서 주위에 나에게 화를 내게 할 만한 사람들이나 그런 상황을 마주하는 일이 많지 않았기 때문이라고 말할 수도 있겠다. 그럴 수도 있을 것이다. 하지만 어쩌면 그때 아버지의 회초리 사건 이후 늘 나에게 자상했던 아버지의 모습을 생각하게 되면, 속에서 치오르는 화도 참을 수 있게 되었다고 말하는 것이 더 정확한 표현일지 모르겠다.

3.
세 번의 중학교 입학시험

14

1968년까지도 당시엔 중학교 입학시험이 있었다. 국민학교 6학년이 되었을 때 본격적으로 입학시험을 준비했다. 예전엔 중학교 입학시험이 있어서 그랬는지 몰라도, 4학년 때 담임 선생님이 6학년 때까지 3년을 계속해서 담임을 맡았다. 6학년이 되자 학교에서도 담임 선생님 지도하에 과외가 있었는데, 내가 선별되어 선생님 과외를 받았다. 하지만 얼마 되지 않아 동네 과외반으로 옮겼다. 아버지의 친구분이 하시던 과외반이었다.

어려운 살림이었지만, 부모님은 자식 교육을 위해 나에게도 과외 공부를 시켰을 것이다. 매일 1~2시간 과외 공부를 한 것 같다. 공부 전에, 5분 아니면 10분 동안 두 자리 숫자의 덧셈, 뺄셈 쪽지 시험을 치렀다. 아마 입학시험을 대비해 산수 문제를 빨리 풀기 위한 연습이었을 것이다. 이 과정은 나중에 내가 수학은 못 했지만, 사칙연산은 빠르게 할 수 있게 해 준 원동력이 되어 주었다.

그 당시 갑자기 과외를 옮기자 담임 선생님에게 약간은 눈총을 받았나 보다. 어릴 적 기억이지만, 그 눈총이 어린아이가 감당하기엔 작지 않았던 것 같다.

내가 그 기억을 되살리는 까닭은, 나중에 고등학교 입학한 후 학교에서 발행하는 문예지에 희곡 작품을 한 편 발표한 바 있기 때문이다. 생애 처음이자 마지막으로 발표한, 단 한 편의 그 희곡 작품에 국민학교 6학년 때의 그 경험을 그대로 옮겼다. 희곡의 틀만 갖추었지 연극 무대를 전혀 고려하지 않은 작품이었다. 지금 생각해도 부끄러운 작품이지만, 희곡 양식의 문학 작품을 한 편 써 보았다는 데서 의미를 찾을 수 있으리라.

우리 집안은 동네에서는 나름대로 소문난 집안이었다. 부모님의 자랑거리가 될 만한 집이었다. 내가 중학교 입학시험을 치르던 때, 형님과 누나는 당시 부산 최고의 명문 고등학교/중학교였던 부산고등학교, 경남여자중학교에 재학 중이었다.

국민학교 6학년, 나름대로 나도 학급 석차 1, 2위에 들 정도로 학업성적이 우수했다. 당시 부산 최고의 명문이었던 부산중학교 입학시험을 치렀다. 필기시험 성적은 만점이었다. 당연히 수석 합격을 기대했다. 당시는 체력장 시험이 있었다. 철봉 매달리기/ 공 던지기/ 50m 달리기 등이 시험 과목이었다. 팔 힘이 약하다 보니, 철봉 매달리기부터 문제가 되었다.

합격자 발표 결과, 예상 밖으로 고배를 마셨다. 생애 처음으로 마신 쓴 약이었다. 당시 합격 커트라인은 -1.5개였다. 곧 체력장은 만점을 받아도, 필기시험에서 두 개 이상 틀렸으면 불합격이었다. 그런가 하면 필기시험에서 나 같이 만점을 받아도, 체력장에서 2점 이상 감점을 받으면 불합격이었다.

어쩔 수 없이 2차 시험을 보아야 했다. 당시 2차 입학시험 대상으로서는 부산대신중학교가 최우등 학교였다. 서면에서 멀리 대신동까지 시험을 보러 갔다. 필기시험에선 또다시 만점을 받았다. 다음날 체력장 시험을 보았다. 이번엔 철봉 매달리기뿐만 아니라 공 던지기가 문제였다. 50m 달리기는 기준 이상으로 잘 달렸다. 열심히 공을 던졌다. 공이 보이지 않아 이번엔 합격이다 싶었는데, 무엇인가 내 발 앞에 툭 떨어지는 소리를 들었다. 내가 던진 공이었다. 이번에도 불합격이었다. 이번에도 합격 커트라인은 -2.5개였다. 역시 만점을 받고도 철봉 매달리기에다 공던지기 점수가 0점이니, 당연히 불합격이었다.

재수를 생각하던 차에, 신설되어 2년밖에 되지 않았던 동의중학교에서 3차 시험 공고가 났다. 어린 나이에 재수해야 한다는 사실이 안타까웠던지 부모님께서는 3차 시험을 권했다. 3차 시험은 무난히 합격했다. 나중에 안 사실이지만, 이때 3차로 입학한 친구들이 대부분 부산고등학교에 입학했다.

국민학교 시절, 학년 말이 되면, 한 학년 동안의 시험 성적이 매겨진 성적증명서를 받았다. 최고 성적부터 최하 성적에 이르기까지 수, 우, 미, 양, 가의 성적으로 성적이 매겨졌다. 수. 수. 수. 와 함께 유일하게 4~6학년 통틀어 '미'가 찍힌

과목이 체육인 만큼, 원체 체육에 소질이 없었다. 담임 선생님들이 손으로 직접 쓰신, '특기 및 지도 사항'에도, "학업성적은 우수하나, 운동 능력을 길러야겠음", 그렇게 적혀 있다.

게다가 학창 시절, 음악 및 구령과 함께 다리운동부터 팔운동, 목운동을 거쳐 뜀뛰기와 팔다리운동으로 끝나는, 이른바 국민체조의 전신인 재건체조를 한 것밖엔 제대로 한 운동이 없으니, 체육은 더욱 나에겐 난공불락의 요새였다.

내가 입학시험을 치르던 그 전 해까지만 해도, 체육은 그저 학생들의 기초 체력만 테스트할 뿐, 입학의 당락 여부는 오로지 필기시험으로만 결정되었기 때문에, 내가 필기시험에서 만점을 받고 집에 돌아왔을 때 수석 합격을 기대한 것도 무리가 아니었다. 지금 생각하면 하필 내가 중학교 입학시험을 치를 때 유난히 문제가 쉬웠던지, 아니면 당시를 전후해 입학시험 평가 제도가 바뀌었기 때문인지는 모르겠다.

하지만 대학교수가 되고 난 뒤, 해마다 특히, 정권이 바뀔 때마다 달라지는 대학 입학시험 제도를 보면서, 어느 정도는 이해가 되었다. 아마 내가 중학교 입학시험을 본 1968년 당시에도, 1년 전인 1967년도 중학교 입학 고사 평가 기준이 달라졌을 것이고, 나도 그 제도에 의한 피해자의 한 사람이 아닌가 하는 생각이 든다.

내가 중학교에 입학한 이듬해인 1969년부터 중학교 입학 고사가 전면 폐지된 것을 보면, 아마도 내가 제도의 피해자란 사실에 어느 정도 일리는 있을 것이다. 1969년부터 중학교는 무시험진학제로 바뀌었다.

어린 나이 때부터 과외 같은 사교육 열풍이 과열된다는 것과, 학교별 격차가 크다는 이유 등으로, 중학교 입학시험을 폐지하고 학군별로 추첨을 통해 학교를 배정하게 되었다. 중학교 무시험 제도는 1969년 서울을 시작으로, 부산은 1970년에 인천, 춘천, 청주, 대전, 전주, 광주, 대구, 제주 등 다른 도시와 함께 시행되었다. 1971년에는 전국적으로 실시되었다.

4.
중학교 시절

국민교육헌장, 그리고 그때 그 시절

15

중학생이 되자 까까머리를 했다. '가운데 중(中)' 자가 달린 배지를 단 모자를 쓰고, 목 부분 뒤에 하얀 플라스틱 칼라가 끼워진 일본식 검정 교복을 입었다. 요즈음이야 교복 자율화가 되어 학교마다 나름 예쁜 교복들로 바꿔 입고 다니지만, 그때만 해도 획일적으로 남자 중학교, 고등학교 학생들은 모두 그런 검정 교복을 입어야 했다.

1968년부터 1970년 사이에 학생 시절을 보낸, 내 나이 또래 사람들은 모두 당시의 사회적 분위기를 잘 기억하고 있을 것이다.

1969년, 중학교 2학년이 시작되자마자, 「국민교육헌장」을 암송해야 했던 생각이 난다. 1학년 겨울이었던 1968년 12

월 5일, 박정희 대통령의 이름으로 선포된 「국민교육헌장」을 암송해야 했다. 일제강점기로부터 해방된 이후, 제대로 된 우리나라의 교육이념이나 철학이 없다는 지적에 따라, 박종홍, 안호상 같은 철학자, 교육가들이 문장을 다듬고, 국회의 동의를 얻어 대통령 이름으로 선포된 것이었다.

"우리는 민족중흥의 역사적 사명을 띠고 이 땅에 태어났다... 신념과 긍지를 지닌 근면한 국민으로서, 민족의 슬기를 모아 줄기찬 노력으로, 새 역사를 창조하자."와 같이 된 417자의 「국민교육헌장」 암송 숙제를 받기도 했다. 「국민교육헌장」을 외우지 못한 학생들은 꾸중을 듣기도 했던 기억이 난다. 정권이 바뀌고 시대가 바뀜에 따라 1994년, 이 헌장은 폐기되었지만, 중학교 때 암송한 그 문장은 오랫동안 내 머릿속에 남아 있었다.

1970년, 3학년이 되자, 〈♪새마을 노래♪〉가 들려오면 아침이 왔음을 알 수 있었다.

"새벽종이 밝았네/ 새 아침이 밝았네./ 너도나도 일어나/ 새마을을 가꾸세/ 초가집도 없애고/ 마을 길도 넓히고/ 푸른 동산 만들어/ 알뜰살뜰 가꾸세/서로서로 도와서/ 땀 흘려서 일하고/ 소득증대 힘써서/ 부자마을 만드세/ 우리 모두 굳세게/ 싸우면서 일하고/ 일하면서 싸워서/ 새 조국을 만드세/ (후렴) 살기 좋은 내 마을/ 우리 힘으로 만드세/"

가사가 위와 같이 된 새마을 노래와 함께 청소차가 와서, 대문 밖에 둔 쓰레기를 치우곤 했다. 1970년 4월, 박정희 정부가 제안한 '새마을 가꾸기 운동'은 근면(勤勉), 자조(自助), 협동(協動) 등 3대 정신을 바탕으로 한 농촌 계몽 운동으로 시작되었으나 나중엔 도시로 확대되었다. 새마을 운동은 농촌 활성화와 경제 부흥에 적지 않게 이바지하였다. 〈♪새마을 노래♪〉는, 박정희 대통령이 직접 작사, 작곡한 노래이다. 가사는 이은상 시인이 감수하였다고 한다.

또한, 파월 장병을 환송하기 위해 부산의 제3부두에 단체로 나가 태극기를 흔들었던 기억이다. 1955년부터 1975년까지, 사회주의 국가였던 베트남 민주공화국(북베트남)과 자유민주 국가였던 베트남 공화국(남베트남)과의 사이에 전쟁이 일어났다. 남베트남을 지원하기 위해 미군과 함께 참전한 우리 국군의 파병을 환송하는 행사였는데, 몇 차례 제3부두 환송 행사에 동원된 기억이 있다.

게다가 높은 번식력으로 양곡에 큰 폐해를 입히던 쥐를 잡기 위해, '쥐 잡는 날'이 있었다. 길거리의 전봇대마다 '쥐 잡는 날' 안내 포스터와 리본이 붙었다. 집마다 무상으로 배달된 쥐약으로 쥐를 잡기도 했다. 당시 잡은 쥐의 꼬리를 잘라 학교에 가져가서 담임 선생님께 확인받기도 했다.

산림보호를 위해 4월 5일 식목일이 되면, 학교 뒷산에서 나무 심기 행사를 하였다. 선생님들이 우리 팔 길이만 한 묘목을 나눠 주면, 우리는 집에서 들고 간 삽을 들고, 단체로 뒷산에 올라가 나무를 심고 흙을 고르곤 했다. 평생 농사 한번 지어본 적이 없었기에, 흙을 밟으며 일을 한 적은 그때뿐이었을 것이다.

뒷산에서 송충이 잡기 행사에 동원되기도 했다. 한번은 나무젓가락 두 개를 고무줄로 엮어 만든 집게로 송충이를 잡다가, 소나무에서 떨어진 송충이가 내 옷 속으로 들어와, 기겁한 적도 있었다. 그 당시의 학창 시절을 생각할 때마다 슬며시 미소 짓게 되는 경험들이다.

내 인생 최대의 목표

16

나의 중학교 시절 최대 꿈은 부산고등학교 입학이었다. 형은 부산중학교를 거쳐 부산고등학교에 다니고 있었다. 당시 내 집에서 좀 떨어진 안 동네에 살던, 누나 나이 또래의 동네 형 한 명도 부산고등학교 학생이었다.

1968년 1월 21일, 북한은 박정희 대통령 암살을 목적으로 대통령 집무실이 있던 청와대를 기습하기 위해 서울에 무장간첩을 침투시켰다. 김신조를 비롯해 31명의 무장 군인이 침투한 1·21사태가 발생하자, 안보 의식과 전시 상황에서의 대처 능력을 높인다는 명분으로, 이듬해인 1969년부터 교련(敎鍊)이란 과목이 고등학교 필수 과목으로 지정되게 되었다. 총검술 훈련, 제식훈련은 물론이고, 반공(反共) 교육 같은 군사 관련 교육 훈련을 받았다.

당시 주 4시간이던 체육 수업이 3시간으로 준 대신, 교련이 주 2시간으로 편성된 것으로 기억한다. 대학에서도 교련이 있었지만 1988년에 폐지되었고, 고등학교 교련은 1997년부터 선택 과정으로 전환되면서 사실상 폐지되었다. 당시 고등학교나 대학교 대부분, 흑백 얼룩무늬로 된 교련복을 입었다. 교련 수업이 있는 날은 이 교련복을 입고 등교하곤 했다.

내가 중학생 시절에 부산고등학교의 교련복은 다른 고등학교와 달랐다. 인견 같은 질감을 가진, 짙은 초록색 교련복에 베레모를 썼던 것으로 기억된다. 가까운 이웃이 아니라서 잘 모르는 형이었지만, 가끔 등굣길에 우리 집 앞으로 초록색 교련복을 입고, 베레모를 쓴 채 등교하는 그 형을 볼 때마다 그 모습이 너무 부러웠다. 그 모습을 보면서 나도 열심히 공부해, 꼭 부산고등학교에 입학해 저런 멋진 교련복을 입고 등하교하리라 마음먹었다.

불행히도 내가 부산고등학교에 입학하였을 때는 초록색 교련복 대신, 다른 고등학교와 같은, 흑백 얼룩무늬의 교련복으로 바뀌었다. 어쩌면 당시 중학교 입학 고사 폐지와 함께 고등학교 평준화 정책 도입이 검토되던 시기여서, 부산고등학교만의 차별화된 교련복을 없애도록 정책이 바뀌었을지도 모르겠다는 생각이 든다.

지역 간 고등학교 수준의 격차를 줄인다는 명분으로, 내가 고등학교를 졸업하고 대학에 입학할 때인 1974년부터 고등학교 평준화 정책이 시행되었다. 이른바 '선지원 후추첨' 방식으로 바뀌게 되어 오늘날까지 계속되고 있다. 지역의 고등학교에서 학생을 선발하지 않고, 해당 실거주자가 지정되어 있는 학군에 따라 배정한다. 희망하는 학교별로 지원하여,

지역별 일반계 학교에 나누어 지망 순위로, 컴퓨터 시스템에 의해 배정하는 제도이다.

17

오늘날, 예전 내가 다니던 부산고등학교는 더 이상 예전의 자랑스러웠던 모습을 기대할 수 없게 되어 무척 아쉽다. 고교 평준화 도입이 가장 큰 원인이지만, 초량이나 대신동을 비롯해 당시 시내(市內) 권역이 중심이던 부산의 상권 혹은 도심권이 서면이나 해운대 지역으로 이동하면서, 부산고등학교가 있던 (초량을 포함한) 부산시 동구의 지역 발전이 둔화된 것도 한 원인이라는 생각이 든다.

약 20년 전, 해운대구의 한 고등학교가 개교되기 전, 부산고등학교 동문회를 중심으로, 초량에 있던 부산고등학교를 그곳으로 옮겨서 예전 부산고등학교의 명성을 다시 살리고자 하는 움직임이 있었다. 하지만 당시 국회 고위직까지 역임하였던 모 정치인이 자신의 지역구에 대한 유권자들의 반발을 고려, 강력히 반대하는 바람에 동문들의 꿈이 무산되어 버린 적이 있다. 결국 동문들의 바람과는 달리, 그곳 학교는 2008년, OO고등학교란 이름으로 새로 출발하게 되었다. 당시 부산시 교육감을 역임하고 정부 고위직도 역임한 분까지 부산고등학교의 이전을 도우려고 했다. 정치적인 이유로 (표를 얻기 위해) 자기 출신 학교의 발전마저 가로막는 상황을 목격하고, “대체 정치가 무엇이길래?”라는 생각으로 몹시 실망한 적이 있다.

물론 반드시 그 일 때문에 그런 것은 아니지만, 내가 오래 전부터 정치, 특히 한국의 정치를 혐오해 신문은 물론 방송을 포함해 모든 뉴스에 귀를 막고, 눈을 감게 된 원인의 하나라고 볼 수 있다. 내가 여기서 굳이 언급하지 않더라도, 한국 정치권에서 볼 수 있는 '내 편 네 편'의 편 가르기, 진영 논리에 기초한 정책 결정, 거짓과 막말과 선동의 정치 등에 염증이 나서 더욱 뉴스는 나하고는 상관없게 되었다. 저마다 국민을 위한다고 하면서, 국민의 뜻이라고 하면서, 정작 정치가들이 말하는 그 '국민'이 어떤 국민인지 헷갈릴 때가 많다. 오로지 표를 얻기 위해서 국가의 장래엔 바람직하지 않은 일임에도 불구하고, 선심성으로 내거는 공약이나 부당한 정책 등을 보면서 더욱 뉴스에서 멀어지게 되었다. 「나는 자연인이다」라는 제목으로 발표한 나의 수필에도 그런 내용을 쓴 바 있다.

18

아무튼 부산고등학교 입학을 인생 최대의 목표로 삼아 열심히 공부했다. 언젠가 내가 쓴 수필에서도 썼지만, 그때가 내 평생 가장 열심히 공부한 시절이었던 것으로 기억된다.

학교 측에서도 최상위 학생들에 대한 배려가 이만저만이 아니었다. 심지어 나를 포함한 몇몇 학생들에겐 체육 시간에도 체육 대신 입시 공부를 할 수 있는 특권을 주었다. 하지만 한창 뛰고 달려야 할 시기에 체육 시간에도 입시 공부를 하였으니,

어쩌면 당시 내 몸이 보통 청소년들에 비해 왜소하고 튼튼하지 못했던 데 일조를 하지 않았을까 생각하면 안타까운 부분이다.

생활기록부에 중학교 3학년 때 나의 키가 143cm라고 기록된 것을 보면, 얼마나 작고 왜소한 아이였는가 짐작할 것이다. 고등학교에 들어가서 지금의 키인 170cm까지 갑자기 키가 자랐다.

보통의 중학생들보다 아주 키가 작았다. 요즈음 학교는 교실마다 사물함이 갖춰져, 교과서를 일일이 가지고 다닐 필요가 없다. 하지만 그런 사물함조차 없던 시절의 학교라, 매일 그날그날의 수업 시간에 맞춰 교과서와 공책들을 들고 다녀야 했다. 당시 무거운 책과 공책들이 가득 든 네모 가방을 손에 들고 등·하교를 했을 때, 네모 가방이 내 몸 절반 정도 되는 것처럼 보였나 보다. 이웃들이 "가방을 질질 끌고 다닌다."라고 가련하게 여겼을 정도였다.

중학교 3학년 때인 1970년 8월 18일 자 일기를 보면 다음과 같이 적혀 있다.

8월 18일(화) 날씨: 맑음 후 비

"창문밖에는 소나기 성격을 띤 보슬비가 내린다…비가 내리니 슬픈 생각이 떠오른다. 지금부터 3년 전 중학교 입시에 낙방하여 슬퍼했던 일…이제는 드넓은 대망을 품고 '고입'을 생각하며, 아니 '부산고등학교' 배지를 달 생각을 해 본다…그때를 회상하며 열심히 노력하여 성공하자. 노력은 합격의 지름길이다."

서명과 함께 나의 맹세를 적은 위 일기 내용처럼 부산고등학교 입학은 당시 내 인생 최대의 목표였기 때문에 공부에만 매진하였다. 그래서 그런지 딱 한 번 빼놓고 중학교 시절 내내 전교에서 1등 성적을 유지하였다.

딱 한 번은 영어 성적 때문에 전교에서 3등이 된 적이 있었다. 당시 두 문제 때문에 전교 1등을 놓친 적이 있었는데, 하나는 크리스마스의 철자를 묻는 문제였고, 다른 하나는, 시험 범위 밖의 문제가 출제된 때문이었다. 크리스마스의 철자를 묻는 문제에 나는 발음대로 Chrismas라고 답했다. 나중에 보니 Christmas가 정답이었다. 또 하나는 시험 범위 밖의 문제였는데, 나는 그 문제에 정답을 적었지만, 틀린 학생들이 대부분이었다. 학생들이 항의하자, 선생님께서는 이 문제를 모두 정답으로 처리해주었다. 정답을 맞춘 내가 오히려 손해를 본 셈이었다. 이 바람에 처음으로 전교 3등으로 내려앉아, 어린 마음에 무척 분에 겨워 씩씩대었던 기억이 난다.

신설 학교인 데다 나처럼 3차로 입학한 학생들의 학업 수준이 높아서인지, 선생님들도 매우 의욕적으로 우리를 가르쳤던 것으로 기억된다. 나는 전교 1등으로 공부를 잘한 덕분에, 담임 선생님뿐만 아니라 다른 교과목 선생님들께도 사랑을 많이 받았다. 선생님들에 대한 기억 중, 나의 성격, 미래에 걸어가게 될 나의 운명과 관련한 네 가지 기억만 자서전에 남기고자 한다. 국어 선생님과의 관계는 다음 장에 따로 언급하려고 한다.

19

하나는, 부산 과학전람회에 관한 기억이다. 2학년 때였다. 당시 물상 선생님은 나와 또 다른 한 친구에게 과학전람회 준비를 시켰다. '도끼다시' 혹은 '테라조(terazzo)'라고 하는 인조석으로 된 교실 바닥 청소를 할 때, 염화칼슘을 넣어 물을 재빠르게 마르게 하는 내용으로 준비를 했다. 하지만 사실상 선생님이 다 해 주신 것이고, 우리는 직접 준비한 게 별로 없었다. 출품한 작품을 포스터로 만들고, 우리로 하여금 발표하도록 했다. 부끄러움을 많이 타던 나는 한사코 발표를 하지 못하겠다고 버텼다. 아마 같이 준비한 그 학생은 내용을 잘 몰라서도 발표를 시키지 못했을 것이다. 결국 학생 작품으로 출품한 작품이었지만, 선생님께서 우리를 대신해 발표했다. 당연히 낙선할 수밖에 없었다. 부끄러움을 많이 타던 나의 성격 탓에 빚어진 일이었지만, 지금 생각해도 선생님께 무척 송구한 마음이 든다.

역사에 이름을 남긴 과학자들의 전기를 보면, 어릴 적부터 위대한 과학자가 될 소질을 보였다. 발명왕 에디슨은 어릴 때부터 장난감들을 뜯어고치는 걸 좋아했고, 진화론을 주창한 다윈은 어릴 적부터 딱정벌레 같은 곤충을 채집해 관찰하는 등, 생물에 관심이 많았다. 아인슈타인은 어릴 적부터 선생님을 곤란하게 할 정도로 수학과 물리학에 뛰어난 자질을 보였다. 이런 위인들의 삶을 생각하면, 내가 만약 공학자의 자질을 보였다면, 아무리 부끄럼을 많이 타던 아이였더라도,

과학전람회 같은 기회를 놓치지 않았을 것이다.

더구나 전교 1등의 성적에도 불구하고, 수학은 중학교 때도 나를 괴롭혔나 보다. 1970년 6월 21일, 당시 중학교 3학년일 때 쓴 일기를 보면, 수학 시험을 잘못 치러, "아! 나는 왜 이다지도 수학적 사고방식이 부족하단 말인가? 도대체 어려운 수학 문제만 나오면 풀지 못하겠으니 말이야!" 하고 한탄하는 내용이 적혀 있다. 수학 성적에 관해 쓴 일기 내용이나 과학전람회 같은 일을 생각하면, 어릴 적부터 나는 공학자의 싹수가 아예 없었다고 말하는 게 옳을 것 같다.

20

다음으로, 음악 선생님에 대한 기억이다. 남자 중학교이다 보니 당시에도 꽤 짓궂은 학생들이 있었나 보다. 공부만 했던 중학교 시절이었지만, 다른 학생들로 말미암은 뜻밖의 일들을 목격하곤 했었다. 젊은 여자 음악 선생님이 계셨다. 당시 어느 학생이 거울을 교탁 아래 숨겨둔 바람에 그 학생이 들고 있던 다른 거울에 비친 선생님의 치마 속 모습을 보면서 학생들이 야단법석을 떨었던 적이 있었다. 그 일로 선생님은 울면서 교실을 뛰쳐나갔다.

요즈음 생각하면 있을 수 없는 일이었겠지만, 당시엔 그런 장난도 허용되었나 보다. 그다음 음악 시간, 마치 아무 일도 없었다는 듯이 선생님은 조용히 교실에 들어섰다. 오히려 그 침묵이 효과를 발휘한 건지, 장난을 친 학생은 고개를 들지 못했다. 하지만 선생님은 평소와 같이 열심히 가르치셨다. 그래서일 것이다. 그 음악 선생님은 학생들이 무척 좋아하던 선생님 중의 한 분이셨다. 칠판에 영어 원어에 한글 발음까지 붙여가며 배웠던 〈♪스와니강♪〉, 〈♪켄터키 옛집♪〉 같은 포스터 작곡의 미국 민요는 물론, 몇몇 크리스마스 캐럴 등은 아직도 내 머릿속에 고스란히 남아 있다.

또 하나는, 미술 선생님에 관한 추억이다. 체육과 함께 어릴 적부터 나의 큰 약점 중의 하나는 그림 그리기 솜씨가 형편없다는 것이었다. 지금도 그림 그리기엔 젬병이다. 국민학교 5학년 때 성적을 보면 체육의 '미'와 함께 미술에서도 '미'를 받았다. 그럼에도 음악뿐 아니라 미술의 이론은 상당히 좋아했나 보다. 성적 증명서를 보면 (국민학교 때의 특별 활동 기록은 형식적이긴 하지만), 4학년 때의 '음악부' 활동에 이어, 6학년 때는 '미술부'에서 활동한 것으로 되어 있다. 덕분에 6학년 때의 미술 성적은 '수'를 받았다.

이어서 중학교 때 만난 미술 선생님 덕분에 미술 이론에 대해 더욱 많이 배웠다. 그림 그리기 실력은 형편없었지만, 미술 시간에 듣는 미술의 역사, 명화(名畫) 감상 등은 정말 좋았다. 그러다 보니 당연히 미술 과목에서도 1등을 했다. 만약 중학교에서도 실기 시험이 있었다면, 1등은커녕 또다시 '미'나 '양'에 해당하는 하위 성적을 받았을 것이다. 미남이셨던 미술 선생님의 사랑을 듬뿍 받았던 기억이 새롭다. 음악과 미술을 좋아했던 국민학교와 중학교 때의 기억 덕분에, 오늘날 정년퇴임 후 내가 본격적으로 걷고 있는 '예술의 융합'이란 새로운 오솔길을 걸을 수 있게 되었을 것이란 생각이 든다.

5.
담임 선생님의 국어 문제집

국어 문제집 풀기

21

음악과 미술 다음으로 내 삶에 영향을 미친 가장 중요한 과목은 국어였다. 어머니가 장 보러 새벽에 나가신 이후 등교할 때까지 공부했다.

저녁엔 동네에서 거의 유일하다시피 한, 외갓집에 있는 TV에서 방영하던 연속극을 보러 외갓집을 들락거린 게 생각나는 걸 보면, 저녁엔 그렇게 열심히 공부하지 않았나 보다. 아무튼 당시 문제집마저 살 형편이 못되었기에 학교 공부만 열심히 했다. 그러던 차에 3학년이 되었다. 1, 2학년 때는 물론이고, 3학년 반 편성 시에도 전교에서 1등을 한 덕분인지, 당시 국어 담당이었던 담임 선생님은 내게 각별하게 관심을 가져주셨다.

반 편성된 지 얼마 되지 않은 어느 날, 선생님은 나에게 교사용 국어 문제집 네댓 권을 선물해 주셨다. 선생님이 주신 국어 문제집은 나에겐 큰 기쁨이었다. 내 손에 쥐어진 모든 국어 문제집 풀기에 신이 났다. 당시 하루 공부 시간이 4시간이었다면, 3시간은 국어 공부를 했다. 거의 매일 국어 문제집 풀기에 매달렸다. 후일 내가 수필가로 활동하게 되는 데 바로 이 국어 문제집 풀기가 작지 않은 도움이 되었을 것이다. 2학기 때도 네댓 권의 국어 문제집을 내 손에 쥐어 주셨다.

나중, 고등학교 다닐 때에 국어 과목은 항상 자신이 있었다. 특히 우리 시대에는 영어도 그랬고, 국어 문제 또한 교과서 밖 지문 문제가 자주 출제되었었다. 이렇게 교과서 밖 지문들이 등장하고, 글 속의 뜻이나 주제를 찾는 문제가 나올 때면, 항상 해답을 맞출 수 있을 정도로 자신 있었다. 모두 중학교 때의 그 국어 문제집 선물 덕분이었음은 두말할 나위가 없다.

점심 도시락

22

중학교 시절의 내 삶에 있어서 빼놓을 수 없는 또 하나 소중한 기억은 점심 도시락이다. 산 중턱에 내가 다니는 중학교가 놓여 있었다. 당시 학교 근처, 곧 산 중턱에 누나와 아주 가까운 친구의 집이 있었다. 학교도 경남여자중학교에 함께 다녔다. 우리 집 근처에 살고 있을 땐 우리 집에도 자주 놀러 와서, 우리 가족들도 잘 알고 있는 누나였다. 집안일도 잘하고 성격도 좋아, 후일 아버지께서 큰며느리로 삼을 생각도 했을 정도로 가까운 친구였다. 학교와 근처에 있는 가옥들을 분리하는 철조망 같은 것이 따로 있었지만, 느슨하게 처져 있어 철조망을 들어 올리고 학교 밖으로 나가는 데는 큰 문제가 없었다.

점심시간이 되면, 교실에 있는 쓰레기통을 들고 밖으로 나갔다. 급우들에겐 쓰레기통을 비우러 나가는 것처럼 보이게 하기 위해서였음은 물론이다. 운동장을 가로질러 그 누나 집에서 따뜻한 도시락을 먹고 나면, 다시 도시락과 쓰레기통을 들고 교실로 돌아왔다.

당시 그 누나는 경남여자중학교를 졸업했지만, 경남여자고등학교 입학시험에 떨어진 탓에 재수하면서 집에서 입시 공부를 하던 중이었다. 중학교 입학과 동시에 어느 날부터, 등굣길엔 먼저 그 누나 집부터 들러, 집에서 싸 간 도시락을 맡겼다. 아마노 동생을 생각해, 누나가 자기 친구에게 미리 부탁해 두었을지도 모르겠다. 점심시간에 가면, 그 누나는 나에게 아랫목에 이불 덮어 따뜻하게 데워둔 도시락으로 밥상을 차려 주었다. 가끔 철조망을 넘다가 손에 상처가 났을 때는 붕대도 감아주곤 했었다. 1년 정도 그렇게 하다, 누나가 재수 끝에 경남여자고등학교에 입학하자, 도시락 데우기도 자연스레 끝을 맺게 되었다. 누나 덕분에 그런 호강을 누렸지만, 지금 생각해도 참 고마운 누나 친구였다. 나의 중학교 시절 잊을 수 없는 추억의 하나이다. 지금도 여전히 고마운 마음을 간직하고 있다.

6. 고등학교 시절 –그때로 되돌아가고 싶다

문예반 활동

23

중학교 때 그렇게 열심히 공부한 덕에 부산고등학교에 무난히 합격하였다. 드디어 중학교 시절의 소원을 이루게 된 셈이었다. 입학 첫날, 중학교 때와 마찬가지로 하얀 플라스틱 칼라가 끼워진 일본식 검정 교복을 입었지만, 부산고등학교의 상징인, '높을 고(高)'자 배지를 단 모자를 쓰고, 당당하게 집을 나서던 기억이 새롭다. '1학년 9반 7번 하창식' 이름이 선명하게 수놓아진 이름표를 단 가슴을 내밀면서. (당시 교복의 옷깃에는 부산고등학교의 약칭인 '부고'의 자음인 'ㅂ'과 'ㄱ'을 함께 새긴 교표를 달고 다녔는데, 'ㅂ'은 모두 흰색이었지만, 'ㄱ'의 색깔이 학년마다 달랐다. 내가 1학년 때에는 'ㄱ'의 색깔이 초록색이었다.)

부암동 집에서 초량에 있는 부산고등학교까지 등하교하려면, 매일 오늘날 마을버스 같은 작은 승합 버스로, 짐짝처럼 사람들로 가득 찬 만원 버스에 시달리며 다녀야 했다. 오늘날 그 시절을 회고하면, 요즈음 같은 지하철 시대는, 그야말로 다른 세상인 것처럼 여겨질 때가 많다.

중학교 3학년 시절의 국어 문제집 풀기 습관 덕에 국어 과목은 내가 가장 좋아하는 과목이 되었다. 고등학교에 입학하고 나니 이런저런 동아리 권유가 있었다. 당연히 국어를 주 무기로 해야 하는 문예반에 제일 관심이 있어, 문예반에 들어가게 되었다. 당시 신문반이 따로 있었지만, 문예반을 선택했다.

문예반은 학교 교지인 《청조(青潮)》 편집을 담당하고 있었고, 1년에 1회 개교기념일을 즈음하여 시화전을 개최하기도 했다. 당시만 해도 시나 소설, 심지어 오늘날 내가 활동하고 있는 수필 문학을 포함해, 어떤 문학 장르이든 구체적으로 글을 쓸 능력도 없었을 뿐만 아니라 경험도 없었다. 그렇지만 단지 국어 과목을 좋아한다는 이유만으로 문예반을 선택한 것이었다.

1학년 신입생으로 문예반에 들어가니, 동급생들은 물론이고 선배들 모두 대단한 문학인임을 알게 되었다. 먼저 전설처럼 전해져 내려오던 김민부란 이름을 듣게 되었다. "♪일출봉에 해 뜨거든 날 불러주오…♪"와 같은 가사로 되어 있는 〈♪기다리는 마음♪〉의 가사 작사가가 바로 김민부 선배임을 듣게 되었다. 고등학교 1학년 때인 1956년에 벌써 〈동아일보〉 신춘문예에 시조로 입선하고, 3학년 때인 1958년, 〈한국일보〉 신춘문예에 시조 부분으로 당선되었다고 들었다. 고등학교 2학년 때 첫 시집을 내었다고 했다. 대학 졸업 후 1962년, 부산MBC의 제1기 PD로 입사했다. 지금까지 명맥을 유지해 오고 있는 사회비평 라디오 프로그램 '자갈치 아지매'가 바로 그의 작품이다. 김민부 선배는 내가 젖먹이였을 때 문예반 활동을 했으니, 그야말로 전설 같은 선배였다. 내가 문예반 동아리에 막 가입하니, 3학년이었던 전원책 선배의 이름이 우리 반원들 사이에 자주 거명되었다. 요즈음 우리나라 보수 논객으로 이름이 나 있고, 변호사이자 방송인으로도 활동하고 있다.

문예반 두 해 선배였던 그분은 각종 백일장을 휩쓸다시피 하였고, 진해 군항제에서는 학생부가 아닌, 일반부 장원을 수상할 정도였다. 1970년대 청소년들의 학생 교양 잡지였던 《학원(學園)》 지의 〈학원문학상〉도 받았다. 김원일 소설가, 최인호 소설가, 이청준 소설가, 황석영 소설가, 이제하 시인, 정호승 시인, 박동규 시인, 황동규 시인 등이, 1979년 2월 통권 293호로 종간한 이 학생 잡지의 〈학원문학상〉 수상 이후 우리나라 문단에서 기라성 같은 이름들을 빛낸 것을 생각하면, 전 선배의 문학적 재능이 얼마나 뛰어났는지 짐작할 수 있을 것이다.

내가 중학교 다니던 시절, 전 선배가 1학년 때 편집을 담당했던 교지 《청조(靑潮)》는 전국 고등학교 교지 콘테스트에서 최우수상을 받았다. 나아가 전원책 선배는 그해 최초의 고교 동인지 《청조 문예》를 창간하여 문예반을 비롯한 부산고등학교 학생들의 문예 활동을 돕기도 했다. 전원책 선배는 1977년에 《한국문학》 신인상으로 시인으로 등단하였을 뿐만 아니라, 1990년엔 〈조선일보〉 신춘문예에 당선하여 재등단하기도 했다. 당시 박두진, 조병화 시인이 심사를 맡았다.

그뿐만 아니었다. 내가 2학년, 3학년이 되었을 때 들어온 후배들 또한 대단한 문학적 재능을 가진 친구들이었다. 현재 고려대학교 명예교수이자 평론가인 이남호 교수도 그중 한 명이다. 이남호 교수는 1980년, 〈조선일보〉 신춘문예에 평론 당선으로 등단하였으며, 대한민국문학상, 현대문학상, 소천비평문학상 등을 수상할 정도로 쟁쟁한 평론가로 유명하다. 게다가 문예반원들 중에는 중학교 시절 이미 전국 학생 백일장에서 장원을 한 후배도 있었다. 지금 생각해 보아도, 내가 문학적으로는 제일 재능이 모자란 반원이었다.

문예반 활동은 내 고등학교 시절의 거의 모든 것이었다. 학교 개교기념일을 즈음해서 시화전이 개최되었다. 3년 동안 문예반을 하면서, 생애 처음으로 시(詩) 한 편을 썼다. 그때 쓴 시 내용은 잘 기억나지 않지만, 시화전을 통해서 「행복」이란 세 줄 정도의 짧은 시를 발표하였다. 미술반에 있던 선배가 옅은 분홍색의 바탕 그림을 예쁘게 그려 주었다.

"자세히 보아야 / 예쁘다 / 오래 보아야/ 사랑스럽다 / 너도 그렇다."

나중에, 위와 같은 나태주 시인의 「풀꽃」이란 제목의 시를 처음 읽었을 때, 약간의 아쉬움이 몰려왔다. 고등학생 시절 유일하게 썼던 「행복」이란 제목의 시가 딱, 「풀꽃」 같이 짧은 시였지만, 「풀꽃」과 비슷한 느낌이 드는 서정적 시였기 때문이다. 그 시절부터 시 수업을 열심히 해서, 그런 시를 계속 발표했더라면, 지금쯤은 꽤 이름있는 서정 시인이 되어 있지 않았을까 하는, 주제넘은 상념에 잠깐 젖었었던 기억이 난다.

당시 부산고등학교는 정말 명문 고등학교였다. 전교생 중 절반이 서울대학교 입학이 가능할 정도로 우수한 학생들로 이루어졌다. 학급 석차 30등 정도만 되어도 서울대학교 입학이 가능할 정도로 우수한 학생들이었다. 그럼에도 불구하고 합격 성적이 높고, 미래 전망이 더 좋은 학과를 선택하기 위해, 문예반원들 모두 공부도 열심히 했다.

내가 고등학교에 들어간 1971년 당시만 해도, 대학 입학고사는 예비고사와 각 대학의 본고사로 이루어져 있었다. 예비고사는 오늘날 대학수학능력시험(수능)에 해당하지만, 당시 예비고사는 말 그대로 대학 진학을 위한 예비고사로 변별력이 크게 없었다. 크게 학업이 떨어지지 않는 한, 비단 명문 고등학교 아니더라도 웬만한 고등학교 졸업생들은 거뜬히 통과할 수 있을 정도였다. 말 그대로 대학별 본고사를 앞두고 예비적으로 한번 치러 보는 입학 준비 시험에 불과했다. 대신 대학별로 따로 실시하는 본고사가 대학 진학의 관건이었다. 입학시험 공부도 자신이 원하는 대학과 학과에 따라 맞춤형 공부를 해야 했다.

정권이 바뀔 때마다 대학 입학시험 제도가 바뀌는 것을 나는 그리 좋아하지 않는다. 사교육에 드는 교육 비용을 줄인다는 명분과 학교별 서열을 줄인다는 명분으로, 이런저런 새로운 제도를 계속 내어놓으면서 오늘날의 수능 제도에까지 이르렀다. 나 개인적으로는 예전 우리 때처럼 치르는, 예비고사와 본고사 제도가 가장 좋은 제도라는 소신을 지니고 있다. 이런 제도 변경의 가장 큰 피해자는 부산대학교 같은 지방 국립대학교가 아닐 수 없다. 이런 제도로 인해 지방의 고등학생들조차 모두 자기 지방의 국립대학교를 외면하고, 오히려 서울에 있는 사립대학교들을 선호하는 풍토가 자리 잡게 되었기 때문이다.

아무튼 당시만 해도 부산대학교는 서울대학교 다음가는 명문대학교이었다. 국립대학교란 이점 때문에 등록금과 수업료도 매우 저렴했다. 그러니 당시 집안이 가난한 친구들은 별다른 생각 없이 부산대학교 진학을 많이 했다. 나도 가난한 집안 형편으로 부산대학교에 진학했다. 서울대학교 진학은 아예 생각조차 하지 않았다. 하숙비 감당이 안 된다며, 고등학교 입학 때부터 부산대학교 진학을 기정사실로 했기 때문에, 처음부터 공부를 포기하였다.

지금 생각해도 고등학교 시절, 제대로 공부한 적이 단 한 번도 없었다. 부산고등학교였던 만큼, 학원에 다니던 학생들은 거의 없었던 것 같고, 대부분이 방과 후에도 학교에 남아 야간 자율 학습으로 입시 공부에 매달렸다. 반면, 나는 정규 시간이 끝나면 냅다 집으로 도망치듯 귀가하였다. (공부도 하지 않고, 그렇다고 책도 읽지 않았으면서) 매일 그 많던 방과 후 시간을 어떻게 보내었을까, 지금 생각해도 한 번씩 궁금해질 때가 있다.

과장해서 말하자면, 당시 부산고등학교나 경남고등학교에서는, 학급에서 꼴찌를 해도 부산대학교에도 어렵지 않게 합격할 수 있었다. 시골 학교에서는 전교 석차 최상위권에 들어야 부산대학교 진학이 가능할 정도로 부산대학교도 서울대학교 버금가는 명문 대학이었지만, 그만큼 부산고등학교나 경남고등학교의 수준이 높았던 것이었다.

1학년 입학 때부터 부산대학교 진학을 목표로 했으니, 열심히 공부할 필요가 없었다. 당시 문예반에서는 연간으로 발행되는 교지 《청조》 편집 이외에도, 전원책 선배가 창간한 《청조 문예》라는 문예지를 연간 1회 발행해야 했고, 개교기념일을 즈음하여 시화전도 개최해야 했다. 그러니 여러 가지로 학교 공부 외에도 반원들이 시간을 내어 일을 나눠 맡아서 해야 할 필요가 있었다. 그런 가운데 다른 반원들은 서울대학교 진학을 목표로 공부에도 몰두했다. 때문에, 시간 들이는 일들은 자진해서 내가 도맡았다. “그래, 너희들은 서울대학교 가고 나는 부산대학교 갈 거니, 너희들은 공부해. 내가 맡을게.” 라고 말하면서.

아무튼 문예반 활동하면서 좋았던 점은, 공식적으로 출석이 인정되는 결석을 할 수 있었던 점이었다. 바로 4월에 있었던 진해 군항제, 혹은 10월에 있었던 진주 개천예술제 행사의 하나로 개최되던 전국 학생 백일장에 학교 대표로 참석하면서 하루를 교실 밖에서 보낼 수 있었던 것에 신이 났었다. 나의 문학 창작 능력과는 무관하게 문예반원 거의 전원이 참석하였기에, 나도 따라갔을 뿐인데도, (학교의 허락 아래) 수업을 빠지고 나들이할 수 있다는 것 자체가 즐거운 경험이었다. 물론 백일장 입상 같은 것은 꿈에도 꾸지 못할 만큼 문학적 재능은 없었지만, 나들이 자체가 좋았었다.

24

당시 상황을 생각하면, 주위 지인들이 처한 환경, 또는 주위 지인들의 말 한마디가 한 사람의 인생에 얼마나 큰 영향을 미치는가에 대해 다시 생각하게 된다. 만약 친척이나 지인 중, 주위에 단 한 사람이라도 서울대학교 학생이 있어, 내게 "서울대학교 입학만 되면 개인 교사 같은 과외를 하여 등록금이든 하숙비든, 부모님 도움이 없어도 본인 스스로 해결할 수 있다."고 말해 주었다면, 당연히 나도 서울대학교 입학을 목표로 했을 것이다. 더구나 서울대학교에서 열심히 공부만 하면 장학금을 받거나 등록금이나 수업료 면제를 받을 수 있다고, 누군가 한마디만 해 주었다면 나 역시 서울대학교 입학을 목표로 열심히 공부했을 것이다. 만약 내가 그렇게 서울대학교에 입학했으면, 지금 나의 인생 경로도 분명히 다르게 바뀌었을 것이다.

하지만 당시 우리 동네, 우리 친척 중엔 그런 사람이 하나도 없었다. 내 기억으로도, 아들딸 모두가 부산고등학교, 경남여자고등학교 같은 전국적 명성의 명문 고등학교에 다니는 집이 온 동네 통틀어 우리 집밖에 없었다. 당시 환경으로서는 부산대학교만 해도 전국적인 명성을 가지고 있었기에, 아무도 서울대학교 입학을 권유하는 가족, 친지, 이웃이 없었다.

인생의 시계를 거꾸로 돌릴 수는 없다. "만약 그때 서울대학교에 입학하였더라면..." 하는 아쉬움은 평생 지울 수가 없다. 서울대학교가 아닌 부산대학교에서 대학 생활을 해서 그런 게 아니라, 고등학교 3년 내내 단 한 번도 제대로 최선을 다해 공부한 적이 없었던 점이 못내 아쉬워서이다. 심지어 중간고사, 기말고사 같은 큰 시험공부마저도 한 번도 열심히 한 적이 없었던 걸로 기억된다. 이것이 내가, 만일 과거로 돌아갈 수 있다면, 고등학교로 다시 돌아가 중학교 때 공부한 것만큼 열심히 공부해 보고 싶다는 소망을 지닌 까닭이다.

그래서인지, 평생 가장 많이 꾼 꿈은, 대학 입학시험에 다시 도전하기 위해 책방을 전전하며 입시용 문제집을 찾는 꿈이다. 엄연히 대학을 졸업하고, 대한민국 최고의 이공계 대학원인 한국과학원(카이스트 전신)을 졸업하였을 뿐만 아니라, 공과대학 교수로 40년 가까운 세월을 보냈음에도, 대학 입학고사를 준비하는 꿈이다. 더구나 꿈속에서도 수학은 항상 나를 괴롭힌다. 다른 교과목은 어느 정도 입시 준비를 마친 것 같은데, 수학 공부가 덜 되어 걱정하면서 전전긍긍하다, 깨고 나면 꿈이었던 때가 한두 번이 아니었다. 과학원에 재학하면서 박사 학위 취득을 위한 기준 학점을 이수해야 하는데, 다른 교과목의 수업 시간엔 빠짐없이 출석하면서 이상하게 (본의 아니게) 자꾸 수학 강의 시간엔 빠지게 되어 노심초사하다가 잠에서 깨는 경우도 적지 않았다.

심지어 정년퇴임을 한 이후에도 가끔 똑같은 꿈을 꾼 적이 있다. 고등학교 때 수학 공부를 열심히 하지 않았다는 점, (꼭 수학 때문만은 아니었겠지만,) 고등학교 입학 때부터 서울대학교 입시 공부를 시도도 하지 않고 아예 포기했다는 점 등에 대한 아쉬움이 평생 나의 잠재의식 저 깊숙한 곳에 숨어 있나 보다.

전교 꼴찌 수준의 수학 성적

25

아무튼 고등학교 시절 문예반 활동은 나에겐 큰 활력소가 되었다. 서울대학교가 아닌 부산대학교 목표를 두고 입학한 탓에, 아예 공부를 포기한 것이나 마찬가지였다. 그래도 국어, 영어 성적은 중학교 때 공부한 것을 가지고도 충분히 버티어 내었다. 앞에서 언급한 대로, 중학교 때의 국어 문제집 풀기 덕분으로, 따로 공부하지 않아도 국어 성적은 항상 최상위권을 유지했다. 영어도 나름대로 상위권을 유지했다. 다만 수학이 문제였다. 왜 그렇게 했는지는 모르겠지만, 내 기억상 고등학교 3년 내내, 종이와 연필로 수학 공부를 한 적이 없다. 학교 수업에 따라 선생님의 강의를 눈으로 좇아서 한, 문제풀이가 전부였다. 그러니 수학 성적을 잘 받을 리 만무했다.

만일 종이에 문제를 써가며 풀이하는 습관이 있었다더라도, 수학 성적은 크게 나아지지는 않았을 것 같다. 중학교 때 IQ 테스트라고 하는 지능 검사가 있었다. 어휘력이나 숫자 배열, 도형 등의 문제가 출제되었고, 정해진 시간에 얼마나 많이 맞추냐에 따라 IQ 점수가 매겨졌던 것으로 기억된다.

당시 모든 문제를 정해진 시간 내에 다 맞추었으면서도 도형 문제 몇 개를 틀렸던 것으로 기억된다. 사실 나는 공간개념이 거의 없다. 공간 지각력이 거의 제로이다. 지금도 처음 본 길은 거의 찾지를 못한다. 이른바 '길치'이다. 최소한 열 번쯤 찾아가야, 겨우 길을 익힐 수 있을 정도이다. 그러니 공간과 관련된 문제는 풀지를 못한다. 정글짐이란 놀이기구가 있다. 요즈음도 초등학교 운동장에서 흔히 볼 수 있는 놀이기구이다. 이 기구를 보면 높이가 다른 여러 개의 상자를 차곡차곡 쌓아둔 형태로 되어 있다. 이렇게 여러 개의 높이가 다른 상자를 쌓아둔 도형에서 (눈에 보이지 않게) 숨겨진 뒤쪽 상자 수를 짐작하는 문제는 모두 틀렸다.

고등학교 수학에서도 도형을 포함한 기하학적 문제나 확률 같은 문제는 개념이 잘 잡히지 않아 무척 어려워했다. 이상하게도 미분, 적분만은 재미있었다. 나중에 공과대학에 진학했을 때 다른 수학도 사용되었지만, 특히 미분, 적분이 대학 수학의 거의 전부여서 얼마나 다행인지 몰랐다. 이러니 수학 공부를 열심히 했다더라도, 그렇게 좋은 점수는 받지 못했을 것이다.

당시만 해도 수학의 수준이 아주 높았던 것으로 기억된다. 당시 고등학교 수학 문제는 일본의 대학교 수준의 문제라고 들었다. 어쩌다 다소 쉬운 문제가 출제되기도 했지만, 보통은 최상위 학생들도 평균 60점이 안 될 정도로 어려운 문제들이 출제되었다.

주례고사라고 해서 중간고사, 기말고사 이외에 매주 월요일이 되면 국어, 영어, 수학 시험을 치렀다. 다음 주엔, 학생들의 지난주 성적이 전교 석차를 기준으로 학교 게시판에 붙여졌다. 내 기억으로 내 성적은 항상 전교 중간 정도 성적이었다. 내가 고등학교 때 받았던 최고 성적은 학급 2등, 전교 10등이었고, 최하 성적은 학급 순위 꼴찌에서 위로 손가락으로 꼽을 수 있는 정도의 성적이었다. 이렇게 큰 차이가 난 이유는 바로 수학 시험의 난이도 때문이었다.

딱 한 번, 수학 시험이 매우 어렵게 출제되었다. 나는 수학 문제가 어려워도 100점 만점에 20점, 쉬워도 20점을 받았기에, 무척 문제가 어렵게 출제된 덕분에 평균 점수가 겨우 40점 정도 되었던 그 주에, 고교 시절 처음이자 마지막으로 학급 석차 2등에 내 이름이 적힌 것을 보았다. 전교 석차가 무려 10등으로까지 상승하였다. 하지만 그때뿐이었다. 대부분 게시판 중간 어디쯤에서나 내 이름을 겨우 발견할 수 있을 정도였다. 항상 상위권을 유지한 국어, 영어 성적 덕분에 그 정도 성적이나마 유지할 수 있었다.

26

국어 성적에 대해 따로 회고할 일이 하나 있나. 앞에서도 한번 언급한 바 있지만, 교과서 내 지문보다 교과서에 없는 지문 문제를 풀 때는 정말 내 세상이었다. 시험공부를 전혀 하지 않았음에도 불구하고 (독서 경험 또한, 거의 없었음에도 불구하고), 내가 생각해도 신기할 정도로, 주어진 지문의 뜻과 주제, 빠진 낱말 등에 대해 해답을 잘 맞추었다. 중학교 때의 그 국어 문제집 풀기 습관 덕분임은 물론이다.

내 자랑 같아 좀 쑥스럽지만, 고등학교 시절, 나의 국어 성적이 얼마나 최상위권이었는지에 대해 살짝 언급할 필요가 있을 것 같다. 앞에서도 언급한 바 있듯이, 문예반 활동으로 진주 개천예술제나 진해 군항제에서 개최된 전국 학생 백일장 참석은 물론이고, 서울에서 열린 전국 고전읽기 경시대회에 참석하기 위해 출석 인정 결석을 한 그다음 주 월요일에도 주례고사는 빠짐없이 시행되었다.

그렇게 결석으로 인해 그 주에 공부한 부분을 배우지 못했음에도 불구하고, 나아가 내가 따로 공부하지 않았음에도 불구하고, 국어 과목은 여전히 최상위권 성적을 받았다. 중학교 때의 그 문제집 풀이 훈련 덕분에 따로 공부하지 않아도, 국어에 대한 이해도는 아예 내 머릿속에 안전한 무기가 되어 똬리를 틀고 앉아 있었나 보다. 물론 영어는 다른 주에 비해 낮은 성적을 받았다. 수학 점수는 변동이 없었다. 그 주에 빠짐없이 수업에 참석했든지 결석했든지 무관하게, 어차피 수학 성적은 최하위권 주위를 맴돌았기 때문임은 물론이다.

국민학교 때부터 가난한 집안 환경 때문이었는지는 몰라도, 우리 집엔 교과서 이외 참고서는 물론이고, 변변한 문학 도서 한 권 없었다. 국민학교 시절 우리 집 근처에 있던 외갓집이 좀 부잣집이라, 외갓집을 가면, 『소년소녀 세계문학전집』 같은 책이 서가에 꽂힌 것을 본 적이 있다. 그렇다 해도, 몇몇 권을 빌려서 읽었을 뿐이지, 제대로 문학 서적을 읽은 적이 없다. 고등학교 때에도 문예반 활동을 하고 있었지만, 제대로 읽었던 문학 서적은 손에 꼽을 만하다. 그러니 오늘날의 문학적 능력의 바탕은 중학교 때의 그 국어 문제집 풀이 덕분이었다고 볼 수밖에 없는 것이다.

27

문예반 활동과 별도로, 나의 문학 활동에 도움을 준 또 다른 활동 하나를 들어야겠다. 1학년 시절, 당시 정부 방침으로 전국 초, 중등학교 학생들에게 고전(古典)읽기를 권장하였다. 해당 학년에 따라 각기 다른 고전 책을 지정하고, 그 내용의 이해도를 묻는 '고전읽기 경시대회'를 개최했었다. 정부 방침에 따라 우리 학교에서도 급하게 고전반 동아리 모집이 있었다. 문예반 활동과 무관하게 나도 지원했다. 학교 도서관을 담당하고 있던 이병수 선생님이 고전반을 맡아 지도하셨다. 선생님께 직접 국어 수업을 받아 본 적은 없다. 1학년에게 과제로 주어진 고전은 『당시(唐詩)』라는 책이었다.

그렇게 열심히 공부한 것 같지는 않은데, 어쩌다 부산시 고전읽기 경시대회에서 3등을 했다. 1등을 한 고전반 다른 학생과 함께, 우리 두 명은 부산시 대표로 뽑혀 서울에서 개최된 전국 고전읽기 경시대회에 참가하게 되었다. 내 기억으로는 생애 처음의 서울 나들이였다. 물론 입상에는 실패했다. 그때 서울 나들이에 대한 기억은 그뿐이었지만, 후일 내가 본격적으로 수필가로 활동하면서 이병수 선생님과 다시 만났을 때 고등학교 때의 고전반 추억이 되살아났다.

부산고등학교-경남고등학교 야구 시합

28

고등학교 시절 또 다른 추억의 하나는 야구 단체 응원이다. 초량에 있던 부산고등학교와 토성동에 있던 경남고등학교는 '서울대학교에 몇 명의 학생들을 진학시키나?' 같은 기준으로 서로 명문 경쟁을 하던 사이였다. 지리적인 영향으로 초량에서 서면을 거쳐 동래, 주례, 사상, 수영, 해운대 등지의 권역에 사는 아이들은 주로 부산고등학교에 진학하였다. 반면, 부산역에서 중앙동, 남포동, 광복동, 송도, 괴정, 하단 쪽의 권역에 사는 아이들은 주로 경남고등학교를 선택하였다.

내가 고등학교에 다니던 시절엔 부산 시청이 지금 롯데백화점 광복동 지점이 있는 곳에 있었기 때문에, 부산의 '시내(市內)'라고 하면 주로 지금의 남포동, 광복동 일대를 의미하였다. 그런 배경도 있고 해서 경남고등학교엔 도시형 아이들이 많이 진학하였다. 반면, 부산고등학교에는 시골 출신 아이들이 많이 진학하였다. 이 때문에 당시 두 학교의 학생들은 서로의 학교에 대해 자칭 타칭 '구덕상업고등학교 (약칭, 구덕상고)' 혹은 '초량농업고등학교 (약칭, 초량농고)'라는 별칭으로 부르기도 했다.

당시 두 학교는 각각 평균적으로 150~180명 내외의 학생들을 서울대학교에 진학시켰다. 두 학교는 학업 수준으로서도 서로 경쟁 상대였을 뿐만 아니라, 두 학교 모두 야구부를 가지고 있었다. 때문에, 두 학교의 야구 시합이 있을 때는 응원에서도 서로 경쟁이 치열했다.

특히 대통령배 전국 고교야구대회나 봉황대기 전국 고교야구대회, 황금사자기 전국 고교야구대회, 화랑대기 전국 고교야구대회 같은 전국 규모의 야구 시합에서 두 학교 간의 대결이 있을 때는 당시 공설 운동장이었던 구덕 야구장에 양교의 1~2학년 학생들이 단체 응원을 벌였다. 이 때문에 야구는 자연스럽게 좋아하는 스포츠의 하나가 되었다.

1979년 박정희 대통령 시해 이후, 12·12 군사반란으로 정권을 잡은 전두환 전 대통령은 집권 후 국민의 불만을 잠재우기 위해 스포츠(sports), 섹스(sex), 스크린(screen)을 뜻하는 이른바 '3S 정책'의 일환으로 프로야구 제도를 도입하게 했다. 1982년부터 지금과 같은 프로야구 경기가 시작된 계기이다.

이때 만들어진 롯데 자이언츠 프로야구팀이, 다른 지역 야구팀에 비하면 충성스러운 팬들이 많은 이유 중의 하나는, 바로 부산고등학교-경남고등학교 같은 경쟁 고교 야구팀의 존재 덕분임을 부인할 수는 없다. 두 학교 이외에도 실업계 학교로 서로 경쟁 관계라 할 수 있는, 부산상업고등학교와 경남상업고등학교도 야구부를 가지고 있어, 두 상업고등학교 간의 야구 경기는 물론, 부산 지역의 네 학교 간의 야구 경기를 보고 응원하면서 자란 세대들이 어른이 되어 부산을 연고로 한 롯데 자이언츠 야구팀을 응원하게 된 것은, 전혀 이상할 게 없기 때문이다. 롯데 야구팀에서 선수로 뛰는 선수들 대부분이 자기 학교 출신 선, 후배, 동기였기 때문이기도 하다.

7.
대학 시절 - 1. 두 가지 다짐

대학 입학, 그리고 5·16 장학금

29

고등학교를 졸업할 무렵, 대학 예비고사를 치렀다. 신문 배달업을 하는 이웃 동네 일가 아저씨의 용달차 짐칸에 실려서, (역시 부산고등학교에 다니던) 그 집 아들과 함께 예비고사를 보러 갔다. 그날 차멀미로 혼이 났다. 시험을 치는 온종일, 멀미 후유증으로 머리가 아팠다. 그래도 앞에서 언급한 바 있듯이, 당시 예비고사는 기준점만 넘으면 대부분 합격이 되는 대학 입학 자격시험이었기 때문에, 탈락을 걱정할 필요는 없었다.

그렇게 예비고사를 치르고 얼마 되지 않아 부산대학교 본고사를 치렀다. 1974년 당시엔, 박정희 대통령의 제3차 경제개발 5개년 계획(1972~1976년)에 따라 중화학 공업에 상당한 투자가 이루어지던 때였다. 1967년부터 1971년까지의 제2차 경제개발 5개년 계획에 이어 다양한 분야에서 산업구조가 근대화되고 자립경제의 기반 확충과 함께 우리나라가 연평균 7% 정도의 고도성장을 이루던 중이었다.

특히 중화학 공업에 대한 정부 차원의 지원 분위기로, 내가 대학교에 들어가던 시절엔 전국 대학교의 화학공학과(이후 화공과로 약칭)는 가장 인기 있는 학과의 하나였다. 국어, 영어, 수학, 세 과목만 치르는 본고사였지만, 커트라인도 꽤 높은 학과였다. 그래도 부산고등학교 출신인 덕분에, 낮은 수학 성적에도 불구하고, 부산대학교 화공과에 무난히 합격하였다.

고등학교 시절, 수학 성적은 최하위권으로 낮고, 국어와 영어 성적이 최상위권으로 높았지만, 성적이나 나의 적성과는 무관하게 2학년 반 편성 때는 이과 계열을 선택했다. 당시만 해도 나 자신이 딱히 미래에 무엇이 되겠다는 생각이 없었던 터라, 부모님의 권유로 이과를 선택하게 되었다. 부산고등학교를 졸업한 형이 나중에 공무원 같은 행정직 진출을 생각해, 부산대학교 법과대학(행정학과)을 선택하였던 게 계기가 되었다. 동생인 나는, 자연히 공과대학 진학을 권유받게 되었다. 공과대학을 졸업하면 취업에 유리하기 때문이라는 게 부모님 뜻이었을 게다. 아무런 생각 없이 이과 계열을 선택함에 따라, 나중에 부산대학교 공과대학을 진학하게 되었다.

화공과를 선택했다. 화학을 좋아해서라기보다, 고등학교 때 2학년 담임 선생님의 영향이었다. 당시 학생들 사이엔 선생님들께 별명을 하나씩 지어 그 별명으로 선생님을 지칭하곤 했다. 담임이셨던 화학 선생님도 예외는 아니었다. 열심히 우리를 가르치셨지만, 왠지 몰라도 학생들에겐 이상한 별명으로 불리던 선생님이셨다. '남들과 다르게 살겠다.'는 유별난 내 성격 때문이기도 했을 것이다. 괜히 급우들에게 이상한 별명으로 놀림 아닌 놀림을 받는 선생님이 안타까워(?) 공과대학 내에 '화학'이란 이름이 붙은 학과를 선택하다 보니, 우연히 그렇게 된 것이다. 당시만 해도 인기 학과니, 대학 졸업 후 전망이 좋다느니 하는 등에 대해서는 전혀 관심이 없었다. 나의 길을 뜻한 바가 있어 선택한 게 아니라, 부모님의 뜻에 따라, 아니면 오기 같은 것에 의해 진로를 선택한 것이었다.

30

대학교에 입학하자, 고등학교 때 열심히 공부하지 않은 것이 후회되었다. 더욱 솔직히 고백하자면, 비록 고등학교에서 중위권 정도의 성적으로 졸업하긴 했지만, 나보다 더 공부를 못한 동기들도 버젓이 서울대학교에 입학한 것에 대해 상대적으로 박탈감이 느껴졌다. 일단 서울대학교 입학은 하지 못했지만, 지금부터라도 열심히 해서, 4년 뒤 어디선가 다시 만날 때는, '그들보다 나은 내가 되리라' 생각하면서, 1학년 때부터 열심히 공부했다.

대학에 입학할 때가 1974년이었다. 1972년 10월 17일, 박정희 대통령은 이른바 '10월 유신(十月維新)'을 선포하고, 국회 해산 및 정당·정치 활동 정지 등에 관한 특별 선언을 발표하였다. 그로써 제6차 개헌(일명 3선 개헌)의 효력이 정지되고, 제7차 헌법 개정으로 우리나라의 제4공화국의 시작을 알렸다. 그전에도 연임 대통령으로 재임하다, 3선 개헌을 통해 장기 집권의 길을 걷고 있던 박 대통령에 대해 국민들, 특히 젊은 대학생들의 저항이 만만치 않았는데, 또다시 헌법 개정을 통해 유신 체제가 시작되자, 대학가에는 유신 체재와 박 대통령의 장기 집권을 반대하는 시위가 연일 끊이지 않았다.

거의 매일, 대학 정문 주위에서는 학생들이 "독재 정권 물러나라!"고 외치며 시위를 벌이고, 그에 맞서 전투경찰이 쏘아대던 최루탄 가스는 당시 대학 풍경의 하나였다. 정문 근처에서부터 매캐한 최루탄 가스가 퍼지면, 따가워진 눈 때문에 고생이 이만저만이 아니었다.

휴강이 일상처럼 벌어졌다. 학생들 대부분이 공부를 소홀히 했다. 고등학교 때 시달렸던 학업 스트레스에서 벗어나 대학의 자유를 만끽하고자 하는 소망으로, 대학 신입생들은, 공부 대신에 당구장 방문이나 휴강 등을 자랑으로 삼던 때였다. 그러니 중학교 시절만큼은 공부에 몰두하지는 않았지만, 당시엔 조금만 열심히 공부해도 크게 두각이 나타나던 시절이었다.

1학기가 끝나고 내 성적을 보니 높은 학점이 나왔다. 수학에서의 높은 성적이 한몫했다. 고등학교 재학 시, 한 번도 종이 위에 문제나 풀이 과정을 써가며 풀이를 해 본 적 없던 나였지만, 대학 수학 공부는 그러지 않았다. 열심히 문제를 풀었다.

본래 어려운 수학이었지만, 그나마 미분, 적분을 좋아했던 터라, 미분방정식, 곧 미분과 적분이 대부분인 대학 수학은 그야말로 공부할 맛이 났다. 대학 1학년 1학기, 수학에서 A+ 학점을 받았다, 중간고사 때 이미 높은 점수를 기대한 내가 일종의 새로운 희망을 엿본 셈이었다. 국어, 영어는 물론이고, 경제학이나 심리학 등 다른 과목에서도 높은 학점을 받았다.

수학 성적뿐만 아니라, 역시 교양 필수 과목이었던 체육 과목에서 A를 받은 것이 좋은 평점을 받는 데 크게 도움이 되었다는 것도 특기할 만하다. 중학교 입시에서 체육 과목으로 인해 두 번이나 고배를 마셨던 나였다. 그럼에도 대학 체육에서는 A 학점을 받은 것이었다. 당시 체육 시간엔 이론 공부도 했고, 실기 과목으로 테니스를 배워야 했다. 원래 체육이 내겐 어려운 과목이었는데, 테니스라고 예외가 될 수 없었다. 만일 테니스 실기 시험만 가지고 성적을 매겼으면 당연히 F 학점이거나, 아무리 잘해도 D 학점밖에 받지 못했을 것이다. 하지만 담당 교수가 펴낸 책을 사면, '묻지 마'로 A 학점을 부여했다. 요즈음은 절대 그런 일은 없으리라 생각하지만, 70년대 중반 당시만 해도 그런 일이 가능했던 모양이다. 덕분에 학창 시절 통틀어, 내 평생 처음으로 체육 과목에서 A 학점을 받을 수 있었던 것이었다.

다행히 1학년 1학기에 좋은 성적을 받은 덕분에 우리 대학에서 2학기 등록금과 수업료 전액을 면제해 주는 '문창(文昌)' 장학금을 받았다. '문창'은 부산대학교를 상징하는 말 중 하나로, 문창의 어원은 중국의 고대 역사가인 사마천이 쓴 『사기』에서 찾을 수 있다. 『사기』 「천관서(天官書)」 편에, 북두칠성 아래 있는 6개의 별을 '문창궁(文昌宮)'이라고 한 데서 비롯된다. '학문의 별'이란 뜻이다. 1954년 10월 22일, 당시 이

선근 문교부 장관이 우리 대학교를 찾았을 때 현 약학관 앞의 기암촉석(奇巖矗石)을 발견하고는 그곳이 '문창성(文昌星)이 비치는 곳'이라고 하여 그 일대를 문창대로 부르면서, '문창'은 부산대학교를 상징하는 이름이 되었다.

부산 근교 범어사엔 원효암(元曉庵)이 있다. 일찍이 신라의 원효대사가 수도하던 곳이다. 부산대학교의 또 다른 상징으로 '효원(曉原)'이란 이름이 있는데, 바로 '원효의 벌[原]'과도 의미가 닿아 있다. 부산대학교의 윤인구 초대 총장이 학교의 상징으로 붙인 '효원', 곧 '새벽벌'은, 새벽 공기 같은 참신함과 원효 대사 같은 수도 정진과 성취의 의미가 함께 담겨 있다고 한다.

31

'문창' 장학금은 당시 가난했던 우리 집안에 큰 도움이 되었다. 2학기 때도 열심히 공부했다. 당시 1학년 학생들은 소속 학과에 무관하게 모두 교양과정부에 소속되어 있었다. 2학기 말이 끝났을 때 (1학기 성적과 합산하여) 대학 교양과정부 전체에서 1등의 성적을 받았다. 말하자면 부산대학교 1학년 전체 4,000여 명 중에서 1등을 한 셈이었다.

대학 시절, 그때만 해도 우리 집엔 전화가 없었다. 국민학생 시절, 앞서 언급한 바와 같이 가정환경 조사서엔 전화기의 유무로도 집안 형편을 짐작할 수 있었을 때였다. 당시 대학에서 받을 수 있는 가장 영예로웠던 5·16 장학생으로 선발되었다는 통지서가 우리 집으로 전달되었다.

5·16 장학금 (1979년 박정희 대통령 사후(死後), 박정희 대통령의 이름과 영부인이었던 육영수 여사의 중간 이름을 따, 정수 장학금으로 바뀌었다.)은 박정희 대통령의 정신이 담긴 장학금인 만큼, 그 영예가 대단했다. 일단 선발이 되면 성적이 떨어지지 않는 한 졸업 때까지 지급되는 장학금이었다. 당시 국립대학교의 등록금과 수업료는 그리 높지 않았지만, 국립대학교의 등록금과 수업료의 거의 2~3배에 가까운 10만 원의 장학금을 받았다. (내가 입학하던 1974년, 부산대학교 공과대학 등록금과 수업료는 3만 원, 졸업하던 1978년엔 5만 원 정도 되었던 것으로 기억된다. 2025년 등록금과 수업료가 250만 원 정도 되는 걸 보면, 그동안 물가 인상은 물론이고 우리나라 경제 규모가 그 정도로 커진 것이다. 격세지감을 느낄 만하다.)

나중에 알고 보니, 학교에서 내가 살던 동 사무소를 통해서까지 내게 연락을 취하려 했다고 한다. 행정적으로 장학생 선발 마감 기일이 있었다. 원래 내게 전화 연락이 안 되면, 차순위 학생에게 장학금을 양도하기로 되어 있었는데, 나와 2등을 한 학생 사이의 성적 격차가 다소 큰 편이라, 반드시 나에게 주도록 학교 방침이 정해졌기 때문이라고 했다.

대학 1학년 2학기가 마쳐졌을 때의 이 5·16 장학금 수혜는 나의 진로를 결정하는 데 큰 의미가 되어 주었다. 그다음부터 가난한 우리 집안에 큰 도움이 되는 장학금을 놓치지 않기 위해 더욱 열심히 공부했다.

32

대학 1학년 때 우연히 동네에 함께 살던 부산고등학교 선배 한 분이 자기가 활동하는 동아리에 입회하면 좋겠다는 권유가 있었다. 그 선배는 누나 친구의 동생이기도 했다. 영어 동아리였다. 매일 아침 8시부터, 9시부터 시작되는 정규 수업 전 1시간 동안 영어 신문을 읽고 해석하는 동아리였다. 그리고 토요일 오전엔 학교 근처에 있던 영국 성공회 성당의 신부와 함께 영어 회화를 공부하는 동아리였다. 다른 동아리와 달리 시험을 치르고 합격해야만 가입이 가능한 동아리였다. The Possible Club이란 동아리이다. 3학년 때인가, 4학년 때인가, 한글식 동아리 이름으로 변경하라는 학교 요청 때문에 '시사영어연구회'란 명칭을 한때 사용하기도 했었다.

고등학교 때, 사실 그 선배의 권유로 대신동 모 어학원에서 매주 1회씩 모여 영어 회화를 공부하는 동아리에 가입한 적이 있었다. 부산의 4개 명문 고등학교인 부산고등학교, 경남고등학교, 경남여자고등학교, 부산여자고등학교 학생들로 된 모임이었다. 당시 광복동에 있던 미화당 백화점 내 영어 회화 학원에서 정기 모임이 있었다. (미화당 백화점은 1949년 12월 개점된 부산 최초의 백화점으로, 2001년 6월 파산으로 문을 닫기 전까지 오랫동안 명성을 누렸다.)

영어 회화를 공부하면서 팝송도 배우고 하는 재미있는 동아리였다. 게다가 모임이 끝나면 가끔, 백화점과 계단으로 연결된 용두산 공원으로 올라가 부산항의 풍광을 감상하곤 했다. 하지만 집에서 거기까지 가는 거리도 멀었고, 당시엔 웬일인지 학교 공부는 물론, 영어 동아리 모임까지 흥미를 느낄 수가 없었다. 해서, 1년도 안 되어 동아리 활동을 그만두었다.

그런 후 의과대학을 다니던 그 선배를 대학에서 다시 만난 것이었다. 고등학교 때 임의로 그 동아리를 탈퇴한 전력이 있어 그 선배에게 미안하기도 했고, 또 영어 공부의 필요성도 인식해, 대학의 그 영어 동아리엔 즉시 가입하였다. 동아리 활동도 열심히 했다. 거의 매일, 영어 신문 번역도 자청해서 발표하곤 했다.

33

이렇게 열심인 후배가 좋게 보였을까? 함께 활동하던 전자공학과의 전상경 선배가 영어 신문사 기자 활동을 권유하였다. 그 선배는 부산대학교에서 매월 1회 발간되던 '영어 신문사' 기자로도 활동하던 분이었다. 원래 학기 초에 공개 모집을 하는데, 수습기자 한 명이 개인 사정으로 그만두게 되어, 급하게 대체 수습기자를 구하고 있다는 것이었다. 다시 공개 모집하기는 사정상 여의치 못해서 적당한 수습기자를 찾는 중이었다며, 내가 열심히 활동하는 모습을 보고 나를 그 자리에 특별 추천한 것이었다. 부산대학교의 영어 신문은, 내가 부산대학교에 입학하기 두 해 전인 1972년 1월에 〈The Budae Times〉 (1984년, 부산대학교의 영어 명칭이 Busan

National University에서 Pusan National University로 바뀌면서, 〈Hyowon Herald〉로 바뀜)란 이름으로 창간되어, 이제 막 3년째 되던 해였었다.

이렇게 해서 1학년 2학기부터 영어 신문사 기자 생활을 시작하였다. 물론 영어를 시험 과목으로서만 공부했지, 영어 작문은 해 본 적이 없었기 때문에, 작문 실력은 엉망이었다. 아마 그때 신문사의 다른 선배들은 나를 추천한 그 선배에 대해 실망했을지도 모르겠다. 어찌 저런 친구를 추천했을까 하면서…

당시 신문사에는 카피 리더(copy reader)라는 직책을 맡은 원어민 강사가 있었다. 영어영문학과에서 학생들을 가르치면서, 우리 신문사 기자들이 쓴 원고를 읽고, 잘못된 문법이나 어휘 등을 교정하는 일을 맡고 있었다. 우리가 기사를 써 그분에게 드리면, 그분은 우리가 쓴 기사들이 타이핑된 종이에 빨간 펜으로 적힌 교정 내용과 함께, 점수를 내려 돌려주었다. 9개 등급으로 나뉜 점수였다.

최고 점수는 'Excellent'이고, 다음으로 'well-written', 'so good', 'good', 'so so', 'not bad', 'bad', 'well…' 그리고 최하 점수는 한글로, '아이구!'로 적힌 점수였다. 처음 쓴 기사뿐만 아니라 한동안 내가 쓴 기사는 '아이구!' 점수를 면치 못할 정도로 형편없었다. 2학년 여름방학이 지날 때쯤 되어서야 겨우 'good'을 받았지만, 한 번도 'so good' 이상의 점수를 받아 보지 못한 채, 그분은 우리 학교를 떠나고 다른 카피 리더가 부임하였다.

아직도 내가 쓴 영어 문장이 'so good' 이상의 성적을 받을 만한 영문이라 자신할 수는 없지만, 그 경험이 공과대학 교수로 재직하면서 필요한 국제 학술지 투고용 영어 논문 작성에 큰 도움이 되었음은 두말할 나위 없다.

아무튼 전상경 선배는 내 인생에 큰 영향을 미쳤다. 전자공학을 전공하였지만, 미국 유학을 통해 행정학으로 전공을 바꿔 박사 학위를 받으셨고, 나중에 부산의 동아대학교 행정학과 교수로 임용된 후 정년퇴임하셨다. '그 선배와의 만남이 없었다면, 나의 현재 영어 실력은 어땠을까? 내가 과연 오늘날과 같은 영어 논문 작성 능력이 가능했을까?' 하는 등을 생각하면 그분과의 만남은 정말 소중한 인연이 아닐 수 없다.

살아가다 보면 인연의 소중함을 느낄 때가 적지 않다. 나아가 인생의 진로가 나의 의사와는 상관없이 우연히 결정지어질 때가 적지 않다는 것도 그때 경험하게 되었다.

교양음악

34

고등학교 마지막 겨울방학, 부산대학교 입학이 결정되면서 기다리는 동안, 집 근처 고등학교 1학년생을 위한 영어 과외를 했다. (공과대학 입학 예정 학생임에도 불구하고, 수학이 아니라 영어 과외를 했었다!) 과외에서 받은 첫 달 월급으로 당시 유행하던 야외 전축을 구매하였다. 라디오 겸용 LP 음반으로 음악 감상이 가능한 휴대용 전축이었다. 당시 내 재산 1호였다.

이 야외 전축을 산 동기는, 어느 날 우연히 라디오에서 흘러나오던 고전음악 한 곡이 나의 귀를 사로잡았기 때문이었다. 귀를 쫑긋 세우면서 황홀할 정도로 아름다운 선율에 푹 빠져 있다가, "지금까지 멘델스존의 〈바이올린 협주곡 마단조, 작품번호 64〉 가운데 1악장 000을 감상하셨습니다. 000 바이올린과, 000이 지휘하는 000 오케스트라 연주였습니다."라는 아나운서의 멘트를 듣게 되었다. 그 아름다운 선율을 내 것으로 만들고 싶었다. 과외 월급으로 당장 야외 전축과 멘델스존의 그 협주곡이 담긴 LP 음반 한 장을 구매했다. 그리고 틈날 때마다 틀었다. 멘델스존의 그 곡은 세상의 모든 고전음악 중에 내 평생 가장 많이 들었던 곡이다. 최소 100번 이상은 들었던 것으로 기억한다.

대학 입학 후 수강신청표를 보다가 〈교양음악〉이란 교과목을 발견했을 때 눈이 번쩍 뜨였다. 당시 사범대학 음악교육과에 재직 중이던 이상근 교수께서 그 교과목을 맡으셨다. 이 교수님은 강의실에 카세트테이프 녹음기를 들고 오셔서 다양한 음악을 들려주시며, 우리를 고전음악의 세계로 안내하셨다. 그뿐만 아니라 당신이 작곡한, 〈국악 관현악곡 「조우」 시리즈〉 중 한 곡을 들려주시기도 했다. 이듬해인 1975년, '대한민국작곡상'을 받으셨고, 1988년엔, 지방 대학교 최초로 '대한민국예술원상'을 받으실 정도로 유명한 작곡가셨다. 현재도 고향인 진주에서는 2008년부터 그분의 이름을 딴 '이상근 국제음악제'가 열릴 정도로 유명한 작곡가이신 줄, 그때는 몰랐다. 자상하신 인품으로 우리를 고전음악의 세계로 이끄는 그분의 가르침에 매료되었었다.

학점이 부여되는 과목이 아니라 PASS/FAIL 성적만 부여되는, 그야말로 교양과목이었다. 그런 탓에 처음엔 200명이 넘는 수강생들이 강의실을 가득 메웠다. 하지만 중간고사쯤 되니 절반이 수강을 취소하였고, 기말고사쯤에는 20여 명만 큰 강의실의 빈자리를 메울 뿐이었다. 대체로 여학생들이 남학생들보다는 음악을 포함한 예술에 대한 관심이 더 큰 성향이 있어서 그랬던 것인지, 거의 전부 여학생들만 남았고, 남학생은 나를 포함하여 딱 2명만 남게 되었다.

이 〈교양음악〉은 나의 인생에 여러 가지로 의미 있는 강의였다. 단지 고전음악에 대해 눈을 떴다는 것뿐만 아니라, 극히 내향적이던 나의 성격을 바꾸는 데 일조를 하였기 때문이다. 학기말이 다 되어가자, 이상근 교수님을 떠나보내기 싫었다. 비단 나뿐만 아니라 남아 있는 학생들 모두 같은 마음이었다. 나는 큰 용기를 내었다. 앞에 나서는 것을 몹시 부끄러워하던 나였다. 더구나 여학생들 앞에 선다는 것은 더 큰 용기가 필요했다.

대학에 입학하면서, 나는 마음속으로 두 가지 다짐을 굳게 한 바 있다. 하나는, "4년 후, 부산대학교를 졸업할 때의 나는, 서울대학교에 입학한 동기들과 같은 수준 혹은 그 이상의 내가 되어 있겠다."는 다짐이었다. 또 다른 하나는, "내향적이던 내 성격을 바꾸겠다."는 것이었다. 성격 개조도 나의 대학 생활의 큰 다짐 중 하나였다. 해서, 큰 용기를 내어 앞으로 나가 교탁 앞에 섰다. "이상근 교수님을 지도교수로 모시고, 동아리를 만들어 매주 고전음악 공부를 하자."는 제안을 했다. 그 말을 하면서도 얼굴이 빨개지고, 가슴이 벌렁거리는 것을 느꼈다. 그렇지만 내 성격을 뜯어고치고자 하는 의욕으로 나선 자리였기에, 크게 호흡을 가다듬고 말을 이었다.

남아 있는 모든 학생이 내 말에 동의하였다. 물론 동아리 형태를 갖추려면 회장이 필요했고, 당연히 내가 회장으로 선출되었다. 국민학교 때부터 대학교까지 반장은커녕 분단장마저 해 본 적이 없던 나였지만, 처음으로 한 모임의 장이 된 역사적인 순간이었다. '교양음악연구회'였다. 이상근 교수님은 우리 모임에 직접 참석하지는 않으셨지만, 가끔 우리 회원들에게 "사탕이라도 사 먹으라." 하시면서 용돈도 쥐어 주시곤 했다.

다음은 고전음악을 공부할 장소를 물색하는 일이었다. 학교 안팎의 여러 곳을 알아보았다. 다행히도 학교에서 얼마 떨어져 있지 않던 건물에 어떤 분이 음악감상실을 운영하고 있었다. 그 감상실을 찾았을 때 입이 떡 벌어졌다. 그 감상실엔 서의 500장이 넘는 LP 음반들이 소장되어 있었다. 내 기억으론 그것도 거의 이른바 원판들이었다. 놀라움을 감추지 못한 채 그분께 조심스럽게 우리 동아리 이야기를 끄집어내었다. 매주 토요일 오후 몇 시간 정도 우리 동아리를 위해 도움을 줄 수 있느냐고 여쭈었더니 흔쾌히 수락해 주셨다. 이렇게 하여 매주 토요일 오후, 2시간 내외로 회원들이 돌아가며 작곡가별로 고전음악 연구를 했고, 그곳의 LP 음반들로 필요한 음악을 감상하였다.

하지만 1년도 채 되지 못해 그분이 다른 곳으로 이사를 가버려 우리 모임은 자연스레 해체되고 말았다. 그러나 이 1년간의 경험은 나에게 이른바 고전음악 애호가라는 별명을 덧붙이게 해 주기에 충분한 경험이었다.

대학 입학과 동시에, "나의 내성적인 성격을 바꿔 보리라."는 굳센 다짐을 하고 그 다짐에 맞춰 노력한 덕분에, 1학년 때는 동아리를 만들어 회장으로 나서 보기도 하고, 3학년 때는 학과 대표 역할까지 맡을 수 있었다. 그런 다짐과 노력 덕분에, 그 이후로는 사람들 앞에 나서는 것도 두려워하지 않게 되었다. 특히 나중에 교수가 된 후엔 작은 단위의 강의는 말할 것도 없고, 천 명이 넘는 학생들 앞에서도 자신 있게 강연할 수 있을 정도로, 내 성격이 완전히 뒤바뀌게 되었다.

35

나의 대학 생활은 무척 바빴다. 공부로 바빴다기보다는, 기타 활동으로 바빴다. 강의가 없는 시간엔, 학생회관에 있었던 영어 신문사 사무실에서 매월 1회 발행되는 신문의 기사를 작성하고 편집하는 일에 매달렸다. 저녁 시간에 귀가하면 영어 개인 과외를 했다. 물론 5·16 장학금 수혜로 등록금과 수업료 걱정은 하지 않아도 되었지만, 동네에서 공부 잘하는 집안이란 소문이 난 때문인지, 엄마들을 통해 나에게 배우고 싶다는 중, 고등학생들이 있었기 때문이었다.

영어 신문사 기자 활동과 함께 영어 동아리는 나의 영어 공부에 큰 도움이 되어 주었다. 아울러 동아리 M/T라든가 야유회 같은 활동을 하면서 친구들도 많이 사귀었다. 특히 같은 학과이면서 같은 동아리 활동을 한 윤용근과 이우춘은, 다른 친구들에게 '삼총사'라는 별명을 들을 만큼 어울려 다니며 함께했다. 이 '삼총사' 친구들과 또 다른 회원 세 명 해서 우리 동아리 회원 여섯 명은, 대학 1학년 여름방학 기간 중, 당시 불우 청소년이나 비행 청소년과의 결연 사업을 통해 그들을 도와주는 B.B.S.(Big Brothers and Sisters)라고 하는 단체에서 봉사활동을 하기도 하였다.

중학생들에게 공부를 가르치면서 그들이 고등학교 과정 검정고시 시험을 치르는 것을 도와 주었다. 당시 나는 공대생이었지만, 그들에게 영어, 수학이 아니라 음악을 가르쳤다. 〈교양음악〉 수업 덕분임은 물론이다. 그때 이틀간의 검정고시를 끝낸 8~9명의 중학생들을 우리 집으로 초대해서 수박을 대접한 적도 있다. (이 봉사 활동에 대한 기억은 잘 떠오르질 않지만, 이 자서전을 쓰면서 젊은 날, 내가 쓴 일기장 (1974년 8월 1~2일 자)에 기록된 내용을 참조하였다.)

하지만 우리 영어 동아리에서는 다른 동아리에서 많이 하던 하계 농촌 봉사 활동 같은 활동은 없었다. 대학생이 되었으니 그런 활동도 해 보고 싶었다. 해서, 막 그 마음을 먹고 있을 때 우연히 어떤 지인이 자신이 활동하는 동아리가 하계 농촌 봉사를 떠나는데 같이 갈 생각이 있느냐고 물어왔다. 기꺼이 수락했다. RCY(청소년 적십자회) 동아리였다. 이렇게 해서 처음이자 마지막으로 1주일 정도의 대학생 하계 농촌 봉사 활동 경험도 해 보았다. 이후에도 한동안은 원래 활동해오던 영어 동아리 이외, 이 동아리 활동도 겸했지만, 채 1년이 되지 않은 어느 시점에 그만두었다. 영어 신문사 기자, 두 개의 동아리 회원, 개인 과외, 그리고 틈틈이 전공 공부를 하면서, 너무도 바쁜 시간을 보내었기 때문이었다.

36

대학 합격 때부터 시작해서 대학 시절 내내 계속해서 개인 과외를 했지만, 이 과외 활동은 의외로 내 삶의 방향에 직접적인 영향을 미쳤다. 정확히 기억은 나지 않지만, 아마 3학년 여름방학 때까지 하지 않았나 싶다. 과외에서 받은 돈으로 앞서 말한 야외 전축뿐만 아니라, 보람된 대학 생활을 위해 전공 공부 외에 '교양 있는 대학생'이 되고자 마음먹었기에, 과외 월급이 차곡차곡 모이는 대로 교양서적들을 사 모았다. 당시 막 출판되었던 14권 짜리, 영국 역사학자, 아놀드 토인비의 『역사의 연구』 전집과 삼성출판사에서 발간한 50권 짜리 『세계문학전집』, 15권으로 된 『세계의 대사상』 전집 (휘문출판사) 양장판을 구매하였다. 1학년 겨울방학 초부터 3학년 겨울방학 말까지 다섯 번의 방학을 보낼 동안 이 책들 대부분을 정독하였다. 거의 50년이 지난 지금도 우리 집 서가를 장식하고 있는 이 책들을 볼 때마다 대학 시절이 떠오른다. 아마 이때의 독서 경험이 내가 수필가로서의 역량을 발휘하는 데 큰 도움이 되어 주었을 것이다.

한편, 1984년, 교수로 임용된 지 얼마 되지 않아 구매한 양장판, 32권의 『동아 원색 세계대백과사전』 또한, 인터넷 검색이 활성화되기 전, 내가 수필을 쓸 때 이런저런 정보를 얻는 데 큰 도움이 되었다는 것도 덧붙여야겠다.

8.
대학 시절- 2. 생애 첫 수필

37

3학년 여름방학, 부산에 있는 한 중소기업(내셔널 플라스틱)에서 현장실습을 하면서 한 달을 보냈다. 공과대학생이니 현장실습 경험도 필요했을 것이다. 당시 ROTC였던 급우 한 명과 함께 실습하면서 나름대로 생산 현장을 경험하기도 했다. 나중에 박사 과정을 일시 그만두고 럭키화학에 근무했을 때 학창 시절 현장 실습하던 생각도 났다.

3학년 여름방학이 지나고 가을 학기가 시작되었을 무렵, '부대 신문사' 기자로 활동하던 지인에게서 연락이 왔다. 〈부대신문〉은 매주 1회, 한글로 발행되던 대학 신문이었다. 중학교 시절, 늘 내 점심 도시락을 데워주던 그 누나의 여동생이었다. 그 누나는 내가 다니던 중학교 근처에 살기 전에 우리 집과 그리 멀지 않은 곳에서 살았기 때문에, 그 누나 집과 우리 집 가족들은 서로 알고 지내는 사이였다. 그 누나의 여동생은 국어국문학과 소속이었는데, 나이는 나보다 한 살 많았지만, 입학 동기였다. 내가 소속된 '영어 신문사'와 '부대 신문사'는 학생회관 내 마주 보는 사무실을 사용하고 있었기에, 오며 가며 기자들끼리 자주 얼굴을 마주하는 편이었다.

어느 날, 가을을 주제로 에세이 한 편을 기고해 달라는 부탁을 받았다. 아마도 내가 영어 신문사 기자이고, 언니를 통해 내가 고등학교 때 문예반 활동을 한 사실을 알고 있었기에 원고 청탁을 했을 것이다. 다음 주 발행되는 신문에 게재해야 한다며, 나에게 이틀 안에 제출해 달라고 했다. 원고 청탁을 받자마자 「가을의 주인공들에게」란 에세이 한 편을 써서 기고했다. 청탁을 받은 그날 밤으로 원고를 완성해, 다음 날 아침 원고를 제출함으로써 그 누나에게 기쁨을 안겨 주었다.

그즈음에 나는, 당시에 대학생들에게 유행하던 책들이었던, 미국 작가, 존 니콜스의 『알을 낳을 수 없는 뻐꾸기』와 폴란드 작가, 마렉 플라스코의 『제8요일』을 비롯하여, 이런저런 교양서적들을 섭렵하고 있었다.

『알을 낳을 수 없는 뻐꾸기』는 서로의 차이에도 불구하고 관계가 깊어지는 대학생 커플, 메리 앤("푸키") 애덤스와 제리 페인의 이야기를 다룬 소설이다. 소속 대학은 다르지만, 둘 다 대학 1학년생이다. 여성이지만 공격적인 푸키와, 남성이지만 조용하고 내성적인 제리 페인의 짧은 만남과 헤어짐을 다룬 소설이다.

한편, 『제8요일』은, 인간의 정신적 자유와 안식마저 빼앗긴 폐허 같은 폴란드의 바르샤바를 배경으로, 목요일 낮부터 일요일 밤까지 불과 나흘 동안 평화와 안식을 갈망하는 청춘 남녀의 사랑을 그린 작품이다. 젊은 여대생 아그네시카와 그녀의 연인 피에트레크에게 있어선, '제8요일'이란 7일밖에 없는 일주일에서 얻을 수 없었던 그들의 소망을 이룰 수 있는 날을 의미한다. 실제는 존재하지 않는 여덟 번째 요일을 기다리는 사람들의 슬픈 자화상 같은 현실을 예리하게 그린 소설이다.

당시 위 두 소설 이외에도 앞서 언급한 아놀드 토인비의 『역사의 연구』와 독일 경제학자, 오스발트 슈펭글러의 『서구의 몰락』도 읽었다.

『역사의 연구(A Study of History)』에서 토인비는, 역사 연구의 단위는 국가나 시대가 아니라 문명 사회여야 한다는 기조 아래, 여러 문명의 흥망성쇠 원인을, '도전과 응전', '창조적 소수자와 지배적 소수자', '내적 프롤레타리아트와 외적 프롤레타리아트'로 설명했다. 그런가 하면 슈펭글러는 『서구의 몰락』에서 '문명이란 한 문화의 불가피한 종결이며 운명'이라고 선언했다. 세계 대전과 러시아 혁명 등으로 혼란스러웠던 당대 서구의 상황이, 발전의 정점에 이르렀다가 곧 쇠퇴의 길로 접어들었던 옛 그리스, 로마 문화가 보여 준 양상과 비슷하다는 점을 역설하면서, 서구 문화의 '종결'을 예언한 책이다.

당시, 스티브 맥퀸과 더스틴 호프만이 열연한, 영화 〈빠삐용〉도 매우 감동적으로 관람하였다. 살인 누명을 쓴 빠삐용(가슴에 나비 문신을 해서 '빠삐용'이란 별명이 붙었다.; 스티브 맥퀸 분)과 위조 지폐범 루이 드가(더스틴 호프만 분)는 의기투합하여 무더위와 강제 노동 등으로 악명 높은 프랑스령

기아나의 교도소에서 자유를 꿈꾸며 탈옥하기 위한 계획을 세운다. 하지만 계속 탈옥에 실패하면서, 탈출이 절대로 불가능하다는 이른바 카옌의 악마 섬으로 이송되어 비교적 편안한 형기(刑期)를 보내게 된다. 드가는 그곳에 남았지만, 빠삐용은 야자 열매로 만든 포대와 함께 수십 미터의 절벽에서 바다로 뛰어들면서 탈옥에 성공한다는 줄거리를 가지고 있다.

당시 내가 읽었던 몇 권의 책들과 영화의 공통 주제였던 '자유'에 대해 사색(思索)하던 중이라서, 때마침 내게 주어진 주제 〈가을〉에 관련된 글을 쓰는 것이 어렵지 않았다. 이렇게 해서 영화와 독서 내용을 바탕으로, 원고지 10장 정도의 「가을의 주인공들에게」란 에세이를 썼던 것이었다. 내게는 생애 최초의 수필 작품인 셈이다.

38

당시 대학생들 사이엔 자기가 다니는 학교에서 발행된 대학 신문을, 다른 학교에 재학 중인 친구들에게 부치는 게 유행이었다. 그래서일까? 두 주쯤 되었을 때부터 학과 사무실로 내게 배달되는 편지들이 하나씩 둘씩 눈에 띄게 되었다. 학생 우편함이 없었기에, 조교가 학과 친구들을 통해 내게 건네준 것이다. 하루 이틀 매일 나에게 배달되는 편지를 보고, 학과 동료들이 궁금해하기 시작했다. 개중에는 핑크빛 봉투도 서너 장 포함되었다. 당연히 동료들의 적지 않은 관심을 불러일으켰다.

대부분 〈부대신문〉에 실린 내 글을 읽은 여학생들의 감상문이었다. 서울의 모 대학교와 진주의 모 대학교 여학생 둘은 직접 만나서 내 글에 대해 더 깊은 대화를 나누고 싶다는 의향을 밝히기도 했다. 물론 그 둘 중, 한 여학생과는 한두 차례 만나서 직접 대화를 나누긴 했지만, 글 내용과는 다른 작가의 실제 모습에 실망이 컸을 것이다. 그 이후로 이어진 만남은 없었으니까.

유행이라고는 하지만, 어딘지 어울리지 않는 모습인 장발에다, 마른 체형에 볼품없는 얼굴의 나를 보고는 실망했을 거란 생각이 든다. 당시 영어 신문사 선배 기자가 가끔 나에게 "가슴에 돌을 넣고 다니라."는 말을 할 정도로 마른 체형이었다. (농담식으로 던지는 그 말이 당시 나의 가슴에 비수를 꽂은 듯해서, 마음이 무척 속상했던 기억이 난다. 자신은 아무 생각 없이 던진 말이라고 하지만 다른 사람의 가슴엔 멍이 될 수 있다. 그렇게 다른 사람의 약점에 대해 농을 길던 그 선배가 나중에 정부의 고위직 인사가 되어 전국적인 명성을 누리는 모습을 보면서, '출세와 인격은 반드시 비례하는 것은 아니구나' 하는 걸 새삼 느끼게 되었다.)

당시 대학생으로서 내 장발 모습을 회상하면 슬그머니 미소가 지어진다. 대학생 때 영어 신문사 편집실에서 편집 업무를 하면서 찍은 사진이 하나 있었는데, 후일 다시 보니 귀를 덮고 뒷머리가 윗옷 칼라를 덮을 만큼 머리를 기른 장발을 한 내 모습이 어색하게 여겨졌다. 나 자신도 1970년대 다른 남성들과 마찬가지로 시대의 유행에 따랐던가 보다. 남성들의 장발은 내가 대학을 졸업한 이후 어느 때부터 여성들의 미니

스커트와 함께 경범죄처벌법 단속 대상에 포함되어, 길거리에서 단속에 걸린 젊은 남성들의 머리가 경찰관에 의해 강제로 가위질당하는 일도 많았다. 1970년대의 장발 단속 정책은 1988년 경범죄처벌법이 완전히 폐지될 때까지 존속되었다.

아무튼 한 편의 글로 이렇게 전국의 다수 대학생들, 특히 다수의 여학생들로부터 답지한 팬레터의 경험은 나의 대학 생활에서 결코 잊을 수 없는 추억의 하나가 되었다. 나의 자서전을 읽는 독자들을 위해 「가을의 주인공들에게」란 글을 다음 장에 전재한다. 아마 독자들에 따라서는, 내 글이 그렇게 여대생들의 관심을 끌 만한 글인가 하면서 고개를 갸우뚱할 분들도 있을 것이다. 하지만 글은, 읽는 사람들에 따라 느낌이 다를 것이니까 상관없다. 젊은 시절 내가 썼던 글 한 편이, 내 또래의 여러 대학생들, 특히 여대생들에게 동감을 느끼게 했다는 사실이 나의 후일 수필 쓰기에 어느 정도 자신감을 느끼게 했다는 사실이 중요하기 때문이다.

9.
대학 시절- 3.
「가을의 주인공들에게」[2)]

39

가을이 오면 괜한 상념(想念)에 젖곤 한다. 외로움이 신선한 바람에 실려 오는 계절의 특성 탓일까? 영롱히 빛나는 창공의 푸르름은 나날이 더해가고, 저 맑음 속으로 여름 내 묵었던 어지러운 사념(邪念)들이 하나둘 무너져 내리는 듯하다.

역시 인간은 환경에 의해 변화하고, 지배를 받는 환경의 동물인가 보다. 이렇게 주위가 창랑하게 즈며 오는 때이며는 왠지 자아(自我)의 협소한 틀이 그 모습을 잃고 좀 더 넓고 깊게 자유를 향유하고 싶은 한없는 마음의 고양(高揚)을 느낀다. 무엇인가 뚜렷한 주제 의식도 없이 사색하고, 또 사색하고 싶다.

그것은 어쩌면 봄·여름 뿌린 씨가 싹을 틔워서 이제 그

---

2) 이 글을 읽다 보면, 문장 부호나 어법이 맞지 않는 부분들이 몇몇 발견된다. 하지만 당시 느낌을 살리기 위해, 수정하지 않고 〈부대신문〉에 게재된 그대로 전재했다.

아름드리 한 웅큼의 열매를 우리 앞에 던져 줄 자연의 섭리를 한 치라도 익히고 체험하고 싶은 인간만이 감지할 수 있는 귀한 자유일지도 모르겠다. 제 나름대로의 체험이 각인(各人)의 인격이나 인생에 재미도 가져다주고 때로는 평생에 두 번 다시는 갖지 못할 귀중한 교훈을 안겨 주기도 하겠지만 나는 왠지 가을이면 자유를 사유(思惟)하곤 한다.

책을 읽다가도 그 속의 주인공이 또 하나의 세계를 창조하기 위해서 갖은 노력을 다해도 시련만이 그에게 닥쳐올 때 왜 그에게 그 시련을 딛고 일어설 「힘」이 쏟지 않을까 하곤 아쉬워한다. 그러나 대개 그런 장면과 그런 순간에 부딪히면, 공교롭게도 「투쟁」이라는 단어가 상기되고 연쇄적으로 승리와 결실이 연상되면서 가을이라는 계절을 마치 화학실험 중에 일어나는 숱한 부반응처럼 생각하게 된다. 물론 대부분의 소설이나 이야기에는 희극이든 비극이든 해피엔딩이든 극적 전환이든 대단원인 겨울은 오고야 말겠지만, 어떤 까닭인지는 몰라도 나는 거기에 대해서는 별 관심이 없다.

오로지 그 주인공이 결국은 죽어 가더라도 한번 뿌린 씨를 거두어 행복을 느껴보았다면 회심의 미소를 짓고 임종에 대한다면 그것으로 족할 것이다. 나는 일전에 존 니콜즈의 뻐꾸기가 알을 낳지 못한다는 제목의 책을 읽으면서 젊은이의 고독과 소외, 여주인공 푸키가 고독하게 갈구하는 영혼과 사랑이, 또 작자는 잊었지만, 「제8요일」에서 억수같이 쏟아지는 빗속에서 性을 알기 위해 옷을 벗고 절규하는 남녀주인공이 만나지 못하고 애태우는 제8요일의 의미가 너무도 안타까이 내 자신을 충격으로 몰고 간 일이 있다. 무엇 때문에 그들은 스스로에게 기쁨을 주지 못하고 고뇌해야 하는가- 그것 역시 가을과 함께 생각되는 외로운 상념이다.

어쩌면 이런 말들이 억지인지도 모르겠다. 하지만 독서의 진가(眞價)가 독자 나름의 체험대로 해석할 수 있는 여지를 남기는 것에 있다면 나로서는 이 가을에 푸키를 비롯한 내가 읽은 책 속에서 고뇌하고 절규하는 뭇 등장 인물들에게 그런 시련을 이길 수 있는 억센 자유의 손을 던져 주고 싶은 것은 어찌할 수 없는 충동이다.

어디서 본 시귀(詩句)였던가- "뜰이 슬퍼한다./ 비가 꽃잎을 헤치고 스며든다/ 여름이 그 종말을 향해/ 외로이 몸부림친다/...〈중략〉.../여름은 잠시동안/ 장미꽃과 더불어 잠들고 싶어 한다/ 이윽고 여름은 서서히/ 그 큰 눈을 감는다./

내가 좋아하는 헤르만 헷세의 시인지도 모르겠다. 요는 시끄럽던 여름이 서서히 그 큰 눈을 감고 긴 종말을 향해 몸부림칠 때 그 마지막 순간에 힘을 부여해 주어야 한다. 그래서 나는 '서구의 몰락'을 앉아서만 기다리는 슈팽글러나 '매달려서 기다리는' 자세의 토인비보다는 자유를 위해 끝까지 투쟁하는 빠삐용 같아지고 싶다.

어쨌든 이 가을엔, 무엇인가를 거두어야 할 때이다. '결실의 계절'이라던가? 자유를 주고 싶다. 젊은이의 고독으로 몸부림치는 HERO나 HEROIN에게 끝없는 자유의 희열을 맛보게 하고 싶다. 그래, 이 가을엔 지난 가을 '알을 낳지 못하는 뻐꾸기'로 하여금 알을 낳게 하자.

1976년9월20일 (월요일) 釜 大 新 聞

가을의 주인공들에게

하 창 식

(〈부대신문〉 1976년 9월 20일자 ‘생활 속의 수상 가을 3제’ 「가을의 주인공들에게」 에세이 사본〉)

“이 우주의 모든 젊음이 새로운 탄생을 노래하는 날, 주여, 이날을 가을이라 이름하소서.”

〈부대신문〉 (1976년 9월 20일)

10.
대학 시절- 4.
대학 음악경연대회 대상과 공과대학 수석 졸업

대학 음악경연대회 대상

40

앞서 나의 내향적인 성격을 외향적인 성격으로 바꾸기 위해, 음악 동아리를 만들고 자천해서 회장이 되었다고 한 적이 있다. 3학년 2학기, 학과 대표, 곧 총대로 선출되었다. 하지만 이 당시는 자천이라기보다는 타천으로 선출되었다고 보는 게 맞다. 당시 총대가 하는 일은 학생회관에 가서 매주 발행되던 〈부대신문〉을 가져와 우리 학과 학생들에게 배포해 주는 그런 일밖에 없었다. 다만, 박 대통령의 유신 정권이 이어지던 시대라, 3학년이 되어서도 시위-휴강 등이 다반사였다. 학과 성적이 좋다 보니, 교수들이 나를 좋게 본다는 게 내가 총대로 뽑힌 이유였다. 교수들에게 휴강에 대한 허락을 쉽게 받을 수 있을 것이라는 기대감 때문이었다.

당시 대학에서는 3학년 2학기가 되면 4학년 졸업 여행을 미리 함께 떠나는 관례가 있었다. 4학년이 되면 취업 준비로 다들 바쁜 탓에, 대부분 3학년 2학기 때 학과 졸업 기념 여행을 미리 떠나는 것이었다. 그해 가을이 깊어 갈 무렵, 우리 학과에서도 졸업 여행을 가기로 했다. 공과대학의 남학생들만 있는 학과는 종종 여학생들로 이루어진 가정대학(오늘날은 생활환경대학 등으로 명칭 변경) 학생들과 함께 졸업 여행을 떠나는 경우가 적지 않았다. 나에게도 학생들로부터의 요구가 있었다. 가정대학에 제의했으나 보기 좋게 퇴짜를 맞았다. 어쩔 수 없이 우리만 대구 지역으로 졸업 여행을 떠나게 되었다.

대구에 도착한 날, 총대인 나에게 경북대학교 여학생들과의 미팅을 마련하라는 급우들의 요구가 있었다. 경북대학교 역시, 부산대학교와 서로 우열을 가리던 지방 명문 국립대학교였다. 할 수 없이 경북대학교 가정대학을 방문하여 수업 중인 강의실 문을 다짜고짜 밀고 들어갔던 일도 지울 수 없는 기억이다. 물론 그때 강의를 하고 계시던 교수의 (미소 속에 숨은) 따끔한 지적을 받고 물러설 수밖에 없었다. 즉석 미팅에는 결국 실패했다.

지금 생각하면 어떤 용기로 일면식도 없었던 다른 대학의 강의실, 그것도 여학생들로 가득 찬 강의실로 쳐들어갈 수 있었던 것인지 이해가 되지 않는다. 이 글을 쓰면서 낯이 붉어짐을 느낀다. 학생들의 강권에 못 이겨 그랬겠지만, 아마도 내향적인 내 성격을 대학 생활 중에 완전히 바꿔 보리라는 굳은 의지가 작용했기 때문에, 그런 만용을 부렸을 것이다.

3학년 2학기가 되었을 때 영어 신문사 기자 생활과 개인 과외는 그만두었지만, 영어 동아리 활동과 전공 공부 등으로 여전히 바쁜 시간을 보내는 가운데 4학년 2학기가 되었다.

41

학교 가을 축제 기간에 대학 음악경연대회 소식이 들려왔다. 동아리의 1학년 기수(期數) 회장인 후배가, "선배님, 우리도 한번 이 대회에 참가해 보시죠?"하고 제안해 왔다. 원래 음악을 좋아했던 터라 귀가 솔깃했다. 이렇게 해서 동아리 1학년 후배 7명 (테너 1명, 베이스 2명, 소프라노 2명, 알토 2명)과 함께 4학년인 나도 혼성 중창단의 테너로 참여해 대회에 참가했다. 모두 1학년들인 후배들에게, "나머지 한 명도 1학년 같은 기수의 동료들과 함께하지 않고?" 하는 나의 말에, 이구동성으로, "꼭 선배님과 함께하고 싶습니다."라고 답해 준 후배들이 고마웠다.

유니언 퍼시픽 철도를 건설하던 노동자들이 부르던 미국의 민요, 〈♪I've Been Working on the Railroad (철도 공사하는 일은 언제까지나)♪〉와 개신교 찬송가 〈♪행군 나팔 소리로♪〉 두 곡을 불렀다. 1학년 테너를 맡은 친구는 나중에 목사가 되었다. 찬송가 한 곡을 선곡한 까닭이다. 10여 개 팀이 참가한 이 대회에서 우리 동아리의 혼성 중창단은 마지막 무대에 올라 당당히 대상을 받았다.

거의 한 달 정도, 서로 수업이 없는 시간을 맞추어 빈 강의실을 찾아다니면서 연습했다. 피아노 반주도 없는 강의실에서, 악보를 외우며 화음을 맞추었다. 목사가 된 그 후배가 실질적으로 지휘를 맡아 우리 중창단의 음악적 완성도를 높였다. 내가 특별히 잘한 것은 없었다. 나는 그야말로 목소리만 얹은 셈이었다. 좋은 목소리로 멋진 화음을 만들어 준 일곱 명의 후배 덕분으로 대상을 받은 것이었지만, 지금 내가 합창 활동을 하도록 계기가 되어 준, 아주 소중한 경험이다.

대학 시절, 고등학교 문예반 경험을 바탕으로 언젠가 한 번 동화를 써 본 적도 있다. 쌍둥이 어린 자매가 죽은 후 하늘에 올라 구름이 되었다. 하늘을 도화지 삼아 매일 예쁜 그림을 그린다는 내용의 동화였다. 어디에도 활자화된 적은 없지만, 대학노트 몇십 쪽 분량으로 그 동화를 쓴 기억도 어렴풋이 난다.

공과대학 수석 졸업과 부산대학교

42

열심히 공부해서 4학년 내내 좋은 성적을 유지했다. 5·16 장학금을 계속 받아야 한다는 점도 충분히 동기 부여가 되어 주었다. 앞서 한 번 언급한 바대로 내 기억으로도 열심히 공부하는 학생들이 많지 않았다. 다른 사람이 중간고사 혹은 기말고사 준비를 1주일 전부터 했다면, 나는 한 주 앞선 2주일 전부터 시험공부를 했을 뿐이었는데도, 이 1주일 앞선 공부가 큰 효과를 본 셈이었다.

1978년 2월, 공과대학을 수석으로 졸업할 수 있었던 것도 그 덕분이었다. 당시 공과대학뿐만 아니라 부산대학교 전체 졸업생 가운데 가장 높은 학점의 성적으로 졸업했다. (52년이 지난 2022년 2월, 아들 또한, 부산대학교 의과대학을 수석으로 졸업하였으니, 2대에 걸쳐 부산대학교 수석 졸업을 한 셈이다. 열심히 공부해 준 아들에게도 고마움을 느낀다. 아들은 입학 때도 수석으로 입학해 부산대학교 입학식에서 신입생 대표로 선서하였으니, 나보다 더 나은 셈이다.)

요즈음 대학교는 학생들의 자율 학습 시간을 많이 주기 위해 대개 재학 기간 중 120~130학점 정도만 취득하면 졸업할 수 있다. 우리 때는 교양과정부에 편성된 교과목들도 아주 다양하였지만, 심화 과정에 해당하는 전공필수 교과목도 많이 편성되어 있었다. 졸업학점이 최소 160학점이었다. 나는 욕심이 많아, 170학점을 취득했다.

앞에서도 몇 번 인급하였듯이, 영이 신문사 기자 생활하면서 수업 참석, 동아리 활동, 개인 과외 활동, 그리고 전공 공부 등으로 하루하루가 무척 바빴다. 어릴 적 장사하러 가시는 어머니를 배웅하기 위해 새벽부터 일찍 일어나 공부하는 습관 때문에 예전부터 일찍 잠드는 생활 방식에 익어 있었다. (그래서 지금까지도 대개 밤 10시쯤 되면 잠자리에 든다. 물론 석사 과정 혹은 박사 과정에서 학위 논문 작성하느라 어쩔 수 없이 며칠 밤을 새우다시피 한 적은 있지만, 칠순이 다 된 지금도 여전히 밤 10시가 넘는 취침 시간은 견디기가 쉽지 않다.)

그러면서도 1~3학년, 여름 및 겨울방학은 독서 활동으로 채웠다. 그렇게 많은 과외 활동과 많은 학점 취득에도 불구하고 좋은 성적을 유지할 수 있었던 것은, 어릴 적 어머니가 부르는 소리를 듣지 못하고 어머니가 담장을 넘어오게 할 만큼 (짧은 시간이라도) 공부에 집중할 수 있는 성격이 한몫한 것 같다. 특별히 지능이 높아서 그런 것은 아니다.

43

내가 졸업한 부산고등학교의 명성이 사라진 것과 마찬가지로 요즈음 부산대학교의 명성도 예전만 못해서 퍽 아쉽다. 대학 입학 성적 기준으로 볼 때, 부산대학교는 나의 대학 시절에 비교하면 그렇게 높은 평가를 받지 못하고 있다. 늘 안타깝게 생각하는 부분이다. 내가 대학교를 입학하고 졸업하던 1970년대만 하더라도, 국립대학교의 등록금과 수업료는 사립대학교의 절반 혹은 그 이하 수준이었기 때문에, 서울대학교에 가지 못할 바에야 지방 국립대학교를 선호하던 경향이 있었다. 우리 형제가 부산대학교를 택한 것도 등록금과 수업료가 낮은 국립대학교란 점이 가장 큰 이유였었다. 게다가 당시만 해도 부산대학교의 수준은 서울대학교에 버금가는 수준이기 때문이기도 했다. 서울 지역 대학교라도 연세대학교와 고려대학교만이 겨우 부산대학교와 형, 아우를 다툴 정도였다.

그런데 국민의 생활 수준이 향상되어 가면서, 언젠가부터 지방에 있는 학부모들에게 서울 지역 대학교들의 비싼 등록금과 수업료도 그리 큰 문제가 되지 않게 되었다. 게다가 '서울공화국'이란 별명이 있을 정도로 정치, 경제, 문화, 교육 등 모든 것이 서울 집중인 우리나라 실정상, 고등학생들마저 지방에 있는 대학교보다는 in-Seoul, 곧 서울에 있는 대학교에 진학하는 경향이 점차로 심화되었다.

더구나 정권이 바뀔 때마다 달라지는 대학 입학 고사의 제도 변경은 서울 지역 학생들에게 더욱 유리한 방향으로 이루어져 왔다. 그러니 강남 8학군, 대치동 학원이 서울대학교 합격의 지름길이 되어 버린 것이다. 연세대학교와 고려대학교를 제외하면, 예전 나의 부산대학교 재학 시절에는 2~3류 대학이라 평가되던 서울 지역의 일부 사립대학교들이, 오늘날은 오히려 부산대학교보다 더 높은 평가를 받는 현실을 보면서 속상하고 안타까움을 느낄 때가 자주 있다.

2025년 현재, 전국 국립대학교 중에서는 여전히 최상위 대학교로 평가받고 있지만, 서울 지역 사립대학교를 포함하면, 겨우 15~20위 권 정도로 평가되어 무척 안타깝다. 그나마 고등학교 현장이나 대학 입시 학원에서의 평가와는 달리, 재직 교수들의 노력으로 부산대학교는 세계 다수의 대학 평가 기관으로부터 여전히 서울대학교, 카이스트, 포항공과대학교, 연세대학교 정도의 높은 평가를 받고 있어 다행이라 여긴다.

11.
대학원 시절-
대한민국 최고 이공계 대학원 입학과
운명의 갈림길

한국과학원 입학, 병역 특례

44

대학 4년 동안 열심히 공부한 덕에 한국과학원(카이스트(KAIST, 한국과학기술원) 전신) 석사 과정 입학에 성공했다. 서울 홍릉 지역에 자리 잡고 있었다. 서울대학교에 대한 미련을 버리지 못해 서울대학교 대학원에도 동시 지원하여 합격하였다. 서울대학교 대학원 입학에 대한 미련이 많았지만, 주위 지인들의 권유로 한국과학원에 입학했다.

한 해 200명 정도의 정원을 뽑은 한국과학원은, 당시 박정희 대통령이 직접 관심을 가지고 설립한 대학원이었다. 당시로는 상상할 수 없을 정도로, 입학과 함께 병역 특례가 주어지는 파격적인 혜택 덕분에 대한민국의 이공계 대학생들이 가장 선호하던 최고 최상의 대학원이었다.

당시는 국가 안보가 최우선인 시절이었다. 과학원과 과학기술처에서 병역 특례 조치안을 내놓자, 정부의 다른 부서뿐만 아니라 서울대학교를 비롯, 대학원을 가진 대학교들은 엄청나게 반발했다. 박 대통령도 처음엔 병역 특례를 주자는 의견에 머뭇거렸지만, "우리나라 고급 두뇌의 해외 유출을 막기 위해서는 반드시 병역 특례가 필요하다."는, 과학기술처와 과학원 측의 설득을 받아들였다고 한다. 당시엔 대한민국 남성들은 모두 3년간의 군 복무 의무가 있었다. 그에 반해 과학원 학생들은 10주 내의 군사 훈련만으로 군 복무를 대신하고, 졸업 뒤 연구소나 산업 현장에서 일정 기간 근무하는 것으로 병역 의무를 대체해 주었다.

내가 과학원에 입학하였을 때는 여름방학을 이용하여 4주간의 군사 훈련을 받았을 뿐이었다. 서울의 모 연대에서 훈련받았다. 말이 훈련이지, 특급 대우를 받았다. 입영하여 훈련받은 게 아니라, 대형 버스가 과학원 기숙사에서 출발하여 아침에 우리를 훈련장에 내려놓고, 오후 서너 시 되면, 우리를 다시 기숙사에 데려다 주었다. 밥도 군대 밥이 아니라, 우리랑 함께 온 기숙사의 배식 담당 직원들이 배급해 주는, 소고기국밥이나 오이냉국 밥 같은 것을 맛있게 먹었던 기억이 난다.

총검술이나 제식훈련 같은 군사 훈련을 받았지만, 일반병에 비하면 미안할 정도로 형식적인 훈련이었다. 훈련을 받으면서, 이렇게 큰 특혜를 받아도 되나 할 정도로 미안하였지만, 그만큼 과학원을 통한 과학기술계의 특급 인재를 양성하겠다는 박 대통령과 정부의 의지가 컸던 것이었다. 훈련 조교들도 그 점을 잘 알고 있었기에, 훈련병을 훈련시키는 게 아니라, 아예 귀한 집 자식 다루듯 우리를 다루었다.

한국과학기술연구소(KIST, 키스트)는 우리나라 최고 연구기관이다. 키스트의 연구 개발 사업이 궤도에 오르면서, 한국과학원(Korea Advanced Institute of Science, KAIS)의 설립이 논의되었다. 연구소와는 별도로 산업 발전을 위하여 필요로 하는 과학기술 분야에 관한 이론과 실제 응용력을 갖춘 사람을 양성하기 위해 새로운 형태의 이공계만의 대학원을 설립할 필요성에서였다. 1970년에 '한국과학원법'이 통과되고, 1971년에 설립되었다.

박정희 대통령은 5·16 군사정변으로 정권을 잡고, 두 차례나 대통령이 되었다. 자신의 정책을 계속해서 밀고 나가려고 무리하게 삼선 개헌을 하고, 유신 헌법을 만들어서까지 장기 집권을 획책하다, 부하인 당시 김재규 중앙정보부장의 총격을 받아 목숨을 잃었다. 강력한 리더십 이면에 독재 정치를 펴나갔기에 그분에 대한 평가는 긍정적인 면과 부정적인 면이 동시에 존재한다.

하지만 과학기술만이 나라를 살릴 수 있다는 굳은 신념으로 '과학 입국(科學立國)'을 내세우며 만든 한국과학원은, 그 졸업생들이 오늘날 우리나라 과학기술계의 중추신경으로 각 분야에서 활동하는 것으로 입증된 만큼, 한국과학원 설립만큼은 박 대통령의 강력한 리더십에 긍정적인 평가를 해도 무방하다는 생각이다. 과거 박 대통령은 과학기술의 중요성을 인식하여, 그 당시 설립되어 있던 국방과학연구소를 12회나 방문하고, 키스트도 8회나 방문할 정도로 '과학 입국'의 소신이 뚜렷했다.

법인 형태의 과학원이었지만, 우리 정부는 과학원의 설립·건설 및 운영에 소비되는 모든 경비와 운영에 필요한 출연금을 지급하였다. 그뿐만 아니라 과학원은 대통령이 정하는 바에 따라 여러 가지 특혜를 부여했다. 교수들은 우리나라의 어떤 다른 대학교수들보다 훨씬 좋은 혜택을 받았다. 학생들 전원에게는 수업료 면제는 물론이고 장학금 지급 혜택을 주었다. 무엇보다 병역 특례로 군 복무를 면제해 주었기 때문에, 당시 과학원은 우리나라 전 이공계 대학생들의 꿈의 대학원이었다.

후일 전두환 대통령이 집권하면서 경영 효율화를 명분으로, 1981년 과학원은 키스트와 통합되어 한국과학기술원(KAIST, 카이스트)이 되었다. 하지만 교육기관이었던 과학원과 연구기관이었던 키스트는 본질이 다른 성격의 기관이다. 따라서 두 기관의 통합은 갈등만 불러일으킨 채 결국 실패로 끝났다. 이에 따라 1989년 키스트는 한국과학기술연구원(KIST)으로 이름을 바꾸면서 다시 분리·독립했고, 카이스트는 오늘날과 같이 교육기관으로 남아 대한민국의 연구 중심 대학으로 자리 잡았다.

1989년, 노태우 대통령이 집권하면서, 당시 추진되고 있었던 충남의 대덕 캠퍼스 건설과 함께, 그곳에 있었던 과학기술대학(KIT)과 통합하여, 학부 과정도 함께 가지고 있는 카이스트가 되어 오늘에 이르고 있다.

지금 생각해도 당시 서울대학교 대학원 대신 과학원을 선택한 것은 정말 잘한 선택이었다. 화공과 석사 과정에 입학해 보니, 정원 17명에 서울대학교 화공과 출신이 12명, 연세대학교 출신이 2명이었고, 나머지 3개 대학 출신이 각각 1명씩이었다. 그만큼 지방 대학교의 학생 수준으로는 입학하기가 '하늘의 별 따기'만큼 어려웠을 정도로, 대한민국 최고의 이공계 대학원이었다. 내가 과학원에 입학할 때 우리 부산대학교에선 오직 2명만이 입학했다. (나와 기계공학과 졸업생)

나의 과학원 입학 동기를 찾으려면 대학교 2학년으로 거슬러 가야 한다. 2학년 1학기 어느 봄날, 당시 노벨 화학상 후보로까지 거론되던 저명한 화학자이셨던 한국과학원 이태규 박사의 초청 강연이 있었다. 당시 내가 화공과 소속이기도 했기에, 영어 신문사 편집장이 나에게 취재를 명했다. 이날 이태규 박사의 "과학자들에게 필요한 가장 중요한 자세는, 예리한 관찰과 끊임없는 노력"이라는 주제의 강연은 내 일생의 진로를 결정짓게 해 주었다. 그분의 강의를 듣고 나도 대학 졸업 후 한국과학원에 진학하겠다는 목표를 정했기 때문이다.

《석림(碩林)》 편집

45

과학원에 입학하니, 바로 직전 해에 어떤 한 선배가 《석림(碩林)》이란 나름의 문예지 창간을 준비하면서 관심 있는 후배 모집을 하던 중이었다. 고등학교 때의 문예반 경험이 있었기에 편집위원으로 참여했다. 기계공학과의 서울대학교 출신의 또 다른 친구도 함께했다. 이렇게 하여 사실상 나와 그 친구 둘이 《석림》지 편집을 도맡아 하게 되었다. 취재는 물론 교수들과의 인터뷰나 원고 청탁 등, 일이 적지 않았지만, 나름 보람된 일이었다. 계간지로 발전시키면서 열심히 일했다. 연구 활동보다 편집 일에 더 열심이었다.

그러던 중 가을이 가기 전에 학생회장 선거가 있었다. 얼마 되지 않아 새로 학생회장이 된 친구가 내게 연락을 해왔다. 학술부장을 맡아서 《석림》지를 발전시켜 달라는 부탁이었다. 선거 전까지는 일면식이 없었던 친구였지만, 다른 일도 아니고, 《석림》지 편집과 관련된 역할이라 흔쾌히 제안을 수락했다. 또다시 문학과 관련된 일을 하게 되었다.

이때 시 한 편을 기고하였다. 「시월(十月)」이란 제목이다. 내 생애 두 번째 시이다. 졸작이긴 하지만, 기록으로 남아 있는 것으로는 유일한 시이기 때문에 여기에 전재한다.

「시월(十月)」

우러러
하늘 향한 축배를 들면
햇살이 꿈꾸는 계절이 된다.
포도(鋪道)에 의미(意味)가
한 웅큼씩 날리는 정경(情景)이라면
발걸음마다 푹푹 밝혀 나가는
화폭(畫幅)이 된다.
사뭇 침묵하는 몸가짐으로 내일을 맞으면

반송되어 올 그림엽서

손가락 헤아리며 세는 셈(算)처럼
마디마디 엉켜 쥐는 약속

흐름 없이 심상(心象)이 자맥질하는
여심(女心)이
고웁도록
차라리 자축(自祝)하는 아침이어라.

먼 이정표를 향하여
산행(山行)하는
나의 발걸음 사이로 길게 드리워지는
방금 가을 나뭇잎 위로 날아간 한 마리
후조(候鳥)가 되어
흐느낌하는 낙서의
잔을 비우다.

하늘 향한 축배를 들면
빛나는 눈부심마다
흔들거리며
악수하는 약속이어라.

《석림》 2호 (1978년 10월 28일)

괜히 지적 허영심을 뽐내면서 어려운 한자어(漢字語)를 섞어가며 의미 없는 말장난을 늘어놓은 것 같은 시라, 드러내놓기 부끄러운 시이다. 하지만 내겐 여러 가지로 의미가 있는 시라, 나중에 언급할 『빨간 타이어』 책에도 수록해 기록에 남겼다.

46

시의 높은 문학성과 인간 정신에 미치는 숭고한 영향력에 대해서는 항상 경외심을 지니고 있다. 세계의 위대한 시인이 인류의 문명사에 미친 역사적인 영향력을 생각하여도, 시는 문학 중에서도 으뜸 장르이다. 하지만 내 마음속으로는 다른 문학 장르와 비교해, 시, 특히 한국의 현대시에 대해서는 약간은 부정적인 시각을 가지고 있음을 솔직히 고백해야겠다.

중학교 3학년 이후 그렇게 국어 과목을 좋아하고 매료되었지만, 시를 배울 때마다 괜하게 심술이 돋은 나만의 경험 때문이다. 내 안에는 좀 고집스럽고 못된 성격이 있나 보다. 국어 교과서에 등장하는 시들, 특히 일제강점기 때 시인이었던 한용운이나 이상, 이육사 같은 시인들의 시를 배울 때, '님'은 조국을 의미하고, 00도 조국을 의미한다는 획일적인 가르침에 항상 의문이 일었다. 젊은 청년이 쓴 시에 그런 엄청난 의미를 부여하는 게 어떤 의미가 있느냐는 불만 때문이었다.

다른 학생들은 그러지 않았겠지만, 내 머릿속엔 '시는 작가의 개인적인 체험이나 사상을 바탕으로 발표된 문학 작품이겠지만, 그 작품을 읽고 느끼는 것은 독자들의 고유한 영역'이라는 생각이 지배적이었기 때문이었다.

한결같이 시의 주제문이 나오면, 어떤 단어는 어떤 의미를 지닌다고 배웠고, 그 배움대로 해야 정답으로 간주하는 방식이 마음에 들지 않았기 때문이었다. 만약 시에 나오는 어떤 단어에 대해, 독자로서 내가 느낀 바를 정직하게 답하면 틀렸다고 간주하여 낮은 점수를 받았다. 이에 대해 늘 불만이었다. 이것이 시에 대해 내가 간직해 온 부정적인 시각의 출발점인 셈이다.

다른 하나는, 현대시의 난해함 때문이다. 그래도 예전의 김소월의 시나, 김춘수의 시 등을 읽을 때는 제법 시를 읽는 재미가 있었고, 시를 읽으며 기쁨을 느끼기도 했다. 물론 요즈음도 나태주 시인이나 정호승 시인, 이해인 수녀 시인 등의 시와 같이 쉬운 낱말로 잘 읽히면서도 우리에게 진한 감동을 주는 시들도 적지 않다. 그러나 요즈음 발표되는 시들을 읽고 감동하는 경우는 그리 많지 않다는 게 솔직한 나의 생각이다.

특히 해마다 새해가 밝으면, 이 신문, 저 신문에서 이른바 신춘문예 당선작이 발표된다. 그런데 신춘문예에 당선된 시들을 보면, 도저히 무슨 뜻인지 알 수 없을 뿐만 아니라 감동이 오지 않는 경우가 대부분이다. 그럼에도 버젓이 당선작으로 발표되는 시들을 읽으면서, 시에 대한 부정적인 생각이 더해지는 것은 어쩔 수 없다. 내가 그 시들을 이해하지 못하는 문해력의 부족함에서 그렇겠지만, 그래도 그런 시들에 대한 내 생각을 바꿀 의향은 없다. 더구나 (시적 감수성이나 시적 표현력이 뛰어난 시인들이 대부분이라 믿는다. 그럼에도) 주위의 지인들 가운데 산문 작성 능력이 부족한 분들이 시로써 등단하는 경우를 볼 때 가끔 고개가 갸우뚱거려질 때가 있다.

공학자나 과학자들 가운데에서도 시인으로 활동하는 학자들은 가끔 볼 수 있다. 하지만 나와 같이 수필가로 활동하는 공학자나 과학자들은 정말 보기 힘들다. 그만큼 공학자나 과학자들에게는 수필과 같은, 잘 읽히는 산문 쓰기가 쉽지 않다는 뜻일 것이다.

47

당시 과학원 정책에 따라, 서울에 집이 있든, 지방에서 올라왔든, 학생들은 모두 기숙사에서 생활하게 되어 있었다. 물론 무료였다. 박정희 대통령과 과학기술저 담당자들은, 과학원을 처음 설립할 때, 연구실험동보다는, 학생들의 기숙사를 가장 먼저 짓기로 할 정도로 특별히 선발된 학생들의 복지를 우선시했다. 기숙사는 두 개의 동으로 되어 있었는데, 여기에 과학원 전교생이 생활했다. 내가 속한 기숙사 동에는 200여 명의 학생이 머물렀다. 행정 구역상으로 볼 때 우리 기숙사도 엄연히 하나의 행정 단위였기 때문에 누군가는 세대주가 되어야 했다. 당시 학생회 간부 중에는 지방에서 상경한 학생은 나밖에 없었다. 그러다 보니 내가 기숙사 그 동의 세대주로 등록되어 있었다.

과학원에 입학한 지 두 번째 학기 말이었던 1978년 12월

12일, 우리나라 제10대 국회의원 선거가 있었다. 11월 말, 기숙사에 있던 내 우편함을 열어보니, 투표 안내문이나 선거 공보 같은 선거우편물이 들어 있었다. 제일 위에 있던 내 이름 밑으로 200명이 넘는 친구들의 이름이 마치 줄사탕처럼 줄줄이 적혀 있는 수신인의 우편물이, 내 우편함 아래, 위로 잔뜩 쌓여 있던 걸 보고 얼마나 웃었는지 모른다. 지금 생각해도 매우 재미있었던 기억이다.

천사가 쓴 논문, 가톨릭 세례, 그리고 청년 성가대 활동

48

그런데 정작 석사 학위 취득을 위한 연구에는 큰 어려움에 봉착했다. 이론 공부할 때는 느끼지 못했는데, 실험 연구를 진행하다 보니 내가 얼마나 손재주가 없고, 공학적 능력이 부족한지 절실히 느끼게 되었다. 거의 학위를 받지 못했을 뻔했을 정도로 실험 연구에 어려움을 겪었다. 앞에서 내가 '길치'라고 했는데, 거기다 나는 심각한 '기계치'이기도 했다. 공과대학 출신자인 데다 공학석사 과정을 밟고 있었으면서도 '기계치'가 되다 보니, 기계 장치를 다루는 것이 몹시 어려웠다. 내 손이 '똥손'인지라, 다른 과학원 동기들과 비교해 학위 과정에 필요한 실험을 수행하는 데 큰 어려움을 겪었다.

석사 과정 4학기 말, 다른 친구들은 모두 실험 연구를 끝냈다. 친구들은 논문 작성까지 끝나, 졸업 전까지 여유를 즐

기고 있었다. 하지만 그 마지막 순간까지도 내 실험은 아무런 진척이 없었다. 그야말로 완전히 나락으로 떨어진 기분이 되어 나는 절대자의 도움을 간절히 바랄 수밖에 없었다. 특히나 실험 장치 자체가 문제가 되니, 어떻게 할 도리가 없었다. 그런 어려움으로 인한 갈등이 자연히 나를 성당으로 이끌었다.

사실 조상을 섬기는 유교적인 분위기에서 자라났기 때문에 종교를 갖는다는 것은 생각할 수조차 없는 일이었다. 어머니는 음력 사월 초파일에만 절에 가는 불교 신자이긴 했지만, 이마저도 가끔 아버지의 눈치를 봐 가며 절에 간 것으로 기억된다. 더구나 예수를 믿는다는 것은 우리 집안 분위기상 있을 수 없는 일이었기에, 그때까지도 어떤 종교를 가져보겠다고 생각한 적은 한 번도 없었다.

하지만 석사 과정 동안 실험 연구를 진행하면서 어려움에 직면하자, 지푸라기라도 잡고 싶었다. 누군지도 모르지만, 어떤 그 절대자에게 도움을 청할 수밖에 없었다. 신(神)의 이름이라도 불러야 했다.

이런 나의 모습을 보고 나와 같이 학생회 부장으로 일하던 친구가 교회에 가자고 권유했다. 당시 내가 처한 상황으로서는 어디라도 기댈 데가 있으면, 찬물 따뜻한 물 가릴 때가 아니었다. 1979년, 11월의 둘째 일요일이었다. 아침 일찍 그 친구를 따라 서울 장충동에 있는 교회를 따라갔다. 홍릉에 있는 과학원에서 버스로 1시간도 더 걸리는 먼 곳이었다.

교회에서 그 친구와 함께 예배를 보았지만, 왠지 모르게 마음이 불편하였다. 교회에서 청년들 모임에도 참석하고 점심을 먹고 가라는 친구의 권유를 마다하고, 과학원으로 돌아가려고 교회 문을 나섰다. 버스 정류장 있는 곳으로 돌아오는 길에, 우연히 문이 열려 있던 인근 성당 앞에 나도 모르게 발걸음이 멈춰졌다. 11시경이었다. 천주교서울대교구 신당동성당이었다.

성당 마당에 세워져 있던 성모 마리아 상이 우연히 눈에 띄었다. 순간 거기 서 있던 성모님께서, "얘야, 어서 오너라." 라고 나를 부르는 것 같은 마음의 소리가 들려왔다. 착각일지도 모르겠지만, 그 성모상을 바라보면서 무엇에 홀린 듯 성당 안으로 들어갔다. 마침 주일 미사가 진행되고 있었다.

그날 가톨릭교회에 대해 아무것도 모르는 채 미사에 참례했지만, 마음이 그렇게 평화로울 수가 없었다. 마침 그 주의 주보를 보니, 이듬해 1월부터 예비자 교리가 시작된다는 광고를 보게 되었다. 다음 주 일요일에도 설레는 마음으로 1시간 넘는 시간 동안 버스를 타고 신당동성당으로 가서, 미사 참례를 했다. 그리고 미사 참례 후 2주 되던 때에, 우연이라고 하기엔 믿기 힘든 '기적 같은 일'이 일어났다.

굳은 신심을 가진 분들은 기적이라 할 것이고, 종교가 없는 분들은 우연의 일치라고 말할 수도 있겠다. 내게 일어난 일이 진짜 기적일 수도 있고, 아니면 기적이라는 착각일 수도 있을 것이다. 우연이든 기적이든, 아니면 기적 같은 일이든, 여하튼 그날 내게 '그 일이 일어났다.'는 것은 내 생애 가장 진귀한 체험인 것만은 분명하다.

가을도 끝나고 겨울의 초입에 들어선 11월 30일 밤이었다. 금요일인 그날 밤, 내가 만든 실험 장치 문제로 거의 완전한 절망에 이르러, 실험실 바닥에 주저앉아 버렸다. 밤 12가다 되어가는 시간이었다. 그동안 버텨왔던 인내심이 한계가 온 것 같았다. 처절함이 느껴지던 순간이었다. 당시 아직 세례를 받지도 않았지만, 2주 동안의 미사 참례 시간을 기억하며, 하느님을 불렀다. 울부짖으며 도와달라고 기도했다. 종교라고는 이제 막 성당에 출입한 지 2주째, 내가 어찌 기도하는 방법을 알았겠는가? 그냥 하느님을 부르며 "도와 주세요, 천사를 보내 주세요!"라고 절규하였을 뿐이었다.

어떻게 해서 '천사를 보내 달라'고 기도했는지 모르겠다. 내가 어떻게 천사의 존재를 알고 있었겠는가? 날개를 단 천사가 아니라, 당시엔 아마도 『아라비안나이트』에 나오는 요술 램프의 지니를 생각했을지도 모르겠다. 어디선가 갑자기 '나만의 지니'가 쓱 나타나 이 어려운 상황을 헤쳐 나갈 수 있도록 절대적인 도움이 되어 주길 간절히 바랐을 뿐이었을 것이다.

그런데 기도가 끝나자마자, 누군가 실험실 문을 노크했다. 나랑 함께 과학원에 입학했던, 부산대학교 기계공학과를 졸업한 친구였다. 그 친구는 이미 석사 학위 논문 작성까지 완료한 상태였다. "네가 웬일이냐?"하고 물었다. 기숙사에서 TV를 보고 있는데, 갑자기 내 생각이 나더라는 것이었다. 기숙사와 내 실험실까진 걸어서 20분 정도 걸리는 거리였다. 그날따라 (물을 사용하는) 실험 장치에서 흘러내린 물을 만지는 내 손이 시릴 정도로 추운 날씨였다. 그럼에도 갑자기 나를 방문해 준 그 친구가 고마웠다.

뜻밖에 그 친구가 와 준 것만 해도 고마웠는데, 그야말로 '기적 같은 일'이 일어났다. 내 실험 장치를 유심히 보던 친구가 여기저기 손을 대었다. 내 기억으로는 그 친구가 내 실험 장치에 손을 댄 것밖에는 아무것도 한 게 없었던 것 같은데, 마치 마이더스의 손처럼 그 친구의 손이 닿자마자, 수개월 동안 나를 괴롭히던 그 실험 장치가 아무 일 없었다는 듯이 정상 가동되는 게 아닌가! 그날 이후 기쁜 마음으로, 그야말로 밤낮없이 실험에 매달린 끝에, 1주일 만에 실험을 끝내고 논문을 작성하였다. 그리고 12월 26일 크리스마스 다음 날, 과학원 석사 과정 2학년 학생 중에서 꼴찌로 논문 심사를 받고 통과되었다. 나의 그동안의 연구 과정을 잘 알고 있었던 지도교수마저 놀랄 정도로, 나의 석사 학위 논문은 그렇게 '기적적으로' 작성된 것이었다.

우연도 그런 우연이 있을 수 없었다. 아직 세례도 받지 않았던 내가, 바닥에 주저앉아 거의 울먹이며 절대자인 하느님의 도움을 바라는 기도를 바쳤다는 점, 단말마처럼 외친 기도 직후에 (예고도 없이) 그 친구가 방문한 점, 그리고 그 친구의 손이 닿자마자 실험 장치가 정상적으로 가동한 점. 아무리 우연이라고 해도, 나에겐 기적이라고밖에 하지 않을 수 없었다. 이렇게 신앙으로만 이해할 수 있는 '기적 같은 일'을 경험하게 되어 가톨릭 신자가 되었다.

종교가 없는 독자들은 이 일을 우연이라고 해도 좋다. 하지만 그날 그 시각에 갑자기 나를 찾아와 준 그 친구는, 내게는 요술 램프에서 튀어나온 지니가 아니라 분명히 천사였던 셈이었다. 아직 신자가 아니었지만, 내 기도는 하늘을 움직였다고, 나는 믿고 있다. 이 경험을 바탕으로, 나는 2002년 당시 부산교구 가톨릭교수회가 펴낸 『씨앗 되게 하소서』라는 신앙 산문집에 「천사가 쓴 논문」이라는 제목으로 이 '기적 같은 일'에 대해 고백한 적이 있다. 나중에 『당신이 있기에 내가 있습니다』란 나의 신앙 산문집에도 수록되었다. 지금 생각하여도, 나의 석사 학위 논문은, 그야말로 '천사가 쓴 논문'이라고 말할 수밖에 없다.

그렇게 해서 우연히, 정말 우연히, 발길이 닿은 서울 신당동성당에서 세례를 받았다. 누구의 권유도 없었고, 아무도 아는 사람이 없었을 뿐만 아니라, 과학원에서 그렇게 멀리 떨어진 성당에서 세례를 받았다는 사실 자체가 인간적인 생각으로는 이해되지 않는 일이었다. 하느님의 이끄심이라고 볼 수밖에 없었다.

49

빅사 과징 진학을 잎둔 1월부터 시작된 예비자 교리 공부가 끝난 6월 말, 박사 과정 첫 학기 말에, 신당동성당에서 세례를 받았다. 세례명은 프란치스코이다. 가톨릭교회에서는 세례받을 때 성인의 삶을 본받기도 하고, 또 살아가면서 성인의 가호가 있기를 기원하면서 성인의 이름을 딴 세례명을 정하게 되어 있다. 보통 자신의 생일 근처에 축일이 있는 성인들의 이름을 사용하는 경우가 대부분이다. 내 생일은 음력으로는 12월 중순, 양력으로는 1월 말이지만, 당시 가톨릭교회 성인 중에 내가 아는 이름이라고는 (고등학교 윤리 시간, 교과서에서 배웠던) 아시시의 프란치스코 성인밖에 없어, 프란치스코를 세례명으로 택했다.

과학원 기숙사의 내 룸메이트도 1979년 겨울 동안, 나의 변화되는 모습에 무엇을 느꼈던지, 자기도 성당에 같이 가겠다며, 나를 따라 신당동성당에서 함께 세례를 받았다. 그 친구는 과학원에서 박사 학위를 받고 전남대학교 교수가 되었다.

6개월 동안의 예비자 교리 과정 동안 늘 설렘을 간직한 채 기쁜 마음으로 공부하던 나의 모습이 보기 좋았던지, 세례를 받자 바로, 젊은 보좌 신부님은 성당 내 청년 그룹에서의 활동을 권하였다. 이때 만난 서울 신당동성당의 이기락 신부님과는 지금도 가끔 인사를 나누며 소통하고 있다. 마침 교리반 도우미를 하면서 피아노 반주를 하며 성가를 가르치던 여성 한 분이 나에게 청년 성가대 활동을 권유하였다. 원래 노래하기를 좋아하던 터라 기꺼이 성가대에 합류하였다. 미사 전례곡을 부르고 배우는 기쁨이 컸다. 게다가 뒤늦게 입단하였지만, 대부분이 대학생들이었던 청년 성가대원 중에는 내가 그중 나이가 많은 편이어서 그랬는지, 아니면 모두가 선망하는 과학원 박사 과정 학생이란 프리미엄이 작용해서 그런지 대뜸 나에게 성가대 단장의 책무를 맡겼다.

천주교에서는 세례성사 후 일정 기간이 지나면, 신앙을 더 굳건히 한다는 의미로 소정의 교육을 받은 후 견진성사를 받게 한다. 세례성사는 그 성당의 신부에 의해 집전되지만, 견진성사는 해당 교구의 주교가 집전한다. 보통 세례받은 후 최소 1~2년 정도 이상 되는 신자들이 견진성사를 받게 되어 있지만, 나는 세례를 받은 그해, 6개월도 채 되지 않은 시기에 견진성사도 받았다. 나에게 세례성사를 베풀었던 신부님의 배려에 의해서였다.

세례를 받자마자 청년 성가대 단장의 직책을 맡은 것도 그렇고, 아직도 천주교 교리나 미사 전례 등에 대해 아는 것보다 모르는 게 훨씬 많았을 시기였음에도 불구하고, 다른 신자들보다 견진성사도 비교적 더 빠르게 받게 된 것도, 나에겐 무언가 모르지만, 특별한 은총 같은 게 주어지지 않았을까 하는 생각이 든다.

청년 성가대 단장으로서 크리스마스를 즈음해 정기 연주회를 가진 것이 멋진 추억으로 남아 있다. 나의 인사말과 함께, 전례곡을 중심으로 신자들 앞에서 즐겁게 노래했다.

청년 성가대 활동을 열심히 하던 중, 천주교서울대교구에서 발행하는 주보를 통해 천주교서울대교구 종교음악연구소에서 제1회 종교음악 연수자를 모집하는 광고를 보게 되었다. 1981년 1월에 설립된 종교음악연구소(차인현 신부 담당)가, 성직자, 수도자, 그리고 평신도를 대상으로 종교음악 전반, 곧 그레고리안 성가와 전례, 중세 다성음악 이론, 라틴어, 화성학, 발성법 및 합창 지도 등에 관한 교육의 기회를 제공하여 교회음악 전반에 걸친 질적 향상을 위한다는 목표로, 제1회 종교음악 연수자를 모집한 것이었다. 1년에 봄, 가을 두 차례 계획된 이 연수는, 또한 각 본당 성가대의 지휘자 및 일반 성가대원들의 질적 향상에도 도움을 주고자 마련된 것이었다.

종교음악연구소가 소정의 준비 기간을 거쳐 1981년 9월 1일, 첫 연수생을 모집한 것이었다. 9월 1일부터 주 2회 (주 6시간) 교육으로 4개월간 가톨릭 전례음악에 관한 연수를 받았다. 이 당시 성음악, 특히 그레고리안 성가를 배웠다. 지휘

법도 배워 어설픈 몸짓으로 지휘 실습도 하였다. 당시 제1회 수료생들 중 대부분이 음악 전공자였지만, 비전공자는 나를 포함해 다섯 명 안쪽이었던 걸로 기억한다. 아무튼 종교를 통해 다시 만난 음악이었지만, 음악은 내 삶에 필수 영양소 같은 존재였다.

1981년에 설립된 종교음악연구소는 1991년에 가톨릭음악원으로 명칭이 변경되어 2002년까지 천주교서울대교구 소속으로 운영되어 오다, 2003년부터는 가톨릭대학교 교회음악대학원으로 명칭 변경과 함께 대학원으로 격상이 되었다. 1984년부터 종교음악연구소에서 무지카 사크라 합창단이 창단되었다. 이 합창단은 현재까지 가톨릭대학교 교회음악대학원 부설로 운영되고 있다.

박사 과정을 그만두고 부산으로 내려오기 직전까지 약 2년 정도 성가대 활동을 하면서 합창에 맛을 들였다. 그뿐만 아니라 그레고리안 성가를 비롯한 가톨릭 전례음악에 더욱 심취했다. 사실, 대학 때 고전음악 동아리 활동을 하면서 감상한 적 있었던, 베토벤의 〈장엄미사곡 라장조, 작품번호 123〉나 모차르트의 〈대관식 미사 다장조, K. 317〉, 혹은 베르디의 〈레퀴엠〉 같은 곡을 들을 때, 장엄한 미사곡에 마음이 끌렸었다. 이때 잠시 마음속으로 훗날 만약 종교를 갖는다면, 미사 전례가 있는 천주교를 택하겠다고 마음먹은 적이 있었다. 말하자면 음악이 나를 가톨릭교회로 이끌었을 수도 있겠다는 생각이 든다.

박사 과정 동안 여러 가지로 내가 처한 상황 때문이었는지는 몰라도, 과학원 내 가톨릭학생회 일도 열심히 했다. 주보를 직접 만들어, 매주 1회씩 과학원 학생들이 매일 밥을 먹는 식당 앞에 배치하기도 했다. 과학원 내 개신교학생회와 불교학생회도 매주 1회 식당 앞에 주보를 배치해 둠으로써, 종교 단체 학생회끼리 어느 주보가 더 많은 관심을 받나 경쟁(?)하기도 했다.

박사 과정 진학, 그리고 자퇴

50

앞에서 서술하였듯이 큰 어려움을 겪은 끝에 겨우 석사 학위를 받을 수 있었다. 그렇지만 석사 학위 연구 주제가 나랑 맞지 않아서 그런 난관을 겪었는가 싶어, 다른 전공으로 박사 과정에 진학해 디시 연구에 도전하기로 했다. 내 머리 위에 있는 공학자의 달은 여전히 어두운 채로 빛을 내지 못했던 것이었다.

석사 과정 동안의 난관을 지켜보던 지도교수의 따뜻한 배려로, 다른 전공의 교수 연구실로 진학하게 되었다. 지금까지 평생 연구해 왔던, 고분자공학을 전공하게 된 연유이다. 한 해 전에 과학원 화학과에 입학했던 부산대학교 화공과 선배의 권유도 있은 데다, 당시 박사 과정의 지도교수는 과학원에 신규로 부임해, 대학원 학생이 없었기에 나를 흔쾌히 받아들였던 것이다.

석사 과정의 지도교수에게도 내가 제1호 석사 학위 제자였고, 내가 만일 그대로 박사 과정에 진학하게 되면, 어쩌면 자신의 첫 번째 박사 제자가 될 수 있었음에도 불구하고, 나를 다른 지도교수 연구실에서 박사 과정을 밟게 한 것이었다. 석사 학위 지도교수이신 김상돈 교수님의 따뜻한 배려와 고매한 인품에 대해 지금도 고마운 마음을 간직하고 있다.

과외와 '검붕어' 선생님

51

박사 과정에 진학하고 보니, 박사 과정을 위한 학생회가 따로 조직되어 있었다. 전산학과의 친구가 박사 과정 학생회 대표가 되었다. 그 친구가 나에게 부회장을 맡아 도와 달라고 했다. 박사 과정 학생들을 대표하는 직위를 가지다 보니, 학교의 행정직에 있는 교수들이나 교직원들과도 많이 알게 되었다. 그 과정에서 과학원 예비군 연대에 근무하시던 분과도 인사를 하고 지냈다. 어느 날 그분의 소개로 과학원생임에도 불구하고 과외를 하게 되었다. 모 대기업의 고위 간부로 재직하던 분 댁이었다. 7공주 중 셋째 딸의 영어/수학 과목 과외를 맡았다. 중학교 2학년이었다.

학생의 부모님 두 분이 모두 경상도가 고향인 덕분에, 내가 시골에서 상경해 고생한다며, 매주 월요일 그 댁을 들를 때마다, 과외 전에 따뜻한 밥과 함께 정갈한 반찬이 가득 찬 저녁을 제공해 주셨다. 두둑한 과외비도 과외비였지만, 그 따뜻한 집밥은 정말 내겐 오아시스 같았다. 지금 생각하면 매우 성가신 일이었을 것인데도, 마치 고향에서 온 막내아들 대하듯, 매주 정성스러운 저녁을 대접한 것에 대해 지금도 그 고마움을 잊을 수 없다.

4년간 기숙사 생활하면서 돈가스는 학생 식당에서 거의 매주 2회씩 제공되던 메뉴였다. 돈가스에 거의 물렸다. 원래 튀김옷 입힌 기름진 음식을 좋아하지 않은 데다 너무 자주 먹다 보니, (요즈음도 어쩌다 한 번씩 먹긴 하지만) 그 이후로, 돈가스는 내가 가장 멀리하는 음식 메뉴 중 하나가 되었다. 그러던 차에 매주 월요일 저녁이 되면, 내 입맛에 꼭 맞는 경상도식 반찬과 함께 따뜻한 밥을 먹을 수 있다는 것이 얼마나 기쁜 일이었겠는가! 하지만 박사 과정을 그만두고 부산으로 내려오게 됨으로써, 약 1년간의 과외를 그만두게 되어, 더는 그 댁 집밥의 기쁨을 누릴 수 없었다. 홍릉에 있던 과학원에서 동교동 그 집까지 가려면, 버스로 최소 1시간 이상 걸리는 먼 곳이었지만, 집밥을 생각하면, 그 먼 거리는 아무것도 아니었다.

과외와 관련하여 또 하나 재미있는 추억이 있다. 부산에서 상경하였지만, 같은 나이 또래의 다른 청년들보다는 사투리를 훨씬 적게 사용하는 편이었다. 앞서도 언급했지만, 바깥 놀이를 통해 친구를 사귄다든가 하는 것보다는, 집에 틀어박혀 시간을 많이 보낸 편이어서 그랬는지는 몰라도, 사투리를 적게 사용하는 편이었다. 서울말 같은 표준말은 사용할 줄 몰랐지만, 적어도 부산 사람티가 날 정도로 뚜렷한 사투리로 된 단어들은 거의 사용하지 않았다. 지금도 학문적 업무이든 문학 교류이든, 다른 지역 사람들과 교류할 일이 있을 때라도 대화를 나누다, 뒤늦게 내가 부산 토박이란 걸 알고는 놀라는 경우가 가끔 있다.

그럼에도 불구하고, '어'와 '으' 발음은 난공불락이었다. 아무리 신경을 써 말하더라도, 내 말 속에서 묻어 나오는 '으'의 '어' 발음은 어떻게 할 수가 없었다. 이런 나의 말투가 재미있었나 보다. 그 과외 집 거실엔 금붕어가 든 어항이 있었는데, 하루는 그 중학생을 보면서, "금붕어 색깔이 참 예쁘다."라고 말했더니, 학생이 깔깔거리고 웃는 것이었다. 영문을 몰라 왜 웃느냐고 물었더니, 서울에서 태어나고 자란 그 학생에게는, '금붕어'가 아닌 '검붕어'로 들려 우스웠다는 것이었다. 그 후 '검붕어 선생님'은 나의 별명 아닌 별명이 되어 버렸다. 가끔 그 학생은 나를 보고 "선생님, 금붕어 한번 발음해 보세요."라고 하며 내가 반복하는 '검붕어'란 말에 폭소를 터뜨리며 재미있어했다.

52

박사 과정 중, 연구실의 호마이카 책상에 엎디어 낮잠을 자다 안면 마비가 왔다. 와사풍이었다. 부산 집에 내려와 몇 주간 한방 치료를 받으면서 잠시 연구실을 떠나 있기도 했다. 갑자기 배가 아파 병원에 갔더니 맹장염이라며 수술을 받아야 한다고 했다. 맹장염 수술을 받으면 수술 후 완치될 때까지 도움의 손길이 필요할 듯해서, 이왕 수술을 받으려면 고향

집에 가서 부모님의 보살핌을 받으며 수술을 받는 게 낫겠다 싶어 그날 바로 부산행 기차에 몸을 실었던 기억도 난다. 부산에 와서 보니 거뜬히 배가 나아 있었다. 맹장염도 아니었는데, 괜히 오진으로 배를 가를 뻔했다. 그 당시를 생각하면 한 번씩 미소를 짓게 하는 추억이다.

박사 과정에 몸은 담았지만, 이런저런 크고 작은 일들을 경험하면서 연구보다는 다른 활동에 더 열심이었다. 그렇게 연구에 최선을 다하지 않은 게 주된 원인이었겠지만, 전공을 바꿔 새롭게 도전한 실험 연구도 여전히 나에겐 난제였다. 워낙 거친 손이라 유리로 된 실험 도구를 다루다 깨는 경우도 여러 번 있었고, 모든 연구 과정에 서툴렀다. 그러면서 아무래도 공학은 나에겐 몸에 맞지 않은 옷일 것이란 생각이 들었다.

53

박사 학위를 취득하려면, 박사 학위 취득에 필요한 모든 학점을 이수해야 하고, 실험 연구 과정을 거쳐 소정의 논문을 작성하고 심사를 통과해야 한다. 논문 심사 통과가 되지 않으면 박사 학위 취득이 아니라 박사 과정 수료만 된다. 입학 후 2년간 바쁜 생활 중에도 열심히 공부해, 박사 학위 취득에 필요한 모든 학점을 이수하였기에 박사 과정을 수료한 상태였지만, 박사 과정을 그만두기로 했다. 논문 작성이라는 더욱 중요한 관문을 통과할 자신이 없었기 때문이었다.

하지만 2년 동안의 노력을 없던 것으로 되돌리고 새롭게 출발한다는 건 대단한 결단이 필요한 일이었다. 자신의 부족한 공학적 능력에 대한 안타까움, 새 출발에 대한 두려움, 미래에 대한 불확실성 등, 여러 가지로 내게 다가온 난관을 신앙적으로 극복하려 노력하였지만, 쉽지 않았다. 박사 과정 자퇴 전후 정신적으로 몹시 힘들었나 보다. 당시 쓴 일기장엔, 내가 겪었던 마음의 갈등이 아주 자세히 기록되어 있다. 원래부터 마른 몸매이긴 했지만 그래도 55~60kg 근처의 몸무게는 유지했는데, 당시 쓴 일기장을 보니, 몸무게가 48kg까지 빠졌다고 적혀 있었다.

박사 과정 자퇴 후 그즈음 채용 공고가 난, 부산대학교 고분자공학과 봄학기 교수직에 응모하였으나 고배를 마셨다. 그뿐만 아니라 당시 몇몇 다른 대학교에도 응모하였으나 역시 탈락했다는 소식만 들려왔다. 박사 학위도 없는 상태에서 지원했으니 당연한 일이었을 것이다.

병역 특례가 주어지는 과학원인 만큼 자의든 타의든 과학원을 중도에 그만두게 되면, 반드시 다른 직장에 근무해야 했다. 그러지 못하면 바로 입영 통지를 받게 되어 있었기 때문이다. 어쩔 수 없이 럭키화학 (현재의 LG화학)에 취업 원서를 내었다. 다행히 합격이 되어, 1982년 3월 2일부터, 럭키화학의 부산 연지 공장에서의 근무가 시작되었다. (당시 연지 공장은 흔적도 없이 사라지고, 지금 그 자리엔 부산 LG사이언스홀이 들어서, 청소년들을 위한 과학 체험 공간 역할을 하고 있다.)

당시 나는 마음속으로, 어디든 일단 취업해, 특례보충역으로서 복무 의무 기한을 채우고 나면, 공학이 아닌 인문학으로 전공을 바꿔, 문학박사 학위에 도전할 생각을 하고 있었다. (복무 의무 기한은 5년이지만, 이미 박사 과정 2년을 수료한 상태였기 때문에 3년의 기한을 더 채워야 했었다.) 그 당시 내 심정으로는 공과대학을 졸업하고 과학원에서 석사 학위까지 받았지만, 아무래도 공학은 나의 적성과는 맞지 않는 분야라 생각했다. 지긋지긋한 공학 대신, 나의 또 다른 장기를 발휘할 수 있는 인문학자가 되고 싶었다. 당시엔 이미 공학으로 학사, 석사 학위까지 받았던 상황이라, 과학 혹은 공학과 관련되면서도 인문학적인 소양이 필요한, 과학사(科學史) 혹은 과학철학을 전공할 생각을 하고 있었다. 만약 그랬다면, 비록 과학이나 공학의 이름은 붙어있다더라도 역사학자, 혹은 철학자의 길을 걸었을 것이다.

취업 면접 시 만약 합격이 된다면, 부산에 있는 연지 공장에서 근무하고 싶다고 말했다. 그러자 "과학원에서 석사 학위를 받았고, 박사 과정 수료까지 하였는데도 왜 대덕 연구단지에 있는 회사 중앙 연구소가 아닌 부산의 생산 공장에 취업하려는가?" 하는 질문을 받았다. 당연한 질문이었다. 면접관에게 앞으로의 내 꿈을 솔직하게 이야기할 수는 없었다. "첫째, 부산이 제 연고지라 부산에 있는 공장에서 근무하고 싶고, 둘째, 그동안의 연구 경험상 실험실에서 하는 연구보다는 생산 현장에서 필요한 기술개발을 통해 내 공학 전공 지식을 더 활용해 보고 싶어" 지원했다고 답했다. 지금 생각하면 둘째 이유는 외면적인 핑계였을 뿐이다.

아무튼 무사히 합격하여 부산 연지 공장으로 발령받았다. 면접 때 한 내 답변 때문이었을까? 연지 공장 내에 기술과가 있었지만, 생산1과라는 부서에 배치되었다. 나의 업무는 생산 현장과 협업하여 신문지와 같은 폐지를 활용한 플라스틱 복합재료로 자동차 범퍼용 신재료를 개발하는 것이었다. 마른 몸매에도 불구하고 거의 매일 리어카에 폐지나 시험용 플라스틱 재료를 싣고서 사무실과 현장을 오가면서 기술개발에 힘쓰는 나의 모습을 보고 당시 내가 속했던 부서의 과장은 나의 성실한 근무 모습에 상당히 흡족해 했다.

그런데 연지 공장에 근무한 지 석 달도 채 되지 않았던 5월 어느 날, 당시 부산대학교 공과대학의 교무과장직을 맡고 계셨던 화공과 박상욱 교수님의 연락이 왔다. 화공과 선배이기도 한 분이었다. 부산대학교 고분자공학과의 가을 학기 교수 공채 공고가 났으니 다시 응모해 보라는 연락이었다. 한 번 더 도전해 본다는 생각으로 교수 공채에 응모했다. 하늘의 도움이 있었던지, 2학기 고분자공학과 교수로 채용되는 행운을 안게 되었다. 다만, 당시 과학원이라는 특수성 때문에 만약 현재 직장에서 전출 동의를 해 주지 않으면 새 직장으로의 이직은 원천적으로 불가능하게 되어 있었다.

당시 내가 소속되었던 생산1과의 과장은 갑작스럽게 결정된 나의 전출 소식에 꽤 당황하였을 뿐만 아니라 내심 서운하였을 것이다. 그렇지만 마침, 생산부장이 부산대학교 화공과 선배인 데다, 내게 연락을 해 주신 화공과 선배 교수와도 잘 아는 분이었기에, 기꺼이 전출 동의를 해 주셨다. 게다가 이웃 부서인 기술과장도 부산대학교 화공과 선배여서 내 직속 과장에게 잘 이야기해 주었다. 이 모든 것이 내게는 큰 행운이기도 했지만, 하늘의 도움이 있었던 것으로밖에 생각할 수가 없었다. 박사 과정을 시작하면서 가톨릭 신자가 되었다고 했는데, 그런 연고로 신앙적으로 더욱 믿음이 튼튼해지는 계기가 되었다. 부산대학교 교수 공채의 정보를 제공해 주시고, 응모 기회를 제공해 주신 화공과의 박상욱 교수님 또한, 내겐 정말 큰 은인이다.

비록 6개월도 채 안 되는 짧은 기간이었지만, 대학 재학 시 한 달간의 제조업체 현장실습 이후 내 평생 마지막으로 기업체, 그것도 생산 현장에서 일해 본 것은 아주 소중한 경험이라 아니할 수 없다.

2부.
공학자의 달을 좇아서

12.
스물여섯 살,
공과대학 교수로 강단에 서다

본격적인 야누스의 삶, 두 개의 달을 바라보며 살게 되다

54

1982년 9월, 약관 26세 나이로 부산대학교 교수, 더 정확히 말하면 당시 직제에 따라 박사 학위가 없이 채용되었으므로 전임강사로 교수직을 시작했다. 내가 채용되던 당시 고분자공학과엔 네 분의 교수가 재직하고 있었는데, 그분들이 채용될 때의 나이는 대개 35세 이상이었다. 요즈음도 대학교수로 채용되는 나이를 보면, 이공계 교수들의 경우는 평균 35세 이상, 인문사회계 교수들의 경우는 평균 40세 이상 되어야 교수가 되는 경우가 일반적이다.

그런 걸 생각하면, 내가 26세에 교수로 채용될 수 있었던 건 그만큼 천운(天運)이 따랐다고 보아야 할 것이다. 이후 38년 6개월 동안 교수로 재직하며, 내가 속한 고분자공학과에서도 후임 교수들이 많이 채용되었다. 우리 학과의 채용 당시 교수들의 나이도 36~43세 정도였다. 중학교 때부터 미국으로 건너가 그곳에서 공부하여, 30세에 채용된 교수도 있긴 하지만, 아주 예외적인 경우이다.

교수 공채 공고가 나가면, 다수의 박사 학위 소지자들이 응모한다. 응모자들 가운데 전공에 적합한 단 한 명의 교수를 채용하기 때문에, 연구 실적도 뛰어나야 하지만, 세상 모든 일이 그렇듯이 운칠기삼(運七技三)의 운명을 타고 나야 교수로 채용될 수 있다. 모교의 공과대학 수석 졸업자였다는 것과 과학원 출신이란 점이, 프리미엄으로 작용했을 것으로 짐작되지만, 내가 26세에 교수로 채용된 것은 천운이 따랐다고 밖에 볼 수 없다. 나는 물론 하느님의 도우심이라 믿는다.

전임강사란 교수 직급 중에서 경력이 짧은 교수 요원에 대해 붙인 명칭이었다. 하지만 2009년부터, 당시 교육과학기술부의 '대학 자율화 2단계 조치'에 따라, 고등교육법에 규정돼 있는 대학 교원 명칭 (전임강사, 조교수, 부교수, 교수) 가운데 '전임강사' 명칭은 사라지게 되었다. 1963년 교육공무원법에 이 명칭이 규정된 이후 45년 만에 이루어진 일이었다. 전임강사는, 부교수, 조교수, 교수 등과 마찬가지로 정년을 보장받는 교원임에도 불구하고, '강사'라는 명칭 때문에 교원들의 사기 저하를 불러일으킨다는 지적에 따른 것이었다.

교육부의 '승진 시 최소 근무 소요 연수 지침'에 따르면, 전임강사에서 조교수로 승진하려면 최소 2년, 조교수에서 부교수로 승진하려면 최소 4년, 부교수에서 교수로 승진하려면 최소 5년의 근무 기간이 있어야 한다. 교수가 되면 65세까지 정년이 보장된다. 이 지침에 따라, 1994년 10월에 교수로 승진하였다. 내 나이 서른여덟 살 되던 때였다.

요즈음 대학교수, 특히 이공계 대학교수가 되려면 박사 학위는 필수 요건이다. 그럼에도 당시 내가 박사 학위 없이 교수직 채용이 가능했던 데 대한 배경 설명을 덧붙일 필요가 있을 것 같다. 내가 석사 학위 소지자였지만, 박사 학위 취득에 필요한 학점을 모두 이수하여 박사 과정을 수료한 상태라, 학위 논문 통과 절차만 남은 상태인 데다, 과학원 출신이란 특수성 때문에 채용될 수 있었다.

내가 대학에 입학하던 당시인 1974년, 박정희 정부는, 전국의 지방 국립대학교를 권역별 특성화 대학으로 육성하고자 했다. 그 정책에 따르면, 전남대학교는 화학공학 특성화 대학, 경북대학교는 전자공학 특성화 대학, 경상대학교는 농생명과학 특성화 대학, 그리고 부산대학교는 기계공학 특성화 대학으로 지정되었다. 공과대학의 모든 학과가 기계라는 이름을 가진 학과로 개명하고. 그에 맞는 교과과정을 신설해야 했다. 정부 방침에 따르지 않는 학과는 폐과되었다.

당시 내가 입학했던 학과는 화학공학 전공이었지만, 이름은 화학기계공학과였다. 때문에, 우리 학과를 졸업한 동기들은, 일부는 화학 관련 기업에, 일부는 중공업 관련 기업에 취업하곤 했다. 이 대학 특성화 정책 덕분으로 과학원의 적지 않은 석사 학위 졸업생들이 지방 국립대학교의 조건부 조교로 발령받았다. 조건부 조교란 교수직 채용이 보장되는 조교란 뜻이다. 내가 부산대학교에 채용되었을 때, 기계공학과에는 그렇게 부산으로 온 조건부 조교들이 전임강사로 승진한

10여 명의 선배가 재직하고 있었다. 1982년 당시, 전두환 대통령이 정권을 잡아 여전히 나라가 어수선한 가운데, 정권이 바뀌면서 교육 정책도 바뀌었다. 특성화 대학 제도가 없어지고, 폐과된 고분자공학과가 부활함에 따라 교수 요원이 긴급히 필요했다. 그러니 석사 학위만 가지고 있어도 내가 전임강사로 채용될 수 있었던 것이었다.

교수직에서 박사 학위는 필수 조건이었다. 원래 과학원을 그만두었을 때는, 특례보충역으로서 럭키화학에서 복무 의무 기한(3년)을 채우고 나면, 앞에서 언급한 바 있듯이 공학이 아닌, 과학사나 과학철학 같은 인문학 전공의 문학박사 학위에 도전할 생각을 했었다. 만약 그랬다면, 야누스의 한쪽 얼굴이었던 공학자 머리 위에 떠 있던 달은 내 삶에서 영원히 사라질 수도 있었을 것이다. 하지만 공학자의 얼굴은 더 오랫동안 자기 머리 위 달을 더 바라보고 싶었던 모양이다. 공과대학 교수가 되었으니, 이젠 공학박사 학위 취득은 피할 수 없는 운명이 되었다. 어쩔 수 없이 과학원에 재입학해 박사 학위 공부를 다시 계속하기로 마음먹었다.

이렇게 해서 공학자 겸 수필가로 본격적인 야누스의 삶을 살게 되었고, 각각의 머리 위에 뜬 두 개의 달을 따로, 또 같이, 보는 삶을 살아가게 된 것이다.

55

1980년대 한국은, 정치사적으로 엄청난 일들이 많이 일어났다. 대표적인 사건으로 1980년 5월 18일에 일어난 '5·18광주민주화운동', 1987년 6월 10일에 일어난 '6·10민주항쟁' 등이 대표적이다. 1979년 10월 26일에 일어난 박정희 대통령 시해 사건 이후, 국민 사이에 민주주의 욕구가 봇물 터지듯 쏟아졌다. 하지만 이른바 '서울의 봄'도 잠시, 전두환, 노태우를 중심으로 한 신군부의 1979년 12월 12일의 군사 쿠데타, 1981년 5월 17일의 5.17 군사 쿠데타가 일어났다. 그야말로 격변의 시대였다.

박정희 대통령은 3선 개헌 후 유신 헌법을 제정하면서 이른바 '통일주체국민회의'라는 선거인단이 뽑는, 체육관에서의 간접 선거로 4선의 대통령이 되었다. 1972년 10월의 일이다. 박 대통령은 1978년 7월, 통일주체국민회의에 의한 간접 선거로 대통령으로 또다시 선출되었지만, 1979년 10월 26일, 김재규 당시 중앙정보부장에 의해 시해되었다. 온 나라가 어수선한 가운데 1979년 12월, 역시 통일주체국민회의에 의한 간접 선거로 당시 대통령 권한 대행을 하고 있던 최규하 국무총리가 제10대 대통령으로 선출되었다.

그러나 선출 6일 만인 12월 12일, 전두환 중심의 신군부 세력에 의해 군사 쿠데타가 일어나 명분 뿐인 대통령직을 수행할 수밖에 없었고, 실권을 잡은 전두환 장군은 1980년 8

월, 유신 헌법 아래 실시된 대통령 선거에 의해, 제11대 대통령으로 선출되었다. 전두환 대통령은, 1980년 10월, 미국식 대통령 선거인단에 의한 선거를 모방해, 대통령 임기 7년 단임과 간선제에 의한 대통령 선출을 골자로 하는 식으로 헌법 개정을 이끌었고, 그에 따른 '대통령 선거인단' 투표 결과 1981년 2월, 압도적인 지지로 제12대 대통령 선거에서 다시 대통령으로 당선되었다.

하지만 이 법은 그 선거 방식이 유신 시대의 '통일주체국민회의'에 의한 '체육관 선거'와 크게 다를 바 없다는 비난이 강하게 제기되었다. 대통령 직선제를 요구하는 국민의 목소리가 높아지면서 전국 각지에서 학생들의 시위가 끊이지 않았다. 1987년 4월 13일, 전두환 대통령이 당시의 헌법을 고수하겠다는 이른바 '호헌(護憲) 조치'를 공표한 데다, 박종철 고문치사 사건 및 이한열 최루탄 피격 사건 등이 도화선이 되어, 6월 10일 이후 전국적인 시위가 발생하였다.

우리나라 역사에서 이른바 '6월 민주항쟁' 혹은 '6·10민주항쟁'이라 부르는 사건이다. '6월 민주항쟁'의 거대한 불꽃이 타오르게 되자, 6월 29일, 노태우 당시 여당 대표는 5년 단임의 대통령 직선제를 수용하는 6·29선언을 하였다. 이후 1987년 12월 16일, 노태우 대표는 이후 개정된 헌법에 따라 직선제로 치러진 대통령 선거에서 제13대 대통령으로 당선되었다.

신군부에 의한 군사 반란으로 정권을 잡은 전두환 대통령 정권이었던 만큼, 1980년대 초엔 정치권뿐만 아니라, 대학생들의 반정부 운동이 만만찮았다. 1982년 3월, 급진적 학생들의 부산 미국문화원 방화 사건이 대표적인 반정부 운동이었다. 대학가의 시위는 일상적인 일이었다.

56

때문에, 교수들의 주요 업무 중 하나도 학생 지도였다. 게다가 학생들 동향을 감시하는 책무도 주어졌다. 당시 내가 맡은 업무 중 하나는, 야간 화장실 경비였다. 내 연구실이 있던 건물의 화장실에서 혹시 정권에 저항하는 불온 낙서 같은 걸 발견하면, 신고하게 되어 있었다. 지금 생각하면 어처구니없는 일이지만 당시엔 그랬다.

대학 졸업 후 4년 6개월 만에 다시 돌아온 캠퍼스였다. 부푼 꿈을 안고 다시 돌아온 모교 캠퍼스였지만, 캠퍼스의 분위기는 예전 그대로였다. 별로 달라진 게 없었다. 대학 시절 그랬던 것처럼, 학생들은 여전히 "군사 정권 물러나라. 대통령은 직선으로!" 등과 같은 구호를 외치며 거의 매일 시위를 벌였다. 대학 정문 앞에는 9월 초라 아직 더위가 가시지 않은 계절이었지만, 방독면 마스크를 쓰고 두꺼운 전투복을 껴입은 채, 전투경찰들이 학생들과 대치하고 있었다. 시위 학생들을 해산시키기 위해 시도 때도 없이 쏘아대는 최루탄 가스 때문에 눈물을 자주 흘려야 했다. 때로는 몇 번을 씻어도 얼굴에서 따가움이 물러나지 않는 경우도 많았다.

그뿐만 아니라 시위 중에 전투경찰에 붙들려 인근 금정 경찰서로 이송된 학생들을 데리러 경찰서에 출두하기도 했다. 재미있는 사실은, 당시 시위의 주동자급 학생들은 대부분

경찰의 눈을 잘들 피해 다녔지만, 시위와는 관계없이 등하굣길에 시위 현장을 우연히 지나다 애꿎게 경찰에 붙들린 학생들이 적지 않았다. 경찰서에 가면 학생들의 신분을 확인한 뒤 간단한 조서를 꾸미고 훈방 조치되는 학생들을 데리고 오는 것은 우리 교수들의 몫이었다. 나도 두세 번 금정경찰서에 출두해, 우리 학과 학생들을 데리고 나온 적이 있다.

대학 시절엔 몰랐지만, 교수로 캠퍼스로 다시 돌아오니 학교 안에 아예 학생들 용어로 '짭새'라 불렸던 사복 경찰이 상주하면서 학생들의 동태를 감시하고 있는 것도 알게 되었다. 전두환 군사 정권이 물러나고, 민주화가 진행되면서, 서서히 '짭새'도 대학 캠퍼스에서 자취를 감추게 되었다.

57

박사 과정을 다시 시작할 생각으로 과학원에 재입학 절차를 밟았다. 당시 과학원은 서울 홍릉 근처에서 충남 대덕의 새 캠퍼스로 막 이동하는 중이었다. 화공과는 역시 홍릉에 있는 인근 키스트의 연구실 일부를 임시로 사용하고 있었다.

학위 과정 이수를 위한 연구 활동을 위해 서울 출장을 신청했을 때, 당시 공과대학 학장을 맡고 있던 원로 교수는 "(이 시국에) 개인적인 학위 연구가 학생 지도보다 더 중요하냐?"며 마구 화를 내기까지 했다. 시국 탓이었을 것이다. 그래도 해야 할 것은 해야 했으므로, 부산-서울을 부지런히 오가며 박사 학위 취득에 필요한 연구 실험을 수행했다.

1년 동안 서울 동대문구 회기동에 있던 단독 주택의 한 방을 월세로 빌려 지냈다. 주인집의 작은 방 한 칸을 빌렸다. 월요일부터 수요일까지는 강의하고, 목요일부터 일요일까진 서울에서 연구하는 생활을 했다. 연구를 마치면 저녁 늦게 살금살금 그 방으로 들어가 잠을 청했다. 밥솥을 준비해 아침은 그 방에서 밥을 먹었다.

교수로 채용된 이듬해인 1983년 1월 13일, 중매를 통해 청주(淸州) 한(韓)氏 배(培)字 혁(赫)字님과 경주(慶州) 최(崔)氏 옥(玉)字 자(子)字 여사의 장녀인 한선자(음력 1957년 7월 27일생)와 결혼했다. 2년 뒤인 1985년 봄학기부터, 아직도 신혼의 단꿈에 젖어있던 시절이었지만, 사흘은 부산 집을 비운 셈이었다. 1983년 12월, 큰딸의 출산에 이어 이듬해 거의 같은 때에 둘째 딸을 출산해, 아이들 키우랴, 교사로서 직장 생활하랴, 아내 혼자서 많은 고생을 할 수밖에 없음을 알고 있었지만, 학위 과정도 서둘러 마쳐야 했다.

아마 그 당시 철도 이용 마일리지 제도가 있었으면 엄청난 마일리지가 쌓였을 것이다. 1년간 매주 부산-서울을 오갔기 때문이다. 한참 젊은 나이라 피곤함도 몰랐다. 당시 기계 특성화 대학 제도가 개편되면서 교과과정에도 큰 변화가 있었다. 학과는 새로 생겼지만, 특성화 대학 제도 이후에 입학한 학생들, 특성화 대학 제도 이전에 입학해 군 복무 이후 복학한 학생들 등, 여러 다른 신분의 학생들이 섞여 있기도 해서, 많은 교과목이 개설되어 있었다. 당시 고분자공학과엔 나 말고 네 분의 교수가 더 계셨지만, 특성화 대학 시절 개설된 컴퓨터 공학, 공업 제도, 도학 등은 가르칠 교수가 없었다. 부득이 내가 제일 젊다는 이유로, 대학 재학시절에 한 번도 배우지 않은 교과목을 포함해, 많은 교과목을 강의해야 했다. 부임 초기엔 심지어 한 학기에 각기 다른 일곱 개의 교과목을 가르쳐야 할 때도 있었다.

월요일부터 수요일까지 내가 맡아야 할 일곱 개의 교과목을 강의해야 하니 얼마나 바빴겠는가? 강의 준비 시간이 모자라, 부산-서울을 오가는 열차에서 강의 준비를 할 수밖에 없었다. 흔들리는 열차에서 책을 보고 강의 노트를 만들면서 시력도 많이 나빠졌다. 그 전엔 안경을 쓰지 않았는데, 그 후로 지금과 같이 안경을 쓰게 되었다.

1년 동안 서울을 오가며 박사 학위 논문 작성에 필요한 연구를 끝내고 학위 논문 작성에 들어갔다. 하지만 안타깝게도 지도교수께서 연구년으로 1년간 미국 대학교로 파견되는 바람에 어쩔 수 없이 학위 취득을 1년 더 미루어야 했다. 이렇게 해서 1987년 2월, 박사 과정 입학 후 7년 만에 (물론 자퇴-재입학의 과정이 있긴 했지만) 드디어 공학박사 학위를 취득하게 되었다.

카이스트에 부임하여 첫 번째로 받은 박사 과정 학생이 중도에 그만두겠다고 했을 때 지도교수께서도 크게 실망하셨을 것이다. 그럼에도 불구하고 나중에 박사 과정에 재입학할 때 따뜻하게 맞아주셨다. 나아가 박사 학위를 취득하고 부산대학교 교수가 된 이후 지금까지 공학자로 걸어가는 나의 인생 여정에 든든한 안내자이자 큰 후원자가 되어 주셨다. 두말할 나위 없이 내 인생의 가장 큰 은인 중 한 분이다. 우리나라 고분자공학 연구의 선구자 중 한 분이신 김성철 교수님이시다. 정년퇴임 후엔 서예가로도 활동하시면서 공모전에서 대통령상을 받을 정도로 전문적인 서예 작가로 활동하고 계신다.

은인이라 부르는 제자

58

교수로 채용된 다음 해에 첫 대학원생을 받긴 했지만, 내가 박사 과정을 새로 시작한 이후에 처음 석사 과정에 입학한 친구가 있었다. 1982년 9월 부임 초기엔 고분자공학과뿐만 아니라 이웃 화공과의 고분자 관련 강의도 내가 담당했다. 내 수업이 좋았다며 화공과가 아닌 고분자공학과의 내 연구실에서 석사 학위를 받고 싶다고 지원했다.

마침 부산-서울을 오르락내리락하며 연구에 바빴던 때라, 이 학생의 대학원 입학은 내게 큰 도움을 주었다. 또다시 연구 주제를 변경해 (전일제 박사 학위 논문 주제로 받았던 주제에 비해서는, '똥손'을 가진 내가 견딜 만한 주제였다.) 실험 연구를 진행하고 있었다. 그는 때때로 나와 함께 서울에 머물면서 내 실험을 도와주곤 했다. 나에겐 정말 은인 같은 제자였다. 허영삼 군이다.

하지만 허 군에게 정말 미안한 일이 일어났다. 부산-서울을 오가며 박사 학위 취득을 위한 연구 활동 수행으로 바쁜데다, 빠듯한 강의 준비 등으로 나 스스로 정신없는 나날을 보내다 보니, 진작 허 군의 석사 학위 취득 과정은 신경을 쓸

여력이 없었다.

내 잘못이었다. 출신 학과가 다른 허 군의 석사 과정 이수 학점 관리에 신경을 좀 더 썼어야 했다. 4학기에 들어서, 석사 학위 취득을 위한 실험 연구를 마무리하고 졸업을 준비하던 중에, 고분자공학과의 석사 학위 취득을 위한 필수 이수 학점에 3학점이 모자라는 것을 뒤늦게 발견했다. 그 문제를 해결하기 위해 동분서주했으나, 이미 늦게 그 사실을 인지한 탓에 결국 문제를 풀지 못했다. 그 바람에 허 군은 연구를 완료했음에도 불구하고 6개월 늦게 학위를 받게 되었다.

1983년 당시, 석사 학위를 받은 대학원 학생들을 위한 석사장교 제도가 있었다. 시험에 합격한 대학원 졸업생들은, 4개월 훈련에 2개월 전방 실습만 받으면 예비역 소위로 제대하는 엄청난 특혜가 있는 제도였다. 상위권 대학의 대학원에서 석사 학위를 받은 친구들은 웬만하면 전원 합격이 가능한 제도였다.

하지만 졸업이 미루어진 바람에 허 군은 방위병으로 현역 복무를 할 수밖에 없었다. 병역 의무는 대한민국 청년의 당연한 의무이지만, 졸업의 지연으로 합법적으로 주어진 석사장교를 위한 시험을 치를 기회마저 사라진 것이었다. 허 군을 생각할 때마다 미안한 마음이 크다. 허 군은 병역 의무를 마치고 우리나라 대기업에서 근무하다 독일로 이주한 것으로 전해 듣고 있다.

부언하자면, 석사장교 제도는 전두환 대통령의 장남 전재국의 입대를 앞둔 1982년부터 시작되었다. 게다가 노태우 대통령의 아들 노재헌이 전역할 때인 1991년에 슬그머니 사라졌다. 부연 설명을 하지 않아도 이 제도의 의도가 뻔하게 드러나는 상황이다. 아무튼 이름 석 자만 이야기하면 알 수 있는, 오늘날 유명 정치인들, 대학교수들, 정부 고위 관리들 가운데 적지 않은 인사들이 이 석사장교 혜택을 누렸다. 2025년 현재, 여야에 상관없이 국회의원들 중에서도 석사장교 출신이 많다. 전두환/노태우 정권에 대한 호불호(好不好)에 무관하게, 그 제도로 다 같이 혜택을 받았으면서도, 항상 서로 잡아먹지 못해 으르릉거리는 꼴을 볼 때마다 마음속으로 쓴웃음이 나올 때가 적지 않다.

13.
앞만 보며 달려온 삶-이달의 과학기술자상, 부산광역시 문화상 등으로 보상받다

최고의 연구자가 되기 위한 '치열한' 몸부림

59

교육, 연구, 및 봉사는, 대학 교수의 3대 의무이다. 이제 어엿한 공과대학 교수가 되었으니, 학생 지도는 물론이고, 좋은 강의에다, 우수한 연구자가 되어야 했다. 항상 마음속으로 서울대학교 입학에 대한 미련이 남아서인지, 세계적인 학자는 되지 못할지언정 우리나라에서나마 손에 꼽히는 저명한 고분자공학자가 되고 싶은 소망을 뿌리칠 수가 없었다. 해서, 부임 초기부터 몇 명 되지 않는 대학원생들과 열심히 연구에 매진했다. 당시만 하더라도 카이스트나 서울대학교 등에 비해 연구 인프라가 매우 부족하였다. 변변한 연구 장비도 갖춰 있지 않아, 재료 분석 등은 다른 기관에 의뢰할 수밖에 없었다. 때문에, 마음과 달리 연구의 수준을 향상시키기엔 역부족이었다. 그럼에도 불구하고 내가 할 수 있는 한은 최선을 다했다. 논문도 열심히 발표했다.

내 몸속에 있는 문학적 DNA 덕분에 다른 교수들보다는 논문 작성이 훨씬 수월했다. 물론 박사 학위 취득을 위해 처음으로 작성한 논문을 지도교수에게 보여 드렸을 때, “자네 소설 쓰나?”라는 핀잔을 받을 정도로, 문학적 글쓰기와 공학 논문 쓰기의 경계에서 많이 갈팡질팡했지만, 차츰차츰 공학 논문 작성법을 익히며, 발표 논문 수를 하나씩 하나씩 늘려갔다.

이런 초창기의 다짐 덕택일까? 40여 년 교수 생활하면서 70여 건의 특허를 출원 및 등록했고, 20권의 전공 도서 및 번역서를 출간했으며, 810편이 넘는 논문을 국내외 학술지에 발표하였다. 부임 초기만 해도 교수들은 대부분, 교수들의 의무 사항인, 한 해 한 편의 논문을 발표하는 게 일반적이었다. 하지만 오늘날 젊은 교수들의 연구력은 대단해서, 적어도 1년에 대여섯 편의 논문은 발표한다. 이공계 교수들의 예를 보면, 박사 학위를 취득하고 박사후연구원 (곧 포스트닥(post-doc.))으로 2~3년 더 연구한 뒤, 대학교수로 채용되는 나이는 평균 35세 정도 된다. 병역 의무를 이행해야 하고, 국내 대학이든 해외 대학이든, 3~5년의 박사 학위 이수에 필요한 시간을 고려하면, 빨라도 35세 정도 되어야, 교수로서의 지원이 가능해진다는 의미이다. 물론 여성일 경우, 병역 의무가 없으므로 빠르면 30세 정도에도 교수직을 시작할 수 있다.

내가 26세에 교수가 될 수 있었던 것은 병역 특례를 받은 데다, 정부 정책으로 과학원 졸업과 동시에 교수 요원이 될 수 있었기 때문에 예외적이라고 보아야 할 것이다. 아무튼

35세에 교수 경력을 시작하고, 열심히 연구해 1년에 다섯 편의 논문을 발표한다고 가정하면, 정년퇴임 나이 65세를 고려할 때 5 x 30 = 150편의 논문을 발표할 수 있는 셈이다. 1년에 10편의 논문을 발표한다면 300편 정도 가능할 것이다. 이 점을 고려하면, 810여 편의 논문 발표(1년에 평균 20여 편) 실적은 평생 얼마나 연구에 매진하였는가를 간접적으로 보여주는 통계 자료라 생각한다.

물론 이렇게 많은 논문을 발표할 수 있었던 것은 전적으로 40여 년 동안 내 연구실을 거쳐 간 122명의 석사 학위 졸업생들, 30명의 박사 학위 졸업생들, 그리고 30여 명의 박사후연구원들 덕분이다. 내 연구실에서 열심히 함께 연구를 수행해 준 그 제자들 또한 나에겐 큰 은인들이다.

60

그뿐만 아니라 동료 연구자들과의 공동연구도 한몫했다. 나보다 약 20년 선배 되는 조원제 교수님은 내게는 또 다른 은인이시다. 우리나라 고분자화학계의 선구적 화학자의 한 분으로, 학문적으로 늘 귀감이 되셨다. 나보다 먼저 눌원문화상(1991년), 부산시 문화상(1993년), 한국고분자학회 상암고분자상(1997년)을 수상하시고, 한국접착및계면학회 회장(2000년)을 역임하셨으며, 한국공학한림원과 한국과학기술한림원 정회원이 되심으로써, 내가 공학자로 밟아온 길을 먼저 보여 주셨다.

내가 고분자공학과의 전임강사로 부임했을 때부터, 나에게 연구의 중요성을 일깨워 주시고, 함께 연구 방향을 이끌어 주셨다. 나의 연구 생활 초기와 중기에 많은 연구를 그분과 함께했다. 그분이 정년퇴임할 때까지 다섯 권의 저서를 공저로 펴냈고, 230여 편의 논문을 함께 썼다. 어찌 생각하면 그분을 닮으려 애쓰면서 공학자의 길을 걸어오다 보니, 이런저런 상의 수상 같은 영예가 저절로 따라왔을 것이라는 생각이 든다.

온화한 인품을 지니신 그분은 뜨거운 열정으로 나의 연구 활동을 격려해 주시고 후원해 주셨을 뿐만 아니라, 내게 기쁜 일이 있을 때 함께 기뻐해 주셨고, 괴롭거나 어려운 일이 있을 때는 언제나 따뜻한 말로 위로해 주시고 힘을 주셨다. 내가 1999년 마흔세 살 당시, 기획부실장을 맡게 되었을 때도 그분의 조언이 큰 힘이 되었다. 정년퇴임하신 후에는 수필가로서, 서예 초대작가로서 활동하시면서 퇴임 후 삶에서도 모범을 보여 주셨다. 때로는 뛰어난 유머 감각으로 동료 교수들을 즐겁게 하기도 했다. 한 사람의 삶에서 이런 귀한 분들과 좋은 인연을 맺었다는 것은 엄청난 축복이자 행운이 아닐 수 없다. 항상 신에게, 나의 하느님께 감사드리지 않을 수 없는 부분이다.

61

학자들에겐 논문 발표를 통해 자신의 연구 성과가 다른 학자들에게 널리 인정받는 일이 매우 중요하다. 때문에, 학술지 논문 발표도 중요하지만, 학자들의 모임인 학술단체 활동이나 학자들의 연구 성과를 한자리에서 발표하고 교류하는 학술회의 참여도 매우 중요한 학술 활동이다. 연구 인프라, 대학원생들의 수와 질적 수준 등에 있어서 서울대학교나 카이스트 같은 최정상의 연구 중심대학과 경쟁해 이길 수는 없지만, 적어도 그 버금가는 수준이라도 따라가려면, 내가 할 수 있는 한 최선을 다할 수밖에 없었다. 이 때문에 내가 속한 학회, 가령 한국고분자학회, 대한화학회 고분자화학분과회, 한국접착및계면학회 같은 국내 학술단체 활동도 열심히 했다.

또한, 국제 학술회의도 여건만 되면 가능한 한 많이 참석하려고 했다. 교수직에 몸담은 지 중반부, 곧 40대 후반 이후부터는 정부로부터 빠짐없이 연구비를 수주받았으나, 40대 전반까지는 최소한의 연구비를 수주받거나, 아예 연구비 없이 내 월급만으로 연구를 수행할 수밖에 없었다. 40대 후반부터 빠짐없이, 부족함 없이 연구를 수행할 수 있을 정도의 연구비를 수주할 수 있었던 것은, 40대 전반까지의 '맨땅에 헤딩'하는 수준의 엄청난 노력으로 말미암아 꾸준히 적립한 논문 발표 실적 덕분이었다.

62

1994년부터 2003년 중순까지 한국고분자학회 학술상을 비롯해 학내외에서 논문상, 학술상 등을 받긴 했으나, 2003년 말부터, 그동안 20년 남짓 '치열하게' 수행해 온 연구 성과에 대한 본격적인 보답을 받기 시작했다. 열심히 연구에 매진한 덕분에, 과분한 상도 많이 받았다. 50대에 들어서면서, 흔히들 하는 말로 상복(償復)이 터졌나 보다.

2003년 5월 말, 부산대학교의 다른 두 교수와 함께 전국의 이공계 대학과 연구소 중에서 54개의 최우수 연구실을 지정하여 5년간 매년 2억 원 정도의 파격적인 연구비 지원을 해 주는 '국가지정연구실(National Research Laboratory; NRL)' 사업에 선정되었다. 이 제도를 기획할 당시엔 '대통령 연구실'이란 명칭을 부여하려고 했다고 한다. 그만큼 이공계 연구자들, 특히 개인 차원의 이공계 대학교수들에겐 최고의 연구비 지원 정책이었다.

고분자공학자로서 나는 평생 크게 세 가지 분야 연구에 집중했다. 하나는 박사 학위 논문 주제와 관련된 고분자-고분자 혼합물 및 고분자-무기재료 하이브리드 재료 또는 고분자 나노복합재료의 물성 연구, 또 하나는 액정 디스플레이(LCD)와 OLED(유기 발광 다이오드)나, 5G/6G 통신과 같은 전자 정보용으로 사용되는 고성능 고분자(곧 폴리이미드) 연구, 마지막 하나는 나노미터 크기의 미세한 구멍('나노 세공' 혹은

'나노 기공'이라 부른다)을 가진 하이브리드형 나노 세공체의 합성과 응용이다. 나노미터란 머리카락의 백만분의 1m, 분자 크기의 10배, 곧 10^{-9} m를 의미한다. 이렇게 전자현미경으로 보아야 보이는 미세한 구멍을 가진 재료는 거대 크기의 재료들에서 볼 수 없는 다양한 특수 기능을 발휘하기 때문에, 오늘날 첨단 재료로 다양하게 응용되는 첨단 재료이다.('나노 세공체' 연구는 내가 스탠퍼드 대학교에서 연구년을 보낼 때 착상과 함께 시작된 것으로 자세한 이야기는 235~238쪽 참조)

'국가지정연구실' 사업으로 특히 폴리이미드와 나노 세공체 연구를 집중적으로 수행했다. 나노 세공체 연구를 위해, NRL 시작과 함께 내 연구실에 박사후연구원으로 합류한 박성수 박사는 내가 정년퇴임할 때까지 박사후연구원과 연구교수로서 많은 도움이 되어 주었기에 늘 고마움을 간직하고 있다. (그는 내가 퇴임하면서 동의대 교수로 임용되어 자리를 옮겼다.) 국가지정연구실 지정은 대단한 영광이었다. 덕분에 풍부한 연구비로 5년간 정말 즐겁게 연구했다.

2003년 12월, 국가지정연구실 지정으로 연구에 매진하던 중, 과학원 박사 과정 지도교수의 추천으로, 카이스트 올해의 동문상을 받았다. 이런저런 상을 받았지만, 상금이 없는 상패만의 상이라도 내 개인적으로는 가장 보람을 느끼는 상이다. 우리나라 최고 연구 중심 대학원인 카이스트, 현재 한국 과학기술계를 이끌어가는 중심 두뇌 집단인 카이스트 동문이 인정하는 상이기 때문이다.

63

우리나라에는, 과학기술계 석학(碩學)들의 교류와 활용 기구로 한국과학기술한림원이란 기관이 있다. 한국과학기술한림원은 '기초연구진흥 및 기술개발지원에 관한 법률 (제9조)'에 따라 1994년 설립된 사단법인이다. 교육법에 따른 대학 또는 이와 동등 이상의 학교를 졸업하고 해당 전공 분야에서 경력이 20년 이상이며 과학기술 발전에 현저한 업적을 가진 학자나, 과학기술 분야 종사 경력이 25년 이상이며 동 분야 발전에 현저한 업적을 가진 과학기술인들을 선정한다. 정회원은 500명 이내이며, 정회원 중에서 나이가 70세에 달하면 종신회원이 된다.

또한, 공학계 석학들의 모임으로는 한국공학한림원이 있다. 한국공학한림원은 '산업기술혁신 촉진법(제40조)에 따라, 공업 및 에너지기술 기반 조성을 위해 1996년 설립된 학술 연구기관이다. 공학 산업기술 및 관련 분야에서 15년 이상 활동하면서, 공학 학술 연구 및 그 결과의 실용화에 현저하게 공헌하거나, 새로운 산업기술 분야에서 선구적인 연구 개발을 통하여 현저하게 성과를 올린 공학자, 또는 산업 관련 분야에서 선구적 또는 극히 어려운 사업을 수행하면서 지대한 성과를 올린 지도적 위치에 있거나, 공학 및 기술 교육에서 괄목할 만한 공헌을 한 공학인을 선출한다. 정회원의 정수는 300명 이내이며, 65세 이상이 되면 원로회원이 된다.

한국과학기술한림원 또는 한국공학한림원 같은 이런 석학 단체에 가입하려면, 상응하는 우수한 연구 실적이나 경력을 갖추어야 한다. 부산대학교에는, 과학기술 전 분야가 속한 한국과학기술한림원 회원은 16명(종신회원 8명 포함)이다. 공학 분야 석학들의 단체인 한국공학한림원 회원은 5명밖에 되지 않는다. 두 한림원 회원으로 동시 선출된 공학자들은 전국적으로도 손에 꼽을 정도이다.

2003년 말, 2004년 초에 걸쳐 두 석학 단체의 회원으로 선출되었다. 40대 초반까지 쌓아 올린 연구 실적 때문임은 물론이다. 당시만 해도 1년에 그렇게 많은 논문을 발표하는 학자들이 많지 않았기 때문에 비교적 수월하게 선출될 수 있었다고 생각된다. 요즈음 두 석학 단체 회원이 되는 학자들을 보면, 혀를 내두를 수밖에 없을 정도로 세계적인 성과를 내는 학자들이 많다. 나는 비교적 젊은 나이에 그 두 단체에 회원으로 선출되었다. 지금은 선출 회원들의 나이가 조금 더 젊어지긴 했지만, 내가 47세에 한국공학원 회원으로 선출될 당시엔 최연소로 선출되었음에 자부심을 느낀나. (174쪽, 〈한국경제〉 2006년 4월 2일 자 기사 참조)

한국경제

공학한림원 45세 최연소 회원 탄생

입력 2006.04.02 20:13 수정 2006.04.02 20:15 가가

학계와 산업계를 빛낸 스타들이 공학계 원로·석학 모임인 한국공학한림원에 회원으로 이름을 올렸다. 한국공학한림원(회장 윤종용)은 인간배아줄기세포를 세계 최초로 추출해낸 황우석 서울대 석좌교수와 디지털 셋톱박스로 세계 시장을 공략하고 있는 변대규 휴맥스 사장 등 28명을 정회원으로 새로 뽑았다고 2일 밝혔다. 이에 따라 정회원은 2백89명으로 지난해보다 3명이 늘어났다. 25명은 명예회원으로 물러났다. 변 사장은 45세로 최연소 정회원이 됐다. 지금까지는 하창식 부산대 교수가 49세로 최연소였다. 변 사장은 아시아 최초로 유럽 디지털셋톱박스 표준기술을 개발하는 등 기술혁신에 기여했으며 수출에도 한몫 했다는 점이 높이 평가됐다고 한림원 측은 설명했다. 새로 선출된 정회원에는 송문섭 팬택앤큐리텔 사장,박황호 현대자동차 고문, 김반석 LG석유화학 사장,김종광 한국바스프 회장,백만기 김&장법률사무소 변리사, 이현재 청와대 산업정책비서관 등이 포함됐다. 학계·연구계에서는 최영락 과학기술정책연구원(STEPI) 원장,좌경룡 한국과학기술원(KAIST) 공학장,김석삼 경북대 공대 학장,심종성 한양대 교수,전경수 서울대 교수,이재성 포항공대 교수,박화영 한국기계연구원장,문길주 한국과학기술연구원(KIST) 강릉분원장 등이 뽑혔다. 공학한림원은 또 이상엽 KAIST 교수,임상규 과학기술혁신본부장,권오현 삼성전자 사장, 남중수 KTF 사장,정성립 대우조선 사장,신미남 퓨얼셀파워 사장 등 49명을 후보 회원으로 선출했다. 공학한림원 회원은 학문적 업적 뿐만 아니라 세계 최초 기술개발, 특허획득,인력양성 기여 등에 대한 까다로운 심사를 거친 후 전체 회원의 투표를 통해 선출된다. 순수 과학분야의 원로들인 과학기술한림원 회원과 더불어 최고의 명예직으로 평가되고 있다. 한편 공학한림원은 이날 서울 역삼동 한국기술센터에서 윤종용 회장과 조정남 부회장 등이 참석한 가운데 신입 정회원 환영행사를 가졌다. 장원락 기자 wrjang@hankyung.com

(〈한국경제〉 2006년 4월 2일 자 기사)-본문 중에, "지금까지는 하창식 부산대 교수가 49세로 최연소였다."라는 기사가 나와 있다.)

서울경제
THE SEOUL ECONOMIC DAILY
www.sedaily.com 제12286호 2006년 11월 2일 목요일

2006년 11월 02일 (목) [이달의 과학기술자상] 하창식 부산대 고분자공학과 교수

초고효율 바이오센서·분자레이저등에 사용

견고한 나노기공 구조재료 개발

이달의 과학기술자상

하 창 식 부산대 고분자공학과 교수

원재료에 소금 이용 기공 크고 튼튼한 물질 합성

끓는 물에서 6일간 변함없는 구조 유지하기도

하창식 부산대 고분자공학과 교수팀의 연구성과는 초고효율 바이오센서·분자레이저 등에 사용할 수 있는 하이브리드형 나노기공 구조재료를 개발했다는 데 있다.

세계 어느 곳에서 만든 것보다 견고하고 열수(熱水)에도 강한 형태로 나노미터 크기의 메조포러스(다공) 물질을 합성할 수 있는 방법론을 제시한 것이다.

나노기공 구조 재료에 대한 연구는 미래 첨단 소재로서의 응용성이 무궁무진해 90년대 후반부터 세계적으로 활발하게 진행되고 있다. 이 연구의 핵심은 이른바 공간이 넓고 튼튼할수록 보다 많은 가구와 생활용품을 저장할 수 있는 것처럼 각 나노 공간의 벽을 더 크고 튼튼하게 만드는 방법이다. 그러나 기존 연구들은 벌집 모양의 공간을 키우면 키울수록 각 공간을 지탱하는 벽이 가늘어지고 약해지는 기술적 한계에 봉착하고 있다.

하 교수는 이러한 난제를 '소금(NaCl)'을 이용해 풀었다. "설탕이 뿌려진 도넛을 생각하면 쉽습니다. 설탕을 바르지 않은 것보다 표면이 더 딱딱하고 견고해지는 이치입니다." 그는 '설탕 묻힌 도넛'처럼 용액에 소금을 첨가하는 방식으로 기공크기가 크고 견고한 물질을 합성하는 데 성공했다. 염화나트륨과 같은 무기염과 블록공중합체간 상호작용을 이용, 메조포러스 물질의 열수안정성(hydrothermal stability)도 획기적으로 개선시켰다.

기존 물질의 경우 100도의 끓는 물에서 1일만에 견디지 못하지만 하 교수가 만든 물질은 6일간 변함없는 구조를 유지할 만큼 뛰어난 열수안정성을 보였다. 뿐만 아니라 하 교수는 후속 연구에서 고체 상태가 아닌 기체·액체 계면상에서 표면이 매끈하고 중간 크기의 세공을 가지는 나노기공 구조의 필름을 세계 최초로 제조하는 데 성공했다. 이렇게 만든 필름은 섭씨 400도까지 가열해도 중간세공은 그대로 유지될 만큼 열안정성이 탁월한 것으로 판명된 상태다.

이와 함께 하 교수는 하이브리드 메조포러스의 '외부형태'를 개선하는 문제 역시 중요하다고 판단, 최근 상당한 연구 성과를 거두고 있다. 하이브리드 메조포러스가 다양한 산업 분야에 응용되기 위해서는 섬유·막·막대형태 등 다양한 외부형태를 가지고 있어야 한다.

이에 그는 실리카 전구체와 계면활성제간 상호작용에 따라 제조된 나노기공 구조재료의 최종 외부형태가 서로 다르게 관찰됐다는 점을 연구를 통해 확인, 학계에 문제 해결을 위한 중요한 실마리를 제공했다.

현재 그가 제시한 방식으로 메조포러스를 합성, 이를 선택적 흡착제, 광·정보전자 재료, 바이오센서 등에 적용하기 위한 후속연구들이 활발하게 진행되고 있다. 하 교수는 "광범위한 분야에서 본격적으로 적용이 되면 경제적·산업적으로 큰 파급효과를 낳을 수 있을 것으로 기대된다"고 강조했다.

/서정명기자

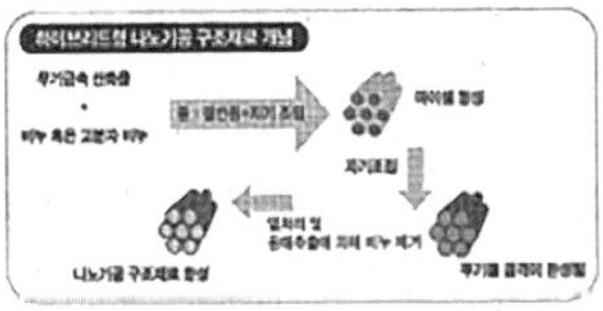

"맞춤형 흡작제 제작 가능 환경보호등 큰 도움 기대"

인터뷰

나노기공 구조 재료분야에서 획기적인 연구성과를 올린 하창식(가운데) 교수와 연구원들이 환한 표정으로 기념촬영하고 있다.

지난해 8월 국제과학논문색인(SCI) 논문 선정 등을 주관하는 미국 톰슨(THOMSON)사에서 하창식 교수에게 한 통의 편지를 보내왔다. 하 교수의 연구 논문이 관련 분야에서 89회나 인용돼 '최다 인용 논문(Highly Cited Article)'으로 선정됐다는 것이었다. 하 교수가 연구성과를 발표한 지난 2003년으로부터 불과 1년여 만의 일이다. 다른 논문들의 평균 인용횟수가 3~4회 정도에 불과한 점에 비춰 학계의 대단한 관심이 쏠리고 있고 연구성과를 폭넓게 인정받고 있다는 반증인 셈이다. 세계 과학계는 지금 나노기공 구조재료의 개발과 산업응용에 경쟁적으로 나서고 있다.

그렇다면 하 교수는 어떤 응용 분야에 가장 큰 관심을 가지고 있을까. 흥미롭게도 그는 '친환경' 분야에서 자신의 연구 성과를 실용화시키겠다는 의지를 강하게 피력했다. "예를 들어 이 기술을 이용하면 유해물질만 선택적으로 빨아들이는 '맞춤형' 흡착제를 제작할 수 있고 환경보호에도 큰 도움을 줄 수 있을 것입니다. 나노재료의 쓰임새는 무궁무진합니다."

지난 여름 낙동강 수계에서 유해물질인 퍼클로레이트가 검출되면서 인근 구미공단 내 반도체 업체 등이 정수 과정에서 사용하는 활성탄이 말썽을 일으켰다. 오염물질을 흡수하는 역할을 하는 활성탄에 흡착돼 있던 퍼클로레이트가 수돗물 정수과정에서 용출됐다는 게 정부의 조사 결과였다. 하 교수는 "현재 사용하는 활성탄과 달리 공간을 넓혀 접촉 표면적을 확대할 수 있다"며 "특히 시멘트를 배합하듯 유기물을 넣어 카드뮴 등 중금속을 선택적으로 빨아들이는 개량된 활성탄을 만들 수 있다"고 설명했다. 그는 "현재 미국의 한 업체가 생산하는 활성탄이 품질력을 인정 받으며 세계 시장을 선점하고 있다"며 "우리가 개발한 방식을 적용할 경우 표면적은 10배로 커지면서 활성탄 자체에서 각종 중금속을 선택적으로 '잡아먹을 수' 있는 우수한 성능의 활성탄이 국내에서 만들어지게 되는 것"이라고 강조했다.

그는 "간단한 아이디어를 가지고 획기적인 무엇인가를 할 수 없을지 고민하다 우리 일상에 많이 쓰고 있는 값싸고 튼튼한 소금의 장점이 떠올라 이 같은 연구 성과를 이뤘다"며 "활성탄뿐만 아니라 빔프로젝터 레이저에 개량된 하이브리드 메조포러스를 적용하면 현재보다 밝기가 수천배 이상 향상될 수 있을 것"이라고 밝혔다.

/서정명기자

(《서울경제》 2006년 11월 2일자 기사)

64

이렇게 공과대학 교수로서의 나의 연구 경력은, 마흔일곱 살 되던 2003년부터 시작해서 정상을 향해 가파르게 달려가기 시작하였다.

49세 되던 2005년 11월엔, 부산에 소재한 눌원문화재단으로부터 눌원(訥園)문화상 (학술상)을 받았다. 상금 1천만 원도 부상으로 받았다. 눌원문화상은 1958년 4월, 부산 지역 사회와 문화에 관심을 가졌던 고려산업의 고(故) 신덕균 회장이 지역 사회 발전과 문화 향상의 필요성을 절감하여 사재를 털어 만든 상이다. 1959년 1월에 첫 수상자를 발굴하였다. 1977년 9월, 눌원문화재단을 설립한 뒤 지금과 같이 학술, 교육, 행정, 치안 분야로 확대해, 부산 지역의 유공자들을 발굴하여 격년마다 시상한다. 민간인이 출연하여 만든 시상 제도로서는 우리나라 최초의 상인 만큼 전통과 영예를 자랑한다.

이달의 과학기술자상과 부산광역시 문화상

50세가 된 2006년 11월엔, 과학기술부에 의해 대한민국 전체 과학기술인 중에 해당 연도, 해당 달에 가장 뛰어난 연구 성과를 낸 과학기술자 1명을 선발해 시상하는 '이달의 과학기술자상'도 받았다. (175쪽, 〈서울경제〉 2006년 11월 2일 자 기사 참조) 물론 1천만 원의 부상도 함께 받았다.

2003년도부터 수행한 국가지정연구실 연구 중에, 중국인 박사후연구원인 구오 완핑 박사와 함께 하이브리드형 나노 세공체의 새로운 합성법을 개발하는 데 성공하였다. 기존의 나노 세공체의 경우 기공의 크기가 너무 작고 기공 벽이 불안정한 것이 큰 단점으로 지적되었다. 도넛에 발린 설탕을 보고 아이디어를 얻어, 나노 세공체를 만들 때 소금을 섞으면 벽이 튼튼한 세공체를 만들 수 있다는 착상이 떠올라 진행한 연구였는데, 결과는 성공적이었다. 나노 기공의 크기가 커졌을 뿐만 아니라, 끓는 물에 6일간 담가도 벽이 무너지지 않을 정도로 튼튼한 구조의 나노 세공체가 얻어졌다. 고효율 바이오센서, 분자 레이저, 맞춤형 흡착제 등의 다양한 응용이 기대되는 획기적인 신규 합성법이었다.

이 연구 결과를 담은 논문이 발표되자마자 많은 연구자의 주목을 받았다. 다른 학자들에 의해 다수 인용되자, 우리 논문이 게재된 학술지를 출판하는 출판사로부터 세계 1% 이내 연구 성과임을 인정한다는 인증서를 받았다. 나아가 이 논문은 2008년, 세계의 학술성과 지표를 관리하는 어느 연구평가 기관으로부터 1998~2008년까지의 최근 10년간 세계의 관련 분야 연구 성과 중 4위에 해당한다는 평가를 받았다. 내가 받은 '이달의 과학기술자상'은 이렇게 '견고한 나노기공 구조재료 개발' 업적으로 수상한 것이었다.

'이달의 과학기술자상'은 우수한 연구 개발 성과로 과학기술 발전에 공헌한 연구자를 발굴·포상함으로써, 과학기술인의 사기를 진작하고 이를 통해 대국민 과학기술 마인드를 확산시키기 위해 제정한 상으로 1997년에 제정되었다. 과학기술정보통신부와 한국연구재단, 서울경제신문이 공동 주관하며, 월 1회 수여한다.

우리나라에서 시행하는, 과학기술자들을 위한 각종 시상 제도에서 (상금 규모에 무관하게) 후일(後日) 최정상급의 영예로운 상을 받은 과학자, 공학자들은, 대부분 '이달의 과학기술자상'을 받은 분들이다. 말하자면, '이달의 과학기술자상'은 대한민국 최고 과학자의 옷을 입기 위한, 첫 단추를 끼워주는 상인 셈이다. 약 40년간의 나의 교수 생활을 통틀어 부산대학교에서는 오직 두 사람만이 '이달의 과학기술자상'을 수상하였다. 그것도 내가 교수로 재임할 동안은 부산대학교 역사상 내가 유일한 수상자였다. 내가 대학에서 물러난 후인 지난해(2024년) 8월에야 부산대학교의 다른 교수 한 분이 두 번째로 같은 상을 받았다. 앞으로는 더 많은 후배 교수들이 이 상을 받을 것이라 믿는다.

아무튼 이 상을 받은 것은, 정말 내 능력에 과분하게 천운이 따른 것이었다고 밖에 말할 수 없을 것 같다. 대부분의 다른 과학자, 공학자들은 이 상을 받은 후에도 더 큰 성과들을 많이 내었다. 하지만 내 경우엔, 그 수상이 내 삶에 있어서 가장 화려했던, 어쩌면 이른바 '화양연화(花樣年華)' 같은 수상이 아니었을까 하는 생각이다. 왜냐하면 나의 공학자적 능력은 딱 거기까지였기 때문이다.

만약 내가 수필가, 공학자의 두 얼굴을 가진 야누스적인 사람이 아니라, 일반적인 공학자처럼, 공학자라는 단 하나의 능력만 있었다면, 더 높은 자리로 올라갈 수 있었을지도 모르겠지만, 공학자 이외 수필가라는 또 다른 얼굴을 가진 사람이기에, 내 능력으로 더 높은 곳으로 올라가기에는 아예 불가능했을 것이기 때문이다. 돌이켜보면, 그 정도라도 더 많은 공학자, 과학자들이 이루지 못한 성과를 남길 수 있었다는 것만 해도, 나는 참 복이 많은 사람이라는 생각이 든다.

2007년 12월, 부산대학교에서 최고 연구자(Best Researcher)로 선정되었다. 당시 김인세 총장의 방침으로 최근 3년간의 연구 실적을 바탕으로 가장 우수한 연구 성과를 낸 교수를 선발해 격려하는 제도였다. 무려 2천만 원의 부상도 있었다. 제도 신설 후 첫 번째 최고 연구자로 선정되었다. 대학 시절 공과대학을 수석 졸업한 뒤, 모교 교수로 돌아와 29년 만에 다시 1천여 명의 재직 교수들 가운데 수석 연구자가 된 셈이었다.

2007년 12월엔 부산광역시 문화상도 더불어 수상하였다. 역시 상금 1천만 원과 함께였다. 부산광역시 문화상은 1957년 처음으로 과학, 문학, 미술, 음악 사진 공예, 체육 분야에 지역문화 발전과 시민 문화 의식 고취에 이바지한 공로가 현저한 자를 발굴해 시상하였다. 사회 발전에 따라 시상 분야가 계속 추가되어, 2015년부터는 10개 (인문과학, 자연과학, 문학, 공연예술, 시각예술, 전통예술, 대중예술, 공간예술, 체육, 언론·출판) 부문을 시상하고 있다.

나는 51세 때, 자연과학 분야로 제50회 부산광역시 문화상을 받았다. 당시 50년 역사를 맞은 영예스러운 부산광역시 문화상의 역사에 맞춰, 내 나이 51세에 맞춰 받은 상이기에 더욱 기억엔 남는 상이다. 당시 부산대학교에서는 문학 부문에 문학평론가인 김중하 교수, 인문과학 부문에 김봉모 교수가 함께 받았다. 다른 분야와 마찬가지로, 자연과학 부문에서도 우수한 연구 성과들을 거두고 있는 부산의 이공계 학자들 가운데에서 엄격한 심사 과정을 통해 선발되는 상인 만큼 내가 영예롭게 생각하는 상 중의 하나이다. 더구나 '부산 시민의 이름으로 수여되는 부산의 가장 영예로운' 상이기에 더욱 자랑스럽게 생각한다.

부산문화회관에서 있은, 부부 동반의 부산시 문화상 시상식이 끝나고, 광안리 해변으로 이동해 아내와 함께 제3회 부산불꽃축제를 참관하였다. 부산시의 배려로, 수상자 가족들은 광안리 해변의 가장 좋은 자리에 배치된 좌석에 편하게 앉아 불꽃축제를 관람할 수 있었다. 그날 100만 명 이상의 관람객들이 운집하여 일부 차로는 폐쇄되고 전반적으로 차량 통행이 제한되었다. 어쩔 수 없이 대연동 유엔기념공원 근처의 부산문화회관에 주차해 두고, 그곳에서 광안리 해변까지 도보로 이동했다. 10월 말이었지만 속옷이 젖을 정도로 땀이 나서, 바닷바람에 살짝 추위를 느꼈던 것으로 기억된다.

매년 10월 말 혹은 11월 초, 광안리 해수욕장과 광안대교 (혹은 Diamond Bridge) 주변으로 화려하게 펼쳐지는 부산불꽃축제는 2005년 11월 16일, 부산 해운대 동백섬 근처 누리마루에서 개최된 APEC(Asia-Pacific Economic Cooperation, 아시아태평양경제협력체) 정상회의를 축하하기 위해 개최된 이후, 이젠 부산국제불꽃축제 (Busan International Fireworks Festival)로 이름을 바꿔, 부산을 대표하는 세계적인 축제의 하나가 되어 있다.

65

게다가 2009년, 두 번째로 부산대학교 최고 연구자로 선정되었다. 이때는 나뿐만 아니라, 인문사회 계열에서도 다른 한 명의 교수가 함께 받았다. 1천여 명의 전체 교수, 그중 5백여 명의 이공계 교수 중에서 최고의 연구자로 다시 뽑힌 것이다. 당시 선정 위원회에서는 한 교수가 같은 상을 다시 받을 수 없다며 논란이 있었다는 후일담을 들었다. 하지만 선정 위원회 다수 의견은 물론이고 대학 당국에서, 이미 수상한 교수라도, 추천된 다른 연구자들과 확연히 차이가 날 정도로 우수한 연구 실적을 가진 사람을 뺄 수 없다는 주장이 우선되어, 내가 다시 선정되었다는 이야기를 전해 들었다. 2009년 선정할 때도, 2007년 이후의 실적으로도 최고 수준이라서 선정할 수밖에 없었다고 전해 들었다.

2007년, 나의 단독 첫 수상에 이어 2008년에는 약학대학의 J 교수가 단독으로 최고 연구자로 선정되었고, 2010년에는 공과대학의 P 교수가 단독으로 최고 연구자로 선정되었다. 이 점을 생각하면, 2009년에 인문사회 계열의 다른 교수 한 명과 함께 내가 다시 최고 연구자로 선정됨으로써, 나의 재수상을 둘러싸고 일어날 수도 있는 논란을 희석할 수 있었던 건 아닐까 하는 생각이 든다. 참고로 2011년엔 2명의 이공계 교수 공동 선정, 2012년엔 다시 1명의 이공계 교수와 1명의 인문사회계 교수가 공동으로 최고 연구자로 선정되었다. 김인세 총장이 물러나면서 이 제도는 없어졌다.

이런저런 상과 함께 주어지는 상금은 관심이 없었다. 한

턱내라고 하는 가족이나 지인들을 위해 회식을 베푸는 데 필요한 돈을 제외한, 나머지 상금은 대부분 대학 발전 기금으로 출연하였다. 특별한 애교심이 있어서라기보다, 그냥 다른 교수들이 받지 못한 혜택을 나 혼자 받는 것 같은 미안한 마음에, 공짜로 내게 온 돈을 어딘가에 다시 돌려주고 싶었을 뿐이었다. 수상 그 자체로 만족했다. 그렇지만 아내와 내 아이들은 자신의 성공을 위해 앞만 보고 달려온 나를 위해 보이지 않는 곳에서 내조하고 희생해 왔음에 틀림없었을 것이다. 그러니 상금을 받았을 때, 내 가족들에게 작지만 의미 있는 금전적 보상이라도 해 주었어야 했지만, 그러지 못한 점에 대해서 항상 미안한 마음을 가지고 있다.

만약이 있다면…

66

우리 인생에 '만약'이 가능하다면, 나의 삶이 어떻게 달라졌을까 하는 상상을 해 본 적이 있다. 만일 "내가 서울대학교를 졸업했더라면…, 내가 한국과학원 대신 서울대학교 대학원을 졸업했더라면…" 하는 식의 가정이다.

2007년인가 2008년쯤 되었을 것이다. 이제 막 50대가 된 즈음 어느 날, 카이스트 박사 과정 지도교수로부터 전화가 왔다. 2010년 퇴임 예정인데, 학과에도 대충 이야기를 해 두었으니 카이스트 화공과로 옮기면 어떻겠냐는 말씀이었다.

카이스트가 어떤 곳인가! 나의 또 다른 모교인 데다 세계적으로 이름난 명문대학원이 아닌가! 만일 내가 카이스트 교수가 된다면, 내 연구의 질적 향상은 물론이고 세계적 학자로 한 층 더 발돋움할 절호의 기회가 될 수 있었다. 물론 그때까지 꾸준히 쌓아 온 나의 연구 성과가 카이스트 교수로도 걸맞다고 판단하셨기에 그랬겠지만, 당신의 많은 제자 중에서도 부족한 나를 당신의 후임으로 정하고 추천해 준 것만 해도 무척 고마웠다.

전화를 받았을 때 한편으로는 무척 기뻤지만, 깊은 생각에 잠기지 않을 수 없었다. 고민에 빠졌다. 좀 생각해 보고 연락을 다시 드리겠다고 말씀드렸다. 원래 새 직장으로 옮기면 정착하는 데 상당한 시간과 노력이 따르겠지만, 당시 내 경우엔, 카이스트 지도교수님이 사용하던 연구실을 그대로 물려받을 수 있었기에, 새롭게 도전한다 해도 그리 큰 어려움은 없었다. 이내와도 상의했다. '카이스트에서 새로운 꿈을 펼칠 것인가? 아니면 모교이자, 그동안 나를 키워주고 나를 성장하게 만든 부산대학교를 떠날 것인가?' 거의 1주일 동안 깊이 숙고했다. 태어나고 자랐을 뿐만 아니라 거의 평생을 살아온 부산을 떠나기가 쉽지 않았다. 만일 당시 내 나이가 40대 초반만 되었어도 과감한 결정을 내렸겠지만, 50대에 들어선 나이에 새로운 도전을 한다는 게 여간한 결심이 아니라면 어려울 것으로 판단되었다. 1주일 후, 지도교수님께 전화를 드렸다. "죄송하지만, 부산과 부산대학교를 떠난다는 것이 쉽지 않습니다." 그러자 교수님께서는 "좋은 기회인데..."하며 나보다 더 아쉬워하셨다.

더욱 솔직하게 말하자면, 공학자뿐만 아니라 동시에 수필가로도 활동하는 야누스적 인간으로서 내가 만일 카이스트 교수가 되어 공학자만으로 쟁쟁한 동료 교수들과 경쟁해야 한다면, 그 경쟁에서 견뎌내기가 어려울 것이란 판단이 섰기 때문이었다.

이제는 지난 일이지만, 만일 내가 그때 부산대학교를 떠나 카이스트 교수로 옮겼다면, 그 이후 나의 삶은 어떻게 달라졌을까? 쉽게 상상이 가지 않는다. 하지만 2012년, 천주교 부산교구 평신도사도직협의회 회장이 되고 부산대학교 부총장이 되면서, '만약 내가 그때 대전에 있는 카이스트로 옮겼다면, 2012년 나는 어떤 위치에 있었을까?' 하고 한번 생각해 본 적이 있었다. 하지만 상상에 불과할 뿐, 인간인 우리가 살아보지 못한 그 미래의 삶이 어떠했을까 어찌 짐작할 수 있겠는가? 그냥 상상에 그칠 뿐이다.

거의 10년이 지난 어느 날, 70세까지 정년이 보장되는 부산대학교 석학교수로 선정된 후, 지도교수님께 전화를 드렸다. 그때 교수님은 나에게, "10년 전 자네가 내 후임으로 카이스트로 옮기길 바랐는데... 그대로 부산대학교에 남아 있으면서 열심히 정진해서 좋은 결실을 맺었구먼. 진심으로 축하하네."라고 축하해 주셨다. 당시의 심정은 수필집 『와일드카드』에 수록되어 있는 「만일」이라는 나의 수필 작품에 오롯이 담겨 있다.

67

한편, 2010년 7월엔, 과학기술부가 주관하는 '미래 유망 융합기술 파이오니어 사업단' 공모에 내가 총괄 연구책임자로 참여한 사업단 ('나노그리드소재 파이오니어 융합연구단')이 최종 선정된 5개 사업단 중 하나로 뽑혔다. '미래 유망 융합기술 파이오니어 사업'이란, 5~10년 후 미래에 필요한 신기술·산업 패러다임 창출 또는 변화를 유도할 수 있는 임무 중심 핵심 원천 기술 개발을 위한 융합 연구에 대해 지원하는 사업이다. 2단계에서는 기업이 반드시 참여해야 한다. "실패도 좋다. 원천특허 확보하라"는 취지로 국제 원천특허 취득을 최우선으로 하는 국가 주도 프로젝트였다.

충남대학교, 연세대학교, 부경대학교, 한국화학연구원, 경북대학교 연구진과 함께 운영하는 공동 연구단이었다. 매년 10억 원씩, 6년간 연구비가 지원되었다. 연구에 날개를 단 셈이었다. 덕분에 연구에 더욱 매진할 수 있었다.

2011년 4월엔, 한국고분자학회가 시상하는 삼성고분자학술상 (부상; 상금 1천만 원)을 받았다. 삼성고분자학술상은 삼성토탈주식회사 후원으로, 고분자과학 분야에서 탁월한 연구 업적을 발표한 사람에게 주는 상으로 한국고분자학회에서는 가장 권위있고 영예로운 상이었다. 이 상은 삼성이 프랑스 토탈과 합작하여 만든 삼성토탈 후원으로 2005년부터 매년 1명을 선정하여 시상하였다. 2015년, 삼성토탈의 모기업인 삼성종합화학이 한화그룹에 인수되어 한화토탈로 사명이 변경되면서, 상의 명칭도 한화고분자학술상으로 바뀌어 2017년부터 현재까지 계속되고 있다.

한국고분자학회에서는, 삼성고분자학술상이 후원 기업 사정으로 수상자 선발이 중지되면서, 도레이나 LG 화학의 후원으로 10여 년간 도레이고분자상(2012 ~ 2022년)과, LG화학 고분자학술상 (2013 ~ 2023년)을 제정하여 우수 고분자 학자들을 시상했다. 현재는 한화고분자학술상과 상암고분자상 (1996년 ~)을 통해 우수 고분자 학자들을 발굴해 시상하고 있다.

과학기술인들의 자긍심을 고취하고 일반 국민의 과학기술에 관한 관심과 이해를 돕고자, 우리나라에서는 2006년부터 매년 '국가연구개발 우수성과 100선' 제도를 시행하고 있다. 우리나라 정부의 모든 부·처·청이 지원한 연구 개발 과제에서 창출된 우수성과를 선별·추천한 후보 성과를 대상으로, 산 · 학 · 연 전문가 심층 평가와 대국민 검증 과정 등을 통해, 연구 개발 효과(완성도, 수준 향상, 개발 촉진) 및 경제 사회적 파급 효과 등을 평가하여 최종 100건의 우수성과를 선정한다. 기계·소재 / 생명·해양 / 에너지·환경 / 정보·전자 / 융합 연구/ 순수기초·기반(인프라) 분야별로 100건의 대표 성과를 선정하고, 6개의 세부 분야별로 최우수 성과 2건을 엄선하여 총 12건의 최우수 성과를 선정하고 포상한다.

2014년 박근혜 정부 때는, 미래창조과학부가 주관이 되어 2013년 창출된 5만여 개의 국가연구개발사업 성과를 대상으로, 100개의 우수 성과를 선정하고, 그중에서 12개의 최우수 성과를 선정했다. 2010년 여름부터 시작한 미래 유망 융합 기술 파이오니어 사업단 연구 성과 중 하나였던, "수중 금속이온을 선택적으로 분석할 수 있는 고성능 실리카 나노센서 개발 연구"가 에너지. 환경 분야 최우수 성과의 하나로 선정되어, 나는 미래창조과학부 장관상을 받았다.

68

나아가 2017년 5월엔, 일본고분자학회로부터 국제상(SPSJ International Award)을 받았다. 일본 국적의 고분자 학자들과의 협력 여부가 선정 기준의 하나이긴 했지만, 세계적 연구 성과를 내고 있는, 일본 외 해외 학자들을 선발하여 시상하는 제도였다. 별다른 부상은 없지만, 다른 나라 전문 학회에 의해, 세계적인 수준의 연구자로 인정받는 자체가 큰 영예가 아닐 수 없었다.

또한, 2013년부터 2015년까지는, 호주 저명 대학의 하나인 퀸즐랜드 대학교의 명예교수로 추대되었다. 60대에 막 들어선 (62세) 2018년 가을엔, 하노이에 있는 베트남과학기술원(VAST)(중국의 중국과학원, 우리나라의 키스트에 해당하는 베트남의 최고 연구기관이다.)으로부터 베트남 연구자들과의 과학기술 협력에 대한 공로로 공로 메달을 받았다. VAST 연구원과 하노이 공과대학(2011년부터 하노이 과학기술대학교로 바뀐 베트남 최고의 과학기술계 명문 대학) 교수로 재직하던 베트남 두 학자(타이 호앙 박사와 트란 트룽 박사)가 내 연구실에서 박사후연구원 연구를 위해 1년 6개월에서 2년 정도 각각 공동연구를 수행한 적이 있었다. 나중에 타이 호앙 박사는 VAST의 부소장을 역임하였고, 트란 트룽 박사는 하노이 남동쪽으로 1시간 반 정도 떨어진 곳에 있는 흥옌성의 흥옌 기술교육대학교(Hung Yen University of Technology and Education)의 총장이 되었다.

이들이 귀국한 뒤로도 그 두 학자, 특히 VAST의 타이 호앙 박사와는 계속해서 공동연구를 하면서, VAST에서 개최되는 국제 학술회의 참석은 물론이고, 조직에 이런저런 도움을 많이 주었다. 지금도 VAST의 그 학자가 편집 책임자로 있는 국제 학술지의 편집을 도와 주고 있다. 이런 나의 공로가 인정되어, VAST 공로 메달을 받을 수 있었다.

아무튼 위에 수록된 수상 기록들은, 교수 생활할 동안 연구를 향한 나의 열정이 어느 정도 보상된 것 같아 기록에 남길 만한 이력들이다. 한국뿐 아니라 일본, 호주, 베트남 등 국제적으로도 인정받는 학자로 성장한 것도 무척 기쁜 일이다.

여러 상을 받긴 했지만, 나의 능력에 과분하다고 여겨질 만큼 행운이 따랐던 경우가 대부분이었다. 그럼에도 내가 받았던 상에 대해 자세하게 기록하는 까닭은 결코 내 자랑을 하기 위해서가 아니다. 그만큼 60대 나이에 이르기까지, 공과대학 교수로서, 내가 있는 곳에서 나름대로 최선을 다해 살아왔다는 것, 그리고 비록 서울대학교 입학은 하지 못했지만, 나름대로 서울대학교 출신 동료 학자들과의 경쟁에서 뒤처지지 않게 '치열하게' 살아왔다는 점을 독자들에게 이해시키기 위해서이다.

물론 위에서 말한 이런저런 상을 받았다 해서, 내가 결코 과학기술자, 공학자로서 탁월하게 우수하였다는 것은 아니다. 내가 봐도 다른 동료 학자들이나, 특히 요즈음 젊은 학자들을 보면 정말 우수하다. 운이 좋아서 이런 상 저런 상들을 받았지만, 정확히 나 자신을 평가하자면, 나는 1.5류급 공학자에 속한다. 오늘날 우리나라에서도 세계 최정상급의 연구성과를 내는 학자들이 적지 않다. 해마다 이공계 국제 학술지에 발표되는 논문을 기준으로 어떤 기관에서는, 세계 1% 이내의 과학자니, 2% 이내의 과학자니 하는 평가 기준을 발표하기도 한다.

그 기준에 따르면 우리나라의 몇몇 과학자들은 세계 1% 이내의 과학자란 평가를 받고 있다. 그중에는 0.1% 이내의 학자들도 있다. 정년퇴임 전 과분하게도 세계 2% 이내의 과학자란 평가를 받았지만, 그 이상의 세계적인 학자는 아니다. 그냥 내 전문 분야에서, "아, H 교수" 하면 알아볼 정도는, 인정을 받고 있다는 의미이다. 혹시 내 자서전을 읽는 독자들이 내가 무슨 노벨상 수상자급의 세계적인 학자쯤 되는가 하고 오해할까 봐 정확한 사실을 말씀드리는 것이다. 성경에 나오는 글귀처럼, 나는 그분들 신발 끈을 맬 자격조차 없는 공학자이다.

단지 열심히 했다는 사실로 이런저런 상을 받아 왔지만, 요즈음 같았으면 절대 불가능한 일이다. 연구의 양적 수준을 평가하는 게 아니라, 연구의 질적 수준으로 평가되는 세상이기 때문이다. 어찌 보면 당연하다고 보아야 할 것이다. 그럼에도 열심히, '치열하게' 살아온 것에 대해 부분적이나마 보상을 받은 셈이니까, 지난 세대를 살아온 게 그나마 내겐 축복이라는 생각이 든다.

마지막 강의

69

2021년 2월, 65세의 나이로 정년퇴임을 맞이하면서 지난 38년 6개월의 교수 생활 동안 보고, 듣고, 느낀 점에 대해서는 나의 일곱 번째 수필집 『강의실 너머』에 40편의 수필에 담았다. 제한된 지면에, 이 자서전에서는 오랜 시간 동안의 교직 생활과 관련된 이야기 보따리를 모두 풀어놓을 수는 없고, 크게 세 가지만 언급하고자 한다.

2019년 겨울부터 시작된 중국 우한 폐렴, 곧 코로나바이러스감염증-19 (COVID-19)는 우리나라뿐만 아니라 전 세계를 괴롭힌 유행병이었다. 코로나19 감염 예방을 위해 백신 의무 접종은 물론, 2022년 봄에 이르기까지, 사회적 거리 두기가 시행되었다. 마스크 사용 정책은 그 이후에도 계속되어 2024년 5월이 되어서야 해제되었다.

사회적 거리두기가 강제화되면서, 대학뿐만 아니라 모든 학교에서는 컴퓨터와 인터넷을 활용한 원격 수업을 할 수밖에 없었다. 젊은 교수들은 원격 수업에 곧 적응했지만, 나도 마찬가지이고, 원로급에 해당하는 교수들은 원격 수업 준비도 그렇고 실제 수업도 쉽지는 않았다. 때로는 교수 스스로 동영상을 촬영해 강의에 활용하기도 했는데, 강의실도 아니고 학생이 없는 가운데 연구실에서 혼자 연기하듯, 스마트폰을 이용해 동영상을 녹화할 때는 어색하기 이를 데 없었다. 거의 2년 이상 진행된 원격 수업은 수업도 문제였지만, 중간고사, 기말고사 등의 시험이 더 큰 문제였다.

원격 수업이 처음 진행되었을 때, 기말고사를 치르고 채점을 마친 다음, 최종 학점을 부여하기 전에 학생들에게 성적을 공개했다. 성적 공개 후 바로 그날 저녁, 나에게 전자 우편 한 통이 배달되었다. 익명의 학생이었다. 높은 성적을 받은 학생 몇몇이 시험을 치를 때, PC방에서 함께 상의하며 문제를 풀었다는 제보였다. 예상치 못했던 상황이었다.

언젠가 해외 선진 대학에서의 honor system, 곧 무감독 시험을 흉내 내고 싶어, 내가 감독을 들어가지 않고 학생들에게 중간고사 시험을 치르게 한 적이 한번 있다. 학생들의 양심을 믿겠다고 말하면서, 시험지/답지만 나눠 주고 연구실로 돌아왔다. 선진국의 학생들은, 어릴 적부터 '정직'을 최상의 도덕률로 배워왔기에 무감독 시험을 자주 본다고 들었다. 실제 내가 미국 대학교에 방문 연구를 했을 때, 그렇게 무감독 시험을 치르는 현장을 직접 목격한 적도 있다.

하지만 그 당시 시험이 끝난 후, 몇몇 학생들에게서 일부 학생들이 부정행위를 했다는 제보를 받아, 몹시 실망하였던 걸로 기억된다. 그다음 기말고사를 포함해 내 재직 기간 내내 항상 나, 아니면 연구실의 대학원생들 감독하에 시험을 치르도록 했다. 아직 우리 학생들에겐 무감독 시험을 치르게 할 만큼 '정직'이 습관화되어 있지 않은 것 같아 무척 씁쓸했다.

내가 무감독 시험을 시도한 것은 당시 그 한 번의 시험이 처음이자 마지막이었다. 대학교 재학 시 학생들이 받은 성적이, 나중 취업하는 데도 적지 않은 영향을 미치기에, 좋은 학점을 받고 싶은 유혹이 '정직'보다 앞선 셈이다.

원격 시험에 따른 부정행위를 사전에 방지하기 위해, 학생마다 자신이 풀고 있는 문제의 번호를 다르게 한다든지, 시험 볼 때 자신의 휴대 전화기와 시험 보는 컴퓨터 화면을 연결해 교수가 학생의 시험 장면을 볼 수 있게 한다든지, 다양한 방법으로 부정행위를 원천 봉쇄하는 방안이 제시되었지만, 별 도움은 되지 못했다. 강의실이 아니라 학생 각자가 있는 곳에서 (집이든, 도서관이든, PC방이든 무관하였다.) 시험을 치렀으니, 부정행위를 누가, 어떻게 했는지는 알 수 없었다.

나도 마찬가지였다. 그 학생의 제보 이외에는 누가 부정행위를 했는지 전혀 알 길이 없었다. 처음엔 최종 학점을 부여하기 전에, 양심 고백을 하면 참고하겠지만, 만약 뒤늦게라도 부정행위가 밝혀지면 F 학점은 물론, 부정행위로 학교에 고발하겠다고 학생들에게 엄포를 놓았다. 첫날엔 아무런 응답이 없었다. 재차 경고했다. 한두 명이 양심 고백을 해 왔다. 시험을 칠 때 수업자료를 참고했다는 고백도 있었다. 양심 고백을 한 친구들이 극소수에 불과했다.

어쩔 수 없이 처음 내게 제보한 학생에게 PC방에서 함께 공부한 학생들의 명단을 제보해 달라고 했다. 물론 처음엔 명단을 알려주지 않았다. 세 번이나 전자 우편을 보내자, 그제야 몇몇 학생의 명단을 내게 일러주었다. 하지만 끝내 그 PC

방에서 함께 공부했다는 학생들은 양심 고백을 하지 않았다. 당시에는 끝까지 부정행위를 밝혀 학생들에게 그에 상응하는 학칙상의 벌칙까지 주려고 했다. 내 수업을 받은 학생들이 4학년 2학기라, 만약 학칙대로 하게 된다면, 부정행위를 한 학생은 해당 과목의 F 학점뿐만 아니라, 다른 과목에 대해서도 F 학점을 받게 되어 있었다. 그러면 졸업까지도 유예될 수밖에 없는 상황이었다.

세 차례에 걸친 경고 끝에 PC방에서 같이 공부한 친구들 가운데 몇몇이 고백을 해 왔다. 그중에 한 학생은 끝끝내 모른 체했다. 내가 직접 목격한 바가 없으니, 학생의 부정행위를 입증할 수도 없어, 그 학생에겐 A+ 학점을 부여했다. 물론 그 학생은 부정행위와 관련 없으리라 믿지만, 만에 하나 양심을 속이고 A+ 학점을 받은 것이라면, 언젠가는 양심에 부담으로 작용할 것이다.

양심을 고백한 학생들에겐, 시험 성적과는 상관없이 C+ 학점 이하 성적을 부여했다. 학칙대로라면 F 학점을 부여할 수도 있었지만, 그럴 수는 없었다. 그리고 학생들에게 일일이 전자 우편을 보냈다. 양심 고백해서 고맙고, 원칙상 자신이 받은 점수에 비해 낮은 학점을 부여할 수밖에 없어 미안하고, 또 그렇게 할 수밖에 없는 교수로서의 사정을 이해해 주면 고맙겠다는 내용이었다.

그보다 20여 년 전, 내가 40대 후반이었을 때이다. 당시에도 역시 4학년 2학기 전공 수업을 맡았다. 학생들의 수업 태도가 너무나 좋았다. 덕분에 가르치는 나도 신이 났다. 그 강의실에만 들어가면 왠지 모르게 설렜다. 보통 기말고사가 끝나면, 학생들의 성적이 미리 공개된다. 그때가 되면 자기가 받은 성적에 대해 상위 성적을 받고자 읍소하는 친구들이 네댓 명 정도 연구실로 찾아오는 경우가 일반적이다. 혹시라도 내 채점에 잘못이 있거나, 내가 5·16 장학금을 받았을 때와 마찬가지로, 성적이 떨어지면 장학금을 받지 못할 수도 있으니, 장학금과 관련된 의무 조항 때문이거나, 아니면 취업에 유리한 조건을 갖추기 위해서이다.

하지만 그 당시 성적이 공개되었을 때 아무도 나를 찾아오는 친구가 없었다. 무척 기분이 좋았다. 성심을 다한 내 강의에 동감해 준 그 친구들이 고마웠다. 해서, 교수로서 내가 해줄 수 있는 최선의 보답을 하고 싶었다. 학생들의 요청이나 읍소가 없었지만, 가능한 한, 학생들 대부분의 학점을 한 단계씩 올려 주었다. 이 내용은 내가 쓴 수필 중 대표작의 하나라고 볼 수 있는 「유리 화병」이란 작품에 고스란히 담았다.

원격 강의와 관련한 이야기로 다시 돌아가서, 그때 C+ 학점을 받은 학생이 그다음 해 우리 학과 대학원에 입학했다. 물론 나는 이미 정년퇴임한 때였으므로, 다른 지도교수 연구실에서 연구를 진행하고 있었다. 어느 날 그 학생의 졸업이 다 되어가던 즈음, 우연히 복도에서 그 친구를 만났다. 반가웠다. 석사 학위를 받았으니, 장래 진로를 물었다.

우리 대학교는 아니었지만, 우리나라 최상위 대학원의 박사 과정에 입학하였다고 했다. 너무도 기쁜 나머지 그 친구에게 악수와 함께, "축하한다. 그리고 미안하다."라고 말하면서 안아 주었다. 그때 학생이 말했다. "괜찮습니다. 그땐 제가 잘못한걸요." 학생의 그 한마디가 따뜻하게 내 가슴을 적셨다.

이런 게 바로 교단의 보람이구나 하는 생각 때문임은 물론이다.

그 밖에도 약 40년간의 교직 생활 동안, 학생들과 얽힌 이런저런 이야기들이 많다. 내가 펴낸 『강의실 너머』에 주요한 기억 보따리를 풀어 놓았다.

70

또 하나는 마지막 수업 시간에 있었던 일이다. 물론 정년 퇴임한 후에도 석학교수로 몇 학기 강의를 계속했지만, 2020년 가을 학기, 재임 교수로서 마지막 강의를 했을 때, 예고도 없이 강의실에 들어온 후배 교수들과 학생들이 베풀어 준 깜짝 파티는 정말 감동적이라 잊을 수가 없다. 내 강의를 들었던 우리 학과의 3학년 학생들이 마지막 인사를 적은 스티커들이 빼곡 붙은 액자 선물 (196쪽 사진 참조)과 함께 〈♪스승의 은혜♪〉를 불러 주었을 때 벅차오르는 감동으로 가슴속으로 차오르는 눈물을 감추느라 혼이 났었다.

그렇게 후배 교수들과 학생들이 퇴임 교수의 마지막 강의 시간에 모두 참석해 축하하고 석별의 정을 나누는 것은, 내 기억으로는 약 40년 교수 생활 중에 그동안 우리 학과를 스쳐 간 교수들 가운데엔 내가 처음이었기 때문이었다. "그래도 그동안 내가 헛산 게 아니었구나." 하는 생각이 들어 더욱 감동했다.

(마지막 강의 때 학생들이 나에게 준 스티커 액자 선물)

(2021년 2월 25일, 정년퇴임 고별 강연회)

나아가 후배 교수들은 나를 위하여 2021년 2월 28일, 정년퇴임을 사흘 앞둔 날인 25일, 고별 강연회 자리를 마련해 주었다. (196쪽 사진 참조) 38년 6개월 간의 교수 재직 중 내가 해 왔던 주요 연구 성과들을 간략히 소개하는 시간을 가졌다. 이날 학과의 후배 교수들은 물론이고, 내 재직 기간 동안 가장 큰 영향력을 끼치신, 조원제 교수님도 (약 20년 전에 은퇴하셨음에도 불구하고, 불편한 몸을 이끌고 나의 정년퇴임을 축하해 주기 위해 먼 걸음을 해 주셨다.) 함께해 주시어 참으로 고마웠다. 사진을 보면 코로나바이러스감염증-19로 말미암아 사회적 거리두기 정책을 펴고 있었을 때라, 모두 마스크를 착용하고 있다. 이것 또한 시간이 흐르면, 하나의 추억으로 남을 것이다.

71

또 다른 하나는, 38년 6개월간 연구실 서가를 장식했던 6천여 권의 영문 전공 도서를 쓰레기통에 버릴 수밖에 없었던 일이다. 영문 전공 서적이 대부분 이른바 해적 도서라, 도서관에 기증하려고 해도 받지를 않았다. 게다가 인터넷에서 웬만한 정보를 검색할 수 있는 시대라, 젊은 교수들도 내 책에 관심을 보여 주는 교수들이 없었다. 그러다 보니 그 책들을 전부 폐기 처분할 수밖에 없었다.

내 자서전을 읽는 일반 독자들을 위해 6천 권이 넘는 영문 전공 도서에 대해서는 약간의 설명이 필요할 것 같다. 요즈음과 같이 인터넷이 활성화되기 전인 1980~2010년도엔, 강의 준비나 연구를 위해서는 영문으로 된 전공 도서들을 참고하는 일이 필수적이었다. 당시의 추세에 발맞춰, 외국에서 출판되는 전공 도서를 불법으로 복사해 대학이나 연구소에 판매하는 업자들이 적지 않았다.

놀라운 복사 기술 덕분에 외견상은 원서와 거의 차이가 나지 않았다. 업자들은 전국의 대학이나 연구소 등을 직접 방문하면서 그렇게 불법 복사된 책들을 판매했다. 자신들이 복사, 제본하여 만든 영문 전공 도서들을 방문지에 두고 가면, 구매자는 형편이 될 때 언제라도 값을 치르면 되었다. 내 경우는, 매달 17일 나의 월급날 전후로 거의 예외 없이 내 연구실을 방문하는 그분들에게 외상으로 구매한 책값을 치르곤 했다.

그분들이 내 연구실을 방문하면, 적게는 두서너 권, 많게는 백과사전류의 책들 수십 권을 그냥 두고 갔다. 38년 6개월을 교수로 재직하다 보니 그렇게 그분들이 두고 간 책에다, 가끔 내가 직접 구매한 책들이 쌓여 6천 권이 넘는 장서가 연구실 서가를 가득 메우게 된 것이었다.

2014년 7월부터 시행된 저작권법 개정법률에 따라, 저작권 보호 조치가 본격적으로 시행되면서, 외국책의 불법 복사는 엄격히 금지되었다. 그에 따라 책 장수들의 방문도 뚝 끊겨버렸다. 당시 그 책 장수 분들이 내 연구실을 방문하면 다른 지역의 연구자들 근황도 함께 전해 주었다. 그분들은 책 장수이기도 했지만, 다른 지역의 동료 연구자들의 소식을 전해 주는 소식 배달부이기도 했다. 내 연구실에 찾아와 불법으로 복사 제본한 신간 영문 서적들을 놓고 가면서, 내가 아는 지인들의 안부와 함께 세상 사는 이야기들을 주고받곤 했다. 이 모든 기억은, 이른바 '라떼는 말이야~~~'라는 말처럼 먼 옛날의 추억으로만 남게 되었다.

미아 한센-로브가 감독을 맡고 레아 세이두(산드라 역)가 주연을 맡은 프랑스 영화, 〈어느 멋진 아침〉 (2022년 개봉)을 보면, 철학 교수였던 아버지가 유명을 달리하면서, 아버지의 많은 장서를 정리하게 되는 장면이 등장한다. 아버지가 남긴 책을 정리하면서 산드라가 초등학생 딸에게 건네는 말이 아주 인상적이다.;

"할아버지의 육신은 껍데기이지만, 이 책들엔 할아버지의 영혼이 담겨 있단다."

그 영화를 보고, 2025년 1월 펴낸 제7수필집 『어느 멋진 아침에』에도 썼듯이, 나도 6천 여권의 책들을 폐기할 때는 정말 착잡한 심정을 숨길 수 없었다. 단순히 책이 버려진 게 아니라 그 책 속에 든 내 영혼이 버려지는 느낌을 받았기 때문이었다.

다시 문학 이야기로 돌아가기 전에, 이제 연구 외적인 삶에 대해 몇 가지 회고하고자 한다.

14.
가톨릭 신자 대표, 부산대학교 부총장 등 연구 외적인 삶을 살며

천주교부산교구 평신도사도직협의회 회장, 도보 성지 순례, 그리고 프란치스코 교황 접견

72

연구 활동을 열심히 하면서, 종교 활동도 게을리하지는 않았다. 뜨거운 신심이 있어서라기보다는, 석사 학위 취득 전후의 기적적인 신앙 체험 때문이었다. 또한, 공대 교수로 임용될 때의 예사롭지 않은 채용 과정, 공학자의 절대적 능력이 부족하였음에도 허영삼 군의 도움 덕분에 비교적 수월하게 취득할 수 있었던 박사 학위, 교수 생활하면서 나에게 주어진 이런저런 수상들을 경험하면서, 신에 대한, 나의 하느님께 대한 고마움의 뜻에서 주일 미사는 빠지지 않고 참석해 오고 있다.

앞서 언급한 바 있는, 선배이자 동료 교수였던 조원제 교수님의 소개로 부산대학교에 가톨릭교수회가 있는 것을 알게 되었다. 지금까지 가톨릭교수회 활동을 하게 된 계기이다. 총무를 거쳐 회장도 역임하였다.

2007년, 천주교부산교구 설정 50주년을 즈음한 여러 가지 행사들이 부산교구 차원에서 진행되었다. 각 단위 대학에 가톨릭교수회가 있고, 단위 대학들이 모인 부산교구 가톨릭교수회가 있다. 그해 가을 부산교구 가톨릭교수회는 천주교부산교구 설정 50주년을 기념하는 세미나를 준비했다. 그 세미나에서 나는, '가톨릭교수회- 과거, 현재 그리고 미래- 부산교구 설정 50주년을 맞는 반성'이란 제목의 주제 발표를 했다. 부산의 회원 대학교수들이 주제별로 나눠 발표하게 되어 있었다. 어쩌다 내가 부산대학교 대표로 주제 발표를 하게 된 것이었다.

이 세미나를 회고하는 까닭은, 나중에 내가 40여만 명의 부산교구 천주교 신자를 대표하는 천주교부산교구 평신도사도직협의회(약칭; 교구평협) 회장직으로 봉사하게 되는 계기가 되어 주었기 때문이다. 아마 이 자리에 이정우 당시 교구평협 회장님이 참석하셨나 보다. 2008년 새해로 바뀐 지 얼마 되지 않은 어느 날, 이정우 회장님께서 나에게 전화를 걸어왔다. 지난번 그 세미나에서 발표한 내 강연 내용이 아주 인상적이었다며, 교구평협에서 봉사를 해 주면 좋겠다고 했다. 나중에 알고 보니 당시 5년간 교구평협 회장직으로 봉사해 오신 이정우 회장님은, 부산고등학교 선배일 뿐만 아니라 부산대학교 총동문회장을 역임한 분이었다. 그러니 같은 고등학교/대학교를 나온 대선배의 엄명(?)을 거스를 수는 없었다.

그해 3월 8~9일, 양산의 정하상 바오로 영성관에서 개최된 교구평협 회장단 연수 및 정기총회에서 장춘길 회장님께서 선출되면서 나는 교구평협의 부회장직을 맡게 되었다. 교구평협 부회장은 별로 하는 일은 없었지만, 매달 열리는 회의에 참석하거나, 회장 및 다른 임원들과 함께 교구 차원의 행사에 나가 봉사하는 일에 참여하거나 하였다. 그러다 2010년 3월, 김해권 회장님께서 다음 교구평협 회장으로 새로 선출되셨다. 김해권 회장님을 도와 다시 부회장으로서 다른 임원들과 함께 교구평협 봉사를 하게 되었다. 하지만 다시 부회장으로 임명된 지 6개월도 채 안 된 2010년 가을, 1년 여정으로 미국 UCLA로 연구년을 떠나게 되었다.

2011년 가을, 연구년을 끝내고 다시 교구평협으로 되돌아왔다. 나머지 6개월간 김해권 회장님을 도와 부회장으로서 교구평협을 위한 마지막 봉사를 하고 있던 중이었다. 가을이 깊어 가던 어느 날, 뜻밖에 나에게 차기 회장직을 맡으란 권유를 받았다. 사실 교구평협 회장 자리는 그 자리에 걸맞은, 존경받을 만한 신자 대표가 앉아야 할 자리였다. 그 전 회장들은 예외 없이 자신이 속한 성당('본당'이라 한다)의 회장을 역임하신 분들이었다. 교구평협은 각 본당 회장들로 이루어진 부산교구 전 성당 신자 대표들의 모임이다. 때문에, 최소한 자기 소속 본당에서의 회장직 역임 경력은 따로 강조하지 않아도 당연지사였다.

게다가 나중에 안 사실이지만, 회장은 물론 임원들 대부분이 '꾸르실료' 교육을 수료한, 독실한 신자들이었다. '꾸르실료'란 '단기 과정'을 뜻하는 스페인어인데, 천주교회에서 성당 내 지도급 신자들에게 3박 4일간의 단기과정을 통해 신앙 강습을 받게 하는 과정을 의미한다. 각 성당에서 회장이 되거나, 임원급으로 봉사하려면, 거의 예외 없이 이 꾸르실료 과정을 이수해야 한다.

하지만 나는 본당 회장을 역임한 적도 없고, 꾸르실료 교육을 받은 적도 없었다 (나중에 교구평협 회장이 된 이후, '면치레'로 꾸르실료 교육을 이수하였다.). 나아가 세례받은 본당에서의 청년 성가대 활동 이외, 40대에 한 번 더 2년 정도 소속 본당 성가대 활동을 한 것밖에는 없을 정도로, 본당 활동과는 무관한 신자였다. 오로지 세례받고 과학원 박사 과정 재학 시 가톨릭학생회 활동을 한 것과, 교수로 재직하면서 부산대학교 가톨릭교수회 활동을 한 것뿐이었다.

그러기에 교구평협 회장직을 맡는다는 것은 말이 안 되는 일이었다. 더구나 1년간 해외 연구를 떠나는 바람에 교구평협 부회장으로서의 봉사도 제대로 하지 못한 사실도 있고 해서 극구 사양했다. 하지만 어쩌겠는가? 신앙의 일이니 하느님의 뜻이라고 볼 수밖에. 결국 순명하는 마음으로 회장직 권유를 받아들였고, 2012년 교구평협 정기총회에서 제37대 교구평협 회장으로 선출되었다.

그뿐만 아니라, 당시 천주교부산교구 교구장이셨던 황철수 주교님과 담당 사제이셨던 현 교구장 손삼석 주교님의 자상하신 배려 덕분에, 2년 뒤인 2014년 교구평협 회장으로 연임되어 2년을 더 봉사하였다. 교구평협 회장으로 봉사하면서, 부산교회사연구소(당시 소장 한건 신부)와 함께, 수영 장대골 성지에서 오륜대 성지까지, 신앙을 위해 목숨을 바친 우리 부산교구 순교자들의 시복시성(諡福諡聖)을 위한 도보 성지 순례를 이끌었다. 매달 마지막 토요일 오후, 신자들과 함께 기도하며 약 14.7 km를 함께 걸었다. 시복 시성 운동이란, 천주교에서 복자(福者)나 성인(聖人) 칭호를 부여하고, 공적인 공경을 바치도록 하는 선언을 얻기 위해 추진하는 일이다. 곧 시복과 시성은 천주교에서 성덕(聖德)이나 순교로 명성이 있는 사람들에게 복자나 성인 칭호를 부여하고 명부(名簿)에 올리는 것을 말한다.

물론 '제1회 시복 시성을 위한 도보 성지 순례'는 그 전에 장춘길 회장님이 교구평협 회장으로 재임할 때인 2008년 8월 30일부터 시작되었고, 장춘길 회장님의 후임이자 나의 전임 회장이셨던, 김해권 회장님 재임 기간에도 계속되었다.

73

2014년 8월 14일, 가톨릭교회의 으뜸인 로마 교황청의 프란치스코 교황께서 4박 5일의 일정으로 우리나라를 방문하였다. 과거 조선왕조 치하에서 박해를 받았던 천주교 신자들 가운데서 윤지충 바오로와 123위 동료 순교자들의 시복식을 주관하기 위해 오신 것이었다. 또한, 천주교대전교구에서 열린 아시아 청년대회에 참석하기 위해 방한했다. 이는 1989년 요한 바오로 2세 교황 이후 두 번째이자 마지막으로 방한한 지 25년 만이었으며, 프란치스코 교황의 교황좌 착좌 후 두 번째 아시아 지역 방문이었다.

2014년 프란치스코 교황의 한국 방문을 기회로, 『시복

시성을 위한 도보 성지 순례 백서』를 발간한 것이 가장 큰 추억으로 남아 있다. 2008년 8월부터 2014년 5월까지의, 시복시성을 기원하며 열린 도보 성지 순례 활동기와 시복 시성 추진 과정을 담았다. 그해 9월 27일, 1만 명의 신자들이 모인 가운데, 부산 사직실내체육관에서 교구장 황철수 주교님과 사제단 공동집전으로 거행된, 부산교구 순교자 이정식(요한)·양재현(마르티노)의 시복 감사 미사에서 그 백서를 봉헌하였다. 하지만 순교자들의 시복 시성은 아직도 미완성으로 남아 있는 상황이기 때문에, 그 이후로도 현재까지, 교구평협의 내 후임 회장들이 계속해서 도보 성지 순례를 이어 나가고 있다.

8월 15일, 천주교대전교구 평협의 초청을 받아 우리나라의 광복절이자, 가톨릭교회의 중요한 대축일 중 하나인, 성모승천대축일 미사에 참례하기 위해 대전을 방문했다. 대전 월드컵 경기장에서 프란치스코 교황이 집전하는 미사였다. 이때 미사를 집전하시는 교황님을 먼발치서 뵙긴 했지만, 다음날인 8월 16일 오후엔, 충청북도 음성군 꽃동네 희망의 집에서 평신도 대표 153명 중 한 명으로 교황님을 지근거리에서 접견할 수 있었다. 『신약성경』의 「요한복음」 21장 10~11절을 보면, 갈릴래아 호수에서 고기를 잡고 있던 사도 베드로가, 부활해 나타나신 예수님의 말씀에 따라 호수로 그물을 던졌더니 153마리의 물고기가 잡혔다고 적혀 있다. 그런 의미에서 우리나라의 평신도 대표 수를 153명으로 정해 접견하도록 한 것이었다. 당시 부산교구 평협의 부회장 5명과 함께 꽃동네로 가서, 교황님을 직접 접견할 수 있었다. (206쪽 〈국제신문〉 2014년 8월 16일 자 인터뷰 기사 참조)

2014년 8월 16일 토요일 **국제신문**

"부산지역 신자들 노력, 124위 시복식 이끌어내… 교황 만남은 영광일 따름"

■ 하창식 평신도사도직협 회장

김준용 기자

"영광스러울 따름입니다. 교황님은 오늘(15일) 미사에서 청소년과 사회적 약자를 강조했습니다. 16일 만남의 자리에서는 평신자 대표들에게 청소년에게 모범이 되는 삶을 살라는 말씀을 하실 것으로 보입니다."

천주교부산교구 평신도사도직협의회(이하 부산평협) 하창식(사진·부산대 교수) 회장은 이렇게 말했다. 그는 15일 대전월드컵 경기장 성모승천대축일 미사에 참가했고, 16일 오후 충북 음성 꽃동네에서 '교황과 전국 평협 대표들의 만남' 등에도 참가하는 부산 지역 평신자 6명 중 한 명이다. 부산평협에서는 하 회장을 비롯해 김영득(남천성당) 전상해(광안성당) 도용회(이기대성당) 남영자(사직성당) 김태창(수영성당) 부회장이 16일 행사에 참가한다.

부산평협과 하창식 회장에게 이번 교황 방문은 특별한 의미를 지닌다. 부산평협은 부산 지역 순교자의 시복을 위해 많은 노력을 기울였다. 그중 가장 대표적인 것이 2008년부터 꾸준히 이어진 '도보순례 행사'(**본지 지난 5월 24일자 14면 보도**)다. 매달 마지막 토요일 광안성당(수영 장대골성지)부터 오륜대순교자성지까지 14㎞가량을 걸었다. 6년이 넘는 기간 단 한 번도 거르지 않았다. 지난 5월 24일 70회로 끝마쳤다.

일반 평신도의 움직임이지만, 시복식에 큰 영향을 미쳤다. 하 회장은 "일반적으로 순교자가 시복식에 포함되기 위해서 10년이 넘는 시간이 걸리기도 한다"며 "이번 윤지충과 동료 123위 시복식은 도보 순례 이후 6년 6개월 만에 성사됐다. 부산 지역 신자들의 노력에 힘입은 결과라고 생각한다"고 말했다.

부산평협은 다음 달 사직체육관에서 신자 1만여 명과 함께 '시복감사미사'를 열 계획이다. 하 회장은 "이번 교황 방한을 계기로 평협에서는 1990년대 '내 탓이오' 운동처럼 'OO처럼 살겠습니다' 운동을 계획하고 있다"고 말했다.

(〈국제신문〉 2014년 8월 16일 자 인터뷰 기사)

이때 프란치스코 교황님과의 만남에서 무엇보다 잊을 수 없는 기억은 그분이 앉았던 의자에 관한 것이다. 우리 평신도 일행은 꽃동네 강당에서 기도와 함께 다른 일정을 마치고 오실 그분을 기다리고 있었다. 중앙 위치에 그분이 앉을 의자가 놓여 있었는데, 다른 분도 아닌 교황님이 앉을 의자라 아름답고 튼튼하게 만들어진 원목 의자였다. 교황의 방문을 생각해 새로 만든 의자인 것 같았다. 좀 과장해서 말하자면 옛날 임금님이 앉을 만한 고급스럽고 품위 있는 의자였다. 교황은 세계 모든 가톨릭교회의 수장이 아니던가? 그러니 그런 의자를 준비한다고 해서 전혀 어색할 리 만무했다. 하지만 우리가 기다리고 있는 동안에 교황 의전팀들이 미리 방문해 우리가 접견할 강당을 둘러보더니 갑자기 꽃동네 준비팀에게 무엇인가를 요청하는 것이었다.

무슨 일인가 하고 생각하던 중에, 꽃동네 준비팀은 같은 건물 식당에 있던 볼품없는 식당 의자 하나를 들고 왔다. 색이 바래고, 헤진 의자였다. 그러고는 그 임금님의 의자 같은 원목 의자를 치우고, 그 자리에 그 볼품없는 식당 의자를 두었다. 그리고 얼마 후 우리를 방문한 교황님은 그 의자에 앉으셔서 환한 미소로 "변방에 나아가 봉사하라."는 내용의 말씀을 우리에게 해 주셨다. 그리고 우리 모두에게 강복(降福)해 주신 후, 다음 일정을 위해 자리를 떠나셨다.

그분이 우리나라를 방문하셨던 당시, 고급 승용차 대신, 기아 자동차의 SOUL 같은 조그만 SUV 차량에 탑승해 우리나라 신자들을 접견한 것은 당시 신문에 대서특필될 정도로 잘 알려진 사실이다. 꽃동네에서의 그 의자 사건(?)을 접하면서, 프란치스코 교황님의 참모습을 직접 내 눈으로 확인한 것이다. 가톨릭 신자로서 내 평생 가장 기억에 남는 한 장면이다. 이 자서전을 집필하는 동안, 프란치스코 교황님은 88세의 나이로 선종(2025년 4월 21일)하셨다. 2013년 3월, 베네딕토 16세 교황에 이어 새 교황이 되신 뒤 12년 만에 선종하신 것이다. 그분이 하늘나라에서 영원한 안식을 누리시도록 기도드린다.

부산대학교 부총장

74

만 56세가 되던 2012년은, 나에겐 이른바 '자리 복'이 터진 해였나 보다. 그해 한국접착및계면학회란 학술단체의 회장을 맡았고, 부산대학교 부총장직도 역임하게 되었다. 교구 평협 회장, 대학 부총장, 학회 회장 등, 세 가지 일을 맡아 바쁜 한 해였다.

1987년, 대학생 시절의 영어 신문사 기자 경력 덕분인지, 1년간 대학 영어 신문사인 〈Hyowon Herald〉 지도교수를 역임한 바 있다. 그리고 1999년, 부산대학교 기획부실장을 맡게 되었다.

1999년 6월, 우리 대학에 총장 선거가 있었다. 당시엔 대학 총장 직선제 도입 이후, 대학 내 총장 선거가 과열되는 것에 대한 방지책의 하나로, 대학의 외부 인사도 총장 후보로 영입하는 것이 가능하게 되어 있었다.

이 때문에 그해 부산대학교 총장 선거에서, 일부 교수들이 서울대학교 교수를 거쳐 청와대 대통령비서실 경제수석비서관, 재정경제부 장관과 통상산업부 장관을 지낸 분을 총장 후보로 영입해 선거전에 뛰어들었다. 선거 결과 그렇게 영입된 분 (박재윤 총장)이 당선되어, 4년간 부산대학교 총장직을 역임하였다.

당시 부산대학교 교수들 가운데에서도 여러 명이 총장 후보로 나섰다. 그분들을 제치고 외부 영입 인사가 당선되자, 학교 내부 통신망의 자유 게시판을 통해 장문의 글로 의사 표시를 하였다. 부산대학교 출신에다 부산대학교에서 근무한 지 17년 되었던 때라 학교 사랑이 지나쳤던 것으로 생각된다. '우리 대학 내에 인물이 얼마나 없었으면, '정치꾼'인 외부 인사가 당선되나?' 하는 자괴감과 울분(?)을 토로했던 것이다. 그땐 무슨 용기로 그렇게 했는지 모르겠다. 당시 40대 초반으로 아직도 젊은 혈기(?)에 글을 올렸지만, 이내 후회했다. 이미 1천 건 정도의 조회 수가 기록되었다. 교수를 포함해 교직원들 대부분이 내 글을 읽었을 것이다.

그해 9월에 박재윤 총장의 임기가 시작되었고, 나는 여느 때와 마찬가지로 강의하고 연구하면서 바쁜 시간을 보내었다. 겨울방학이 지나고, 이듬해 3월 초 개학이 된 지 얼마 되지 않았을 때, 총장실에서 전화가 왔다. 기획부실장을 맡아 달라는 박 총장의 전화였다. 부산고등학교 선배라 이름은 들어본 적이 있었지만, 그 전엔 일면식도 없던 분이었다. 더구나 그분의 총장 선거를 위한, 이른바 캠프 참여 교수도 아니었다. 아마도 자신이 총장으로 당선되었을 당시 내가 올린 그 게시글 내용을 보고, 포용 차원에서 일을 맡긴 것일지도 모르겠다. 주위의 선배 교수에게 조언을 구하니, 기회가 왔을 때 학교 발전을 위해 일하는 것도 중요하다고 했다. 고심 끝에 기획부실장직을 수락하였다. 기획연구실의 기획부실장을 맡아 1년 정도 (2000년 3월~2001년 2월) 봉사하였다. 또한, 기획연구실 소속이던 대학 홍보실장도 겸임하였다.

대학의 기획연구실 혹은 기획연구처는 교수들의 연구를 지원하고, 대학 발전을 위한 각종 기획 업무를 하는 일을 한다. 나도 이왕 본부 보직을 맡았으니, 대학 발전을 위한 기획 업무에 참여하고 싶었지만, 내가 하는 일은 총장 연설문이나 기고문을 대신 써주는, 일종의 스피치라이터(speech writer) 역할이 주된 업무였다.

지금 생각해 보면, 아마도 학교 내부 통신망에 올린 내 글을 보고, 자신을 '정치인'이라고 비판하였지만, 글 자체는 조목조목 강단(?) 있고 논리적이라 판단해, 자신의 연설문이나 기고문의 초안을 맡겨도 되겠다는 판단이 섰기 때문이었을 것으로 짐작된다. 아무튼 내가 원래 생각하고 있었던 기획 업무가 아닌, 다른 역할이 주어진 데 대해 적이 실망하였다. 게다가 이 자리를 맡기 전부터 예정되어 있었던, 일본 동경공업대학교에서의 방문 연구 준비 관계로, 원래 8월말까지 되어 있던 임기를 채우지 않고, 도중 사의를 표하였다. (2001년 8월, 한 달간 일본의 도쿄공업대학에서 방문 연구를 수행하였다.)

박재윤 총장은 양산 부산대학교 병원과, 의과대학, 치의

학전문대학원, 한의학전문대학원 등이 들어선 총 35만 평의 양산 캠퍼스를 확보한 혁혁한 공로를 남겼다. 당시 부산이 아닌 경남 양산으로 부산대학교 장전동 캠퍼스를 옮긴다는 왜곡된 정보로 부산 시민을 선동하며, 강력히 반대한 부산시의 엄청난 반발을 무릅쓰고 이루어 낸 성과였다. 부산시와의 싸움에서 단식 투쟁도 마다하지 않았던 추진력과 결단력은 높이 살 만하다.

다만, 고위직을 역임한 분들에겐 누구에게나 공과(功過)가 있게 마련일 것이다. 박 총장은 자신의 선거 공약인 '환태평양 지역 명문 대학' 육성이란 목표에 집착한 나머지, 모든 연설문에 '환태평양'이란 단어가 빠짐없이 들어 있는지 살폈다. 그뿐만 아니라, 학생들의 교과 과목에도 '환태평양'의 이름을 사용하는 데 집착했다. '환태평양 컴퓨터', '환태평양 영어' 등. 당시 '교양영어' 교과목을 '환태평양 영어'로 바꾸게 하자, 일부 교수들로부터 "학생들에게 태평양 섬 국가들, 가령 '피지 영어'를 배우게 하란 말인가?" 같은 불만이 터져 나오게 하기도 했다.

2003년 8월 말, 박재윤 총장의 임기가 끝나고, 차기 총장 선거에서 당선된 의과대학의 김인세 교수는 2003년 9월부터 2007년 8월 말까지 총장직을 수행하였다. 김인세 총장은 다음 총장 선거에서도 당선되어 연임되었다. 김 총장은 총장 재임 시절, 양산 부산대학교 병원 개원, 밀양대학과의 통합, 한의학전문대학원 유치 등의 괄목할 만한 교육, 연구 인프라 확충 업적을 남겼다. 그럼에도 불구하고 부산대학교 정문 옆 NC백화점과 연관된 효원굿플러스 문제로 인한 불행한 일로

2011년 8월 말, 중도에 그만두게 되었다. 안타깝게도 이 일로 한때 영어(囹圄)의 몸이 되기도 했다.

2006년 6월, 부산대학교는 효원이엔씨와 민간투자협약(BTO)을 체결하고 캠퍼스 안에 쇼핑몰이 있는 효원굿플러스(나중에 효원문화회관이란 명칭으로 변경됨)를 설립했다. 당시 국립대학교 최초로 민자형 수익사업을 벌인 선례라는 점에서 상당한 관심을 끌었다. 효원이엔씨는 시설물을 부산대학교에 기부 채납하는 대신 30년간 건물의 관리 운영권을 부여받았다. 하지만 수익성 악화로 실패한 데다, 효원이엔씨가 이 시설물을 위해 금융기관으로부터 받은 대출금과 관련해 맺은 800억 원이 넘는 거액의 계약 해지 시 지급금 약정 때문에 부산대학교는 그때부터 질곡의 강을 건너야 했다. 이후 부산대학교는, 부산대학교-농협은행-효원이엔씨-이랜드리테일(NC백화점 소유주)-입주 상인들 간의 지루한 법정 싸움에 휘말리게 되었다.

김 총장이 물러나면서 김덕줄 당시 부총장이 총장 직무대행을 맡아 차기 총장 선거를 관리하게 되었다. 2011년 7월, 우리 대학에서 총장 선거가 있었다. 선거 결과 1, 2위를 차지한 두 명의 후보자가 모두 선거법 위반으로 문제가 된 바람에, 2011년 11월 다시 총장 선거를 하게 되었다. (그 대학의 교수들이 참여한 총장 선거에서 1, 2순위의 후보자가 선출되면, 그 두 교수의 명단을 교육부를 통해 대통령실에 올리고, 대통령은 그중의 한 명(대개 1순위 교수)을 총장으로 임명하게 되어 있다. 하지만 당시 두 후보자가 모두 선거법을 위반하였기에, 총장 재선거를 하게 된 것이었다.)

그 선거에서 총장으로 당선된 김기섭 교수가 어느 날, 나에게 부총장을 맡아달라고 요청하였다. 당시 우리 대학에서는 양산 캠퍼스를 총괄하는 의무 부총장과 장전동 캠퍼스를 총괄하는 부총장, 2명의 부총장을 두게 되어 있었다. 총장 선거와 무관했던 나에게, 왜 그런 자리를 요청하였을까 싶어, 처음엔 무척 의아했다. 하지만 나중에 생각해 보니, 총장으로 당선된 자신이 인문대학 교수였기에, 이공계 교수 중에서 자신을 보필해 학교 운영에 도움이 될 만한 교수를 찾다 보니 나를 선택하였을지도 모르겠다는 생각이 들었다.

선거에 관여하질 않았으니, 내가 발탁된 자세한 내막은 아직도 모르겠다. 아마 앞에서 언급한 바 있듯이, 부처장급의 기획부실장을 역임한 바 있고, 또한 그동안 쌓아 올린 나의 이미지가, 학교를 대표하여도 나쁘지 않을 것이란 판단에서 나를 부총장으로 임명하지 않았을까 하는 생각은 해 본다. 아무튼 이렇게 해서, 전혀 생각해 본 적도 없었던, 부총장이란 감투를 쓰게 되었다. 기초교육원장도 겸임해서 학생들의 교양교육을 위한 담당 과목 선정, 운영 체제 등에 대한 업무도 함께 보았다. 기초교육원은 나중에 내가 부총장을 그만둔 후 의무 부총장 외, 두 명의 부총장제와 함께 학칙 변경으로 교양교육원으로 변경되었다.

부총장 시절, 기획처 중심으로 김인세 총장 시절부터 계속되어 온, 효원문화회관 문제 해결을 위해 동분서주하던 학교 당국의 모습이 머릿속에서 가시지 않는 기억으로 남아 있지만, 효원문화회관 문제는 오늘 현재까지도 여전히 숙제로 남아 있어 안타까움을 금할 길 없다.

한편, 김인세 총장 당시인 2003년 10월, ㈜ 태양의 설립자였던 경암 송금조 회장은 부산대학교에 당시 개인 자격으로는 우리나라 역사상 최고액 수준인 305억 원을 기부하기로 약정하고 2006년 8월까지 그중 195억 원을 출연했다. 여기에는 전임 박재윤 총장의 노력이 컸다. 그는 2003년 초, 송 회장에게 부산대학교가 양산 캠퍼스 부지 대금 부족으로 어려움을 겪고 있으니 도와 달라고 부탁했다. 그 제안을 받은 송 회장은 고심 끝에 결단을 내렸다. 마침 양산이 송 회장 자신의 고향일 뿐만 아니라 선산이 있는 곳이라 결단을 내리는데 도움이 되었다.

2003년 9월, 박재윤 총장 후임이 된 김인세 총장은 송 회장에 대한 감사의 뜻으로 11월에 그에게 명예 경영학박사 학위를 수여하기도 했다. 나아가 2004년 11월, 대학본부동 앞에 그의 동상을 세웠다. 하지만 2006년 말 ~ 2007년 초에 김 총장이 송 회장의 기부금 일부를 교수들의 학술 연구 조성비 등으로 사용하자, 그에 대한 문제가 제기되었다. 그런 연유로 송 회장 측은 2008년 7월에 부산대학교가 자신의 기부금을 당초 약속대로인 양산 캠퍼스 부지 대금 이외의 목적에 사용했다며, 나머지 기부금은 줄 수 없다고, 부산대학교 측에 소송을 걸어왔다. 이때부터 부산대학교는 송 회장 측과 불편한 관계가 이어지게 되었다. (2008년 7월 소송이 제기된 이후 2009년 5월, 1심부터 시작해서 2011년 6월, 2심을 거쳐, 2012년 10월, 대법원에서 부산대학교 측의 승소로 끝나면서, 지루한 법정 싸움이 끝났다.) 2011년 8월, 김인세 총장이 물러난 뒤, 김덕줄 총장 직무대행 다음으로 총장으로 취임한 김기섭 총장은 송 회장 측과의 관계 개선을 위해 많은 노력을 기울였다. 송 회장 내외분과 함께 식사까지 하면서, 직접 사과 의사를 밝히기도 했다.

이후 차기 총장들 또한, 송 회장 측과의 관계 개선을 위해 많은 노력을 기울였다. 부산대학교는 장전동 캠퍼스에 있는 체육관을 경암 체육관, 양산 캠퍼스에 있는 의과대학 건물을 경암 의학관, 신축 정보의생명공과대학 건물을 경암 공학관 등으로 이름 짓는 등, 그분에 대해 최대한의 예우를 아끼지 않았다. 2020년 7월, 송 회장이 별세했을 때는 그분의 장례를 부산대학교·경암교육문화재단장(葬)으로 치르기도 했다.

내가 부총장으로 재직하던 시절, 효원문화회관 문제 말고도, 총장 직선제 문제는 정말 뜨거운 감자였다. 당시 전국적으로 불길처럼 번진 대학 총장 직선제 이슈 때문에 2년 임기를 다 채우지 못하고, 학교의 다른 본부 보직자들과 같이 자의 반 타의 반으로 부총장직을 그만두게 된 점은 아쉬웠다. 이왕 부총장을 맡게 되었으니, 총장을 도와 학교 발전을 위해 연구 활동을 포함해 나 자신을 희생할 각오 하고, 나름대로 부총장으로서의 직무를 성실히 해 나가던 중이었다. 내가 하고 싶었던, 학교를 위한 봉사 업무를 제대로 마치지 못해 아쉬웠지만, 사정상 어쩔 수 없었다.

2012년 1월, 당시 이명박 정부는, '2단계 국립대학 선진화 방안'을 통해 직선제로 국립대학교의 총장을 뽑는 제도를 간선제로 바꾸도록 유도했다. 간선제는, 교수뿐만 아니라, 교직원, 학생, 동문회와 외부 인사까지 포함된 50명 정도의 총장임용추천위원회를 구성하고 이 위원회에서 투표에 의해 총장 후보를 선출하도록 하게 한 것이다. 여태껏 모든 정부에서 그래왔던 것처럼, 당시에도 교육부에서는 이런저런 대학 지원책에 관한 예산을 볼모로, 국립대학교마다 간선제를 강요하는 분위기가 있었다.

1988년부터 대학교마다 총장들을 교수들이 직접 뽑는 직선제가 시행되어 왔다. 하지만 그동안 교수들이 총장을 직접 뽑는 대학교에서 마치 캠퍼스 밖 사회의 정치판처럼 총장 선거가 과도하게 과열되는 측면도 있었다. 때문에, 일부에서는 총장 간선제를 선호하는 교수들도 적지 않았다. 아무튼 이런 분위기 아래 교육부에서는 교육역량을 강화한다는 명목으로, 대학교에 대해 총장 직선제 포기를 강요하였다. 특히 정부 예산으로 운영되는 국립대학교 경우 교육부의 압력이 상당히 강했다.

부산대학교 또한, 당시 김기섭 총장은 고심 끝에 대학의 미래를 위해 총장 간선제를 받아들이려고 했다. 하지만 학내의 일부 교수들에 의한 반발이 만만찮았다. 심지어 인문대학 일부 교수들은 총장실을 점거하여 직선제 수용을 요구하는 농성을 벌이기도 했다.

거의 6개월 이상 총장실 점거 농성이 이어졌다. 총장실을 점거해 농성하던 교수들은, 간선제를 수용하고자 한 결정에 대한 책임으로 총장직 사퇴를 요구하였으나, 취임한 지 1년도 안 된 총장이 자리를 물러날 수는 없었다. 대신 부총장을 비롯해 교무처장, 학생처장, 기획처장, 곧 대학의 주요 고위직 보직 교수 4명이 사직서를 제출함으로써 그들의 농성 사태가 해결되게 되었다. 2013년 2월 말이다.

게다가 2015년 8월, 인문대학의 모 교수가 총장 직선제를 주장하며 투신자살하는 불행한 사태가 일어났다. 이에 김기섭 총장은 어쩔 수 없이 정부의 압력에도 불구하고 교수들이 요구한 직선제를 받아들이고, 자신은 총장직에서 내려왔다. 이로써 9월부터 안홍배 당시 교육 부총장이 총장 직무대행을 맡으면서, 차기 총장 선거를 준비했다.

당시 몇몇 국립대학교들은, 총장임용추천위원회에 의한 간선제 총장 선출 방식으로 제도를 바꾸어 총장 후보자를 선출하기도 했으나, 선출 과정에서 잡음이 끊이지 않았고, 심지어 선출된 후보자의 임용이 장기간 보류되는 등 문제가 적지 않았다. 이런 가운데 부산대학교에서만 총장 직선제를 그대로 유지하면서 2015년 11월, 안홍배 총장 직무대행 시절 치러진 총장 선거로 전호환 당시 대외협력 부총장이 차기 총장으로 당선되었다. 이때 교육부는 총장 간선제를 고수하며 7개월 동안 임명 결정을 미루다가 2016년 5월이 되어서야 총장으로 임명했다.

2017년, 문재인 정부가 들어서면서 대학교, 특히 국립대학교에서의 총장 직선제가 부활되었다. 처음 총장 직선제가 시행될 때는 교수들만이 투표권이 있었으나, 점점 민주화를 요구하는 사회적 분위기에 힘입어 교직원과 학생들에게도 투표권을 부여하게 되었다. 오늘날은 국립대학교 총장 선거에서 학생이나 교직원들의 투표가 총장을 선출하는 데 캐스팅보트가 되는 경우도 적지 않다.

내가 부총장직을 그만둔 후, 김 총장은 원래 자신의 공약대로 의무 부총장 외, 부총장의 직분을 세분하여, 교육 부총장과 대외협력 부총장으로 나누는 것으로 학칙을 변경하였다. 교육 부총장은 대학 내 교육 중심으로 총장을 보필하고, 대외협력 부총장은 대학의 대외 업무를 전담한다는 취지에서 변경한 것이다. 사립대학교의 경우 처장급 대신 여러 명의 부총장을 두기도 한다. 아마 대외 업무를 펼 때 보직자에게 좀 더 힘을 실어주기 위해서가 아닌가 한다. 아무튼 2013년 2월 28일부로 부총장직에서 내려왔다.

정부도 마찬가지이고, 대학교의 총장들도 자신들의 학교 운영 철학에 따라 새 직제를 만들기도 하고 없애기도 한다. 개인적으로는 이렇게 권력자의 입맛대로 부처를 함부로 바꾸는 것을 좋아하지 않는다. 현재까지도 부산대학교는 의무 부총장과 2명의 부총장제를 유지하고 있으니, 나는 의무 부총장 외, 두 부총장직을 겸임했던 셈이다.

총장 대신에 학교를 대표하여 인사말을 하거나, 교무회의 같은 학교의 주요 회의에 참석하는 게 부총장의 주된 업무였다. 물론 매주 1회, 총장이 주재하는 가운데 다른 고위 보직 교수들과 함께 정책회의를 가지고 대학의 주요 현안을 논의하는 것도 주요 업무였다. 또한, 교육공무원 일반징계위원회 위원장처럼 학교를 대표하여 각종 위원회의 장으로 이런저런 회의를 주재하곤 했다. 때로는 교무처장과 함께 단과대학 학장 선거 관리를 하기도 했다. (총장이 임의대로 단과대학의 학장을 임명해도 학칙상 아무런 문제가 없었지만, 총장 직선제 수호 분위기 때문에, 학장 선호도 조사란 명목으로 단과대학에서도 학장 선거를 하기도 했다.) 그렇지만 기업이나 일반 단체의 부회장처럼, 실질적인 최종 의사 결정권자가 아니기 때문에 하는 일이 제한적이었다. 그런 가운데, 그래도 부산대학교 부총장 직무에 관련하여 기억에 남는 일은 두 가지가 있다.

75

하나는, 2012년 당시 대학과 기업의 산학협력을 지원하기 위하여, 보다 체계적이고 종합적으로 대학을 지원해야 할 필요성이 대두됨에 따라 교육과학기술부에서, '산학협력 선도대학(LINC) 육성 사업'을 마련하였다. 2012년부터 2017년까지 5년(2년+3년)간 51개교를 대상으로 1천7백억 원을 지원하는 사업이었다. 이 LINC 사업에서 부산대학교는, 산업체를 위한 기술을 개발하고, 이를 이전 및 사업화하는 것에 초점을 둔 기술혁신형 유형으로 응모하게 되었다.

당시 부산대학교에서도 공과대학, 경제통상대학, 나노과학기술대학 등 6개 단과대학이 참여하여 LINC 사업을 유치하기 위한 준비를 하고 있었다. 부총장 자격으로 나는, 사업단 유치 추진단장을 맡아 참여 단과대학 학장들과 함께 유치 준비 작업을 진행했다. 참여 대학의 학장들이 서로 협의해 잘 준비하고 있어, 내가 따로 해야 할 일은 없었다. 이런 대규모 사업을 유치하려면, 목표가 뚜렷한 충실한 사업계획서 작성 못지않게, 사업단장의 역량 또한 중요하다. 대부분의 대학교에서는 산학협력단장이 사업단장을 맡는 것으로 준비하고 있었다. 그런데 당시 부산대학교 산학협력단에서는 단장 대신에 전임 교수가 아닌 산학협력단의 부장을 사업단장으로 추천하였다. 내가 생각할 때, 그 부장의 실질적 역량에 무관하게 LINC 사업단장으로는 적합하지 않았다.

6개 단과대학이 참여하는 사업단이었기에, 산학협력단장이 아니라면, 그만한 역량을 가진 참여 단과대학의 학장급 전임 교수가 단장을 맡는 게 합리적이었다. 마침 여러 국책 사업단장으로서의 경험도 충분한 기계공학과의 전임 교수 한 분이 단장으로 추천되었다. 산학협력단의 내부적인 반발이 있었지만, 부총장으로서 그 전임 교수를 단장으로 밀었고, 결과 우리 대학은 LINC 사업을 성공적으로 유치했다. 고위직을 맡은 사람은 합리적인 판단하에, 때에 따라서는 이렇게 과감한 의사결정과 뚝심이 필요한 법이다.

그다음은, 대학 내 연구소에 소속된 교수들이 해당 학과 교수로 전출하는 문제가 대두되었을 때, 해당 학과의 소속 교수들의 반발이 따르기도 했다. 이때 교무처장과 함께, 스무 명이 넘는 연구소 소속 교수들을 한 자리에 만나서 그들의 애로 사항을 청취하고, 부총장으로 내가 할 수 있는 한, 해당 학과를 설득하여 그들의 전출을 도우려고 애썼다. 이렇게 부총장으로서, 교수 혹은 학과들과의 대화를 통해 갈등 해소에 도움을 주는 상담자 혹은 갈등 조정자 역할을 한 것이 가장 큰 보람으로 기억된다.

76

한편, 선거와 관련하여 한 가지 덧붙일 기억이 있다. 연구 활동을 위해, 내 전공 분야 학회인 한국고분자학회에서도 단체 활동을 열심히 했다. 한국고분자학회에서 발간하는 영문 학술지 《Macromolecular Research》 편집장으로 봉사했다. 편집장으로서는 3년 봉사였지만, 부편집장직을 포함하면 9년간의 봉사였다. 부산·경남·울산 지부장을 거쳐 학회 부회장으로서도 봉사하였다.

이런 나의 봉사 모습을 보고, 주위에서 한국고분자학회 회장 선거에 나설 것을 권유하였다. 다른 전문 학회에서와 유사하게, 한국고분자학회에서도 전국 대학, 연구소, 산업계 연구자들 가운데에서 지역별로 평의원을 구성하고, 평의원들이 수석부회장을 뽑게 되어 있다. 수석 부회장으로 당선되면 2년 뒤 자동으로 회장으로 봉사하게 되어 있다. 평의원들은 3천여 명 회원들의 직접 선거로 선출되는 반면, 수석 부회장은 3백여 명의 평의원들의 투표로 선출된다.

수석부회장 선거를 위해서는 전국의 대학, 연구소, 산업 현장을 방문하면서 3백여 명의 평의원들에게 표를 얻어야 한다. 2013년 일이다. 주위의 권유도 있고, 내 나름대로도 기회가 되면 학회의 대표 얼굴로 봉사해 보고 싶은 생각도 있고 해서 주위에 출마 의사를 밝히고, 몇 차례 다른 지방의 대학과 연구소, 산업계 등을 방문하였다. 당시 나 말고도 세 명의 학자가 출마 의사를 밝혔다.

몇 차례 다른 지방을 돌며 사람들을 만나면서 내 생각

이 바뀌게 되었다. 당시 부산대학교 부총장, 교구평협 회장, 및 한국접착및계면학회 회장 직무로 인해 시간이 빠듯한 것도 한 이유였다. 바쁜 시간을 쪼개어 가며 전국을 돌아다녀야 한다는 것도 쉽지 않은 일이었다. 더구나 많은 분의 격려와 지지를 받으면서 힘도 났지만, (평소에 친하게 지내던) 동료 학자들과 자리를 두고 경쟁한다는 게 마음이 편하지 않았다. '선거'가 뭐라고, '회장'이 뭐라고, 이렇게까지 해야 하나 하는 생각이 들었다. 학회 회장 선거는 물론 정치판과는 다른 선거이긴 했지만, 선거는 선거였다. 역시 선거는 나랑은 어울리지 않는 것이란 걸 절실히 느꼈다.

때문에, 중도에 뜻을 접었다. 자기가 전공하는 전문 학회의 회장이 된다는 것은 그만한 명예가 주어지는 것임은 분명하다. 당시 내가 중도에 하차했을 때, 적지 않은 지인들로부터, "당선 가능성이 높은데, 왜 그만두느냐."는 말을 많이 들었다. 나름 아쉬움이 없었다면 거짓말이다. 하지만 돌이켜 생각해 보아도 역시 어떤 단체의 장이 되기 위해서 모종의 '선거판'에 뛰어든다는 것 자체가 내게는 정말 어울리지 않는 일이었기에, 오히려 잘된 결정이었다는 생각이다. 나는 이른바 '정치꾼'이 아니기 때문이다.

14.
네 번의 미국 체재

신시내티 대학교

77

공과대학 교수로 활동하면서 국제적인 학자로의 발돋움을 위해 네 번, 미국의 대학교에서 방문 연구를 수행하였다. 해외 유학으로 박사 학위를 취득한 선, 후배, 동료 교수들을 볼 때마다 부러운 점이 있었다. 그들의 국제적 네트워크이다. 교수로 채용된 이후, 해외 유학 교수들은 그들이 밟았던 박사 과정의 지도교수와 그 연구실 동료들과의 교류가 그들에게 큰 힘이 되어 주는 걸 목격하였다. 국제 학술지 논문 발표 경우에도 심사 과정에서 유리하게 작용할 뿐만 아니라, 국제무대에서 자신의 이름 석 자 알리는 데 아주 유리하게 작용하는 걸 보았다. 세상일에서 이런 인적 네트워크는 매우 중요하게 작용하는 법이다.

반면, 국내에서 박사 학위를 받은, 나 같은 학자들의 국제 네트워크는 아무래도 부족할 수밖에 없었다. 논문에서만 볼 수 있는 모모한 학자들과의 교류가 쉽지 않기 때문이다. 해서, 대학교수에게 주어진 연구년의 기회를 최대한 이용하기로 했다. 대학교마다 다르겠지만 대부분, 매 7년 정도마다 교수들은 안식년 혹은 연구년을 가질 수 있다. 강의 부담을 줄이고, 1년간 쉬면서 재충전의 시간을 갖는 걸 의미한다. 교수들은 이 기회를 이용해 국내든 해외든, 주로 연구에 집중하는 시간을 갖는다. 일반적으로는 안식년이라 부르지만, 연구를 위해 보낼 때는 연구년이라 부른다. 매 7년을 원칙으로 하지만, 때에 따라서는 해외 연구를 끝낸 해로부터 최소 5년 혹은 6년째 되어도 연구년을 가질 수 있다.

해서, 1987년 박사 학위를 끝내고, 대부분 이공계열에서 박사 학위를 받은 젊은 연구자들이 그리하듯, 박사후연구원 과정 겸 해외 연구를 준비했다. 다행히 한국과학재단(지금은 한국연구재단으로 바뀜. 한국연구재단은 한국과학재단(1977년 설립), 한국학술진흥재단(1981년 설립), 및 국제과학기술협력재단(2004년 설립)이 통합되어 설립된 기관이다.)의 왕복 항공료와 해외 체재비 지원을 받았다.

해외 연구는 처음인 데다 해외에 별다른 인적 네트워크가 없었던 때라, 당시 카이스트의 같은 실험실 후배가 석사 학위를 받고 유학 가 있던 신시내티 대학교로 가기로 했다. 오하이오주에 있는 대학교였다. 지도교수였던 노영준 (Ryong-Joon Roe) 교수는 서울대학교를 졸업하고 영국 대학교에서 박사 학위를 받은 뒤, 신시내티 대학교의 교수로 재직하던 재미교포이셨다. 저명한 고분자물리학자로, 말수가 적은 분이었지만 훌륭한 인품을 갖추신 분이셨다.

해외여행이 처음인 데다 당시 교사로 재직하던 아내의 동반 출국이 불가능하였기 때문에, 아무래도 지인이 한 사람이라도 있는 대학을 고른 것도 한 이유였다. 물론 신시내티 대학교의 그 교수 연구실이 나의 박사 학위 논문 주제와 관련된 연구를 하고 있다는 점도 중요한 이유였다.

당시엔 부부 두 사람이 모두 공무원일 경우, 남편이 해외 장기 체재를 해도 부인의 동반 해외 체재가 불가능했다. 이 제도가 내게는 불리한 제도라 아주 못마땅했다. 남편이 공무원이 아닌 일반 기업이나 공무원 아닌 직종에 근무할 경우는, 공무원인 부인의 동반 해외 장기 체류가 가능했다. 김영삼 대통령 때 이 제도가 개선되어, 부부 모두 공무원이라도 장기 해외 체재가 가능하도록 바뀌었다. 정치적으로 판단했을 때 김영삼 대통령의 공과에 대한 평가는 보는 시각에 따라 나르겠지만, 적어도 부부 공무원의 해외 장기 체재를 허락한 제도 개선 측면에서 볼 때, 그 점에 대해서만은 김 대통령에게 고마운 마음을 금할 길 없다.

1988년 8월, 당시 공립학교 교사였던 아내와 어린 두 딸을 한국에 두고 장도에 올랐다. 홀로 미국에 온 나를 위해, 결혼해서 아내와 함께 미국에 온 그 카이스트의 실험실 후배는 여러모로 나를 챙겨 주었다. 홀아비로 온 나를 위해 여러 번 집밥을 대접해 주곤 했다. 거기서 또 다른 과학원 화공과 후배도 만났고, 또 부산대학교 선배와 동기도 만나, 그리 외롭지는 않았다. 동기는 같은 동아리 회원이었다.

어차피 나 혼자 쓰는 아파트라, 처음 6개월은 멀리 알래스카에서 석사 학위를 마치고 온 친구와 룸메이트를 했다. 이 친구가 아직 학생이라, 방값도 거의 공짜로 쓰게 해 주니, 고맙다고 알래스카에서부터 연어를 공수해 왔다. 그 연어로, 주위 한국에서 온 유학생들과 함께 구워서 나눠 먹었다. 길이가 70~80cm 정도 되던 큰 연어라, 거의 1주일 이상을 먹었던 것 같다. 6개월 후 아파트에 빈방이 나오자, 그 방으로 옮겨갔다. 나머지 6개월은 기계공학과 박사 과정에 있었던 부산대학교 선배랑 룸메이트를 했다. 그 선배는 부산고등학교 선배이기도 했다.

시간이 흐르면서 좀 익숙해지긴 했지만, 대학교 캠퍼스 밖에는 흑인들이 많이 사는 작은 주택들이 몰려 있어, 처음 도착했을 때는 좀 무서운 기분이 들었다. 신시내티는 워낙 보수적인 도시라, 시내에 맥주보다 더 센 술들의 판매가 금지되어 있었는데, 술을 마시지 않는 내게도 무척 신기하게 여겨졌다. 술을 사거나 마시려면, 차를 타고 오하이오강을 건너 인근 켄터키주로 건너가야 했다.

부산대학교를 졸업하고 미국에서 박사 학위를 받은 후, 신시내티에 있는 어떤 미국 회사에 취업해 있던 선배를 만날 수 있었던 것도 내겐 큰 행운이었다. 내가 대학 다니던 시절, 당시 부산대학교에서 석사 과정의 대학원생이면서, 우리 학과 실험 과목의 조교를 담당한 분이었다. 그곳에서 다시 만난 그 선배는 후배인 나를 위해 자주 집에 데려가 맛있는 밥도 먹여 주시고, 시내의 고급 음식점에서 식사 대접을 해 주거나, 오하이오강에서 유람선을 태워주곤 하셨다.

당시 내가 속한 실험실엔 카이스트의 내 후배 말고도, 경북대학교에서 온 분도 있었다. 가끔 그 두 명과 함께 학생회관에 있던 탁구장에서 함께 탁구를 치기도 했다. 구기 종목에 영 소질이 없는 나였지만, 저녁 식사 후 30분 정도 그들과의 탁구 시합은 그런대로 나의 신시내티 대학교 생활에 재미를 더했다.

신시내티 대학교에 체재하는 동안, 캐나다 온타리오주 윈저에 살고 있던 이종사촌 집을 방문한 것도 추억으로 남아 있다. 이종사촌은 당시 국제결혼으로 영국인 남편과 함께 윈저에 살고 있었다. 신시내티에서 윈저까지는 자동차로 5시간 남짓 걸린다. 미국의 광활한 국토를 생각하면, 이만한 거리는 우리나라로 생각하면 부산-김해 정도이다. 1년간 신시내티에 체재할 동안 네댓 번 윈저를 방문했던 것 같다.

겨울방학을 맞아 아내와 두 딸이 신시내티에 잠깐 방문하러 왔을 때 함께 윈저로 가던 중, 고속도로 위에서 내 차가 눈길에 미끄러져, 갓길 언덕으로 내려간 사고를 겪었던 기억이 난다. 부산에서 평생을 살다 보니 눈길 운전이 미숙했던 원인도 있었다.

미국은 우리나라와 달리 국토가 넓어서인지, 고속도로 갓길도 급경사 언덕이 아니라 완만한 언덕으로 된 길이라, 사고가 나도 큰 사고를 면할 수 있게 되어 있는 경우가 대부분이다. 내 차도 갓길 언덕으로 미끄러지면서, 앞 범퍼가 파손된 것 이외에는 아무 손상이 없었다. 사고가 나자마자 어떻게 알았는지 (누군가가 연락했는지 모르겠지만), 10분도 채 안 되어 교통 경찰이 우리 있는 곳으로 내려왔다.

우리를 보자마자 우선 차에서 내리게 하더니, 자신이 타고 왔던 경찰차에 태우고, 견인 차량이 올 때까지 기다리라고 했다. 걱정하지 말고 따뜻한 차 안에서 몸을 녹이라는 것이었다. 친절한 경찰의 조치가 무척 고마웠다. 30분도 채 안 되었을 때 견인 차량이 나타나, 내 차를 고속도로 위로 다시 올려 주었다. 이리저리 차량을 점검해 보더니, 손상된 범퍼 이외에는 자동차 운행에는 문제가 없겠다고 했다. 눈길에 고속도로가 미끄러우니 조심해서 운전해 가라고 했다.

더욱더 조심해서 서행 운전하며 윈저까지 무사히 도착했고, 하루를 머문 뒤 다시 신시내티로 왔다. 아내와 아이들이 짧은 체류를 끝내고 부산으로 다시 돌아간 뒤, 신시내티 대학교에서 나랑 룸메이트를 하던 선배가 추운 겨울날인데도 불구하고, 아파트 옥상 땅바닥에 누워 범퍼 교체 작업을 해 주던 장면도 눈에 선하게 떠오른다.

당시 유학생들 사이에는 음악 CD를 사 모으는 유행이 있었다. 원래 고전음악을 좋아하던 터라, 나도 학생들과 함께 시내 음반 가게에 함께 가서 CD를 사 모으기도 했다. 요즈음이야 대부분의 CD가 디지털로 녹음하고 편집과 디지털로 편집과 마스터링 (마지막 편집 과정)까지 모두 디지털로 하는 DDD 방식이지만, 당시만 해도 다른 두 가지 등급의 CD도 판매하였다. 곧 아날로그로 녹음하고 편집한 것을 마지막에 디지털로 마스터링한 AAD, 아날로그로 녹음하지만, 편집과 마스터링은 디지털로 하는 ADD로 된 CD도 판매하였다. 값은 좀 비쌌지만, 학생들도 그랬고, 나도 가능하면 비용을 좀 더 지불하더라도, 음질이 좋은 DDD로 된 고전음악 CD를 사려고 애썼다. 학생들을 따라 가끔 시내 음반 가게를 다니던 추억도 새롭다. 그뿐만 아니라 유학생들 가운데에 음향에 조예가 깊은 학생이 있어, 당시 인기를 끌던 세계적 브랜드의 LP 또는 CD 플레이어나 스피커 등에 대해서도 함께 따라다니면서 이런저런 상식에 관해 많이 알게 되었다.

스탠퍼드 대학교

78

1년의 신시내티 대학교 방문 연구를 마치고 귀국한 뒤, 또 열심히 강의하고 연구하는 사이 세월이 흘렀다. 8년이 흐른 1997년 여름, 두 번째 미국에서의 해외 방문 연구를 수행했다. 마침 바로 얼마 전에 연구년을 보내고 온 조원제 교수님이 체재하셨던, 미국 캘리포니아주 스탠퍼드 대학교의 커티스 프랑크 교수 연구실이 또한, 나의 연구 주제와 관련된 연구를 하고 있었다. 그 인연으로, 1997년 여름부터 1년간 스탠퍼드 대학교에서 방문 연구를 수행했다.

캘리포니아의 쾌적한 기후와 멋진 풍광들이 참 좋았다. 더군다나 이때는 아내와 아이들과 함께해서 더욱 좋았다. 팔로 알토라는 지역이었다. 스탠퍼드 대학교 캠퍼스에서 가까운 곳에 있는 2층으로 된 목조 아파트를 구했다. 바로 곁에 그리어 파크라는 넓은 공원이 있어 산책하기도 좋았다. 다만, 워낙 집값이 비싼 지역이라, 월세가 저렴한 집을 구하다 보니, 아래층, 옆집에서 나는 소리가 다 들릴 정도로 오래된 집이었다.

세계적으로 명성이 높은 데다 캠퍼스가 아름답다고 소문난 대학교라, 학교에 첫발을 내디뎠을 때, 기대 이상의 아름다움에 매우 깊은 인상을 받았다. 서울 여의도의 4배 크기인 천만 평이나 되는 넓은 터에, 수많은 종려나무와 지중해식 붉은 기와지붕의 나지막한 건물들이 모여 있는 모습이 아주 이국적인 캠퍼스로 생각되었다.

캠퍼스의 중심은 메인 쿼드(Main quad)라고 불린다. 38개의 2층 건물들과 그 건물 1층을 연결하는 회랑이 넓은 직사각형의 광장을 에워싸고 있다. 건축 양식이 로마네스크 양식과 스페인 식민지 양식의 건물들이 독특한 분위기를 자아낸다. 회랑 가운데는 물론, 캠퍼스 곳곳에 놓여 있는 〈지옥의 문〉, 〈생각하는 사람〉, 〈칼레의 시민들〉 등, 로댕의 조각품을 감상할 수 있다.

이 메인 쿼드에서 1.6km 길이로 종려나무들이 양쪽으로 줄지어 서 있는 캠퍼스의 진입로 격인, 팜 드라이브(Palm drive) 길을 바라보고 있으면, 누구나 자신이 고급 리조트에 와 있는 기분이 들 만큼 아름답다. 심지어 캠퍼스엔 18홀 골프장도 있다. 나는 골프를 치지 않으니, 한 번도 이용한 적은 없었지만, 타이거 우즈나 미셸 위 같은 세계적 골프 선수들도 학창 시절, 이 골프장을 이용하였다고 한다.

캠퍼스 중앙에는 메모리얼 처치(Memorial church)라는 이름의 아름다운 가톨릭 성당이 자리 잡고 있다. 대학의 설립자인 릴런드 스탠퍼드의 부인, 제인이 남편이 죽은 후 그를 기려 세운 성당이다. 로마네스크 양식으로 된 성당 내부에 장식된 모자이크와 스테인드글라스도 무척 아름답다. 파이프 오르간도 설치되어 있다. 물론 이 성당은 가톨릭 신자들만 이용하는 게 아니라, 유대교나 개신교 신자들도 예배를 볼 수 있다. 심지어 이슬람교도 예배가 가능하다.

스탠퍼드 대학교에 체재하는 동안, 근처 산호세 한인 성당에서 주일 미사에 참례했지만, 가끔 이 메모리얼 처치에서 미사를 볼 때도 있었다. 성당 내부의 울림이 좋아서 그랬던 건지, 아니면 미사 전례 안내자의 목소리가 좋아서 그랬던 건지는 모르겠지만, 여성 전례 안내자가 부르는 독창은 그야말로 천상에서 울려 나오는 소리라고 여겨질 만큼 아름다웠다. 지금까지 어느 합창단, 어느 성악가의 노래보다 그 시절 미사 시간에 들었던 그 여성 독창자의 목소리가 가장 아름다웠다는 생각은 지금도 변함없다. 성당 내부가 너무 아름다워, 가끔은 점심시간 전에 거행되던 평일 미사에도 참례하면서 혼자서 명상에 잠기곤 했었다.

물론 내가 몸담은 화공과의 연구실은 나지막한 콘크리트 건물 내에 있었지만, 매일 출퇴근하면서 지나쳤던 고급 리조트 같은 캠퍼스의 전경은 아직도 눈에 선하다. 연구실 근처의 뜰에도 야자나무나 도토리나무를 비롯한 나무들이 줄지어 서 있고 나무 아래는 푸른 잔디밭이 깔려 있다. 푸른 잔디밭 위에 놓인 야외 식탁에 앉아, 집에서 가지고 간 도시락을 먹을 때면, 주위에 돌아다니는 다람쥐를 숱하게 목격하기도 했다.

연구실을 오가며 매일 바라보는, 미국 반도체 산업의 상징이며 실리콘밸리 발전의 시작을 알린 휴렛 팩커드의 본사

간판도 인상적이었다. 이곳이 미국 실리콘밸리의 출발점이란 생각에서 깊은 인상을 받았다. 스탠퍼드 대학교 체재 시절, 연구 외적으로 가장 큰 경험은 갑작스러운 홍수, 그것도 겨울의 한가운데인 1월 말 내린 홍수로 우리가 머물던 아파트 앞이 강이 되어, 주차했던 차가 잠기었던 경험이다.

홍수가 나서, 주택 앞 주차장의 저지대 부분이 침수됨으로써 차들이 붕붕 떠다니고 있어도 아무도 밖으로 나오는 사람이 없었다. 그렇지만 나는 "큰일 났다." 싶어 본능적으로 차를 건지러 밖으로 나갔다. 허리까지 빗물에 잠긴 채 차를 끄집어내려고 노력했다. 나중에 알게 된 일이었지만, 구태여 밖으로 나가지 않아도 보험 회사가 다 알아서 해 주는데, 괜한 노력으로 그렇게 한 내 행동이 부끄럽기까지 했다.

구매할 때 600 ~700만 원 정도밖에 하지 않던 중고차였는데도 불구하고, 천연재해에 의한 사고라며, 보험 회사에서는 약 900만 원 정도의 보상을 해 주었다. 차 자체의 보상뿐만 아니라 당시 차에 한국에서 들고 간 카세트테이프 몇 개도 함께 있었는데, 그런 물품에 대한 것도 정확히 따지지도 않고 알아서 계상해서 다 보상해 주는 것을 보고, 역시 선진국이구나 하는 느낌을 받았다. 보험 회사에서 보상받은 돈으로 또다시 중고차를 구매하여 귀국할 때까지 잘 탔다.

스탠퍼드 대학교에 체재하면서 샌프란시스코도 가끔 들러, 금문교며, 피어(Pier) 39, 피셔맨즈 워프, 롬바드 스트리트 등을 둘러본 것도 좋은 추억으로 남아 있다. 고속도로를 이용해 자동차로 40~50분만 달리면 닿을 수 있는 가까운 곳이기 때문이었다. 또한 근처에 있는, 역시 세계적인 명문 대학인 캘리포니아주립대학교 버클리(UC Berkley) 캠퍼스도 한두 번 방문하면서, (스탠퍼드 대학교와 쌍벽을 이루는) 버클리 대학교 같은 세계적 명문대학교의 분위기를 느껴보았던 것도 오래 남는 추억이다. 두 학교는 고속도로를 타고 가야 하긴 하지만, 자동차로 1시간 거리에 있다.

또 하나 결코 잊을 수 없는 것은, 우리 가족이 스탠퍼드 대학교에 체재할 때 일어났던, 국제통화기금(International Monetary Fund; IMF) 구제 금융 요청, 이른바 IMF 사태이다. 그곳에 도착하여 한창 연수 중이던 1997년 12월 3일, 김영삼 대통령 임기 말에 우리나라가 국가부도 위기에 처해 IMF로부터 자금을 지원받는 양해각서를 체결한 것이다. 당시 우리나라 기업들이 연쇄적으로 도산하면서 외환 보유액이 급감하자, IMF에 20억 달러의 긴급 융자를 요청하기에 이르렀다.

당시 나는 서암학술장학재단 (서암은 SBS 방송국 창업자인 윤세영의 아호로, 지금은 서암윤세영재단)의 교수 해외 연구지원을 받아 스탠퍼드 대학교에서 체재하고 있었다. 당시 나를 포함하여, 한림대학교 철학과 교수, 서울대학교 사회학과 교수, 포항공과대학교 물리학과 교수, 서울대학교 컴퓨터공학과 교수, 카이스트 생물과학과 교수 등, 여섯 명의 교수가 지원받았다. 이 재단이 지원하는 해외 방문 연구자로 선정될 경우, 부부 동반 왕복 항공료와 1년에 2만 4천 달러의 체재비 지원을 받는 제도였다.

혜택이 큰 만큼 경쟁률이 만만찮았다. 그전에 쌓은 연구 실적에 힘입어 무난히 서암학술장학재단의 지원을 받게 된 것이었다. 다행히 우리나라 원화가 아닌, 미화 2만 4천 달러를 2회에 나눠 지원받았기 때문에 우리는 큰 영향을 받지 않았다. 1분기, 1만 2천 달러를 보낼 때는 1달러가 천2백 원 되니 괜찮았겠지만, 2분기, 1만 2천 달러를 보냈을 때는 1달러가 2천 원으로 치솟았으니, 앉아서 1천만 원 정도 손해 본 셈이다. 당시 서암학술장학재단 측에서도 갑작스러운 환율 상승으로 좀 속상했을 것 같아, 지금 생각해도 미안하고 고마운 생각이 든다.

1998년 2월 들어선 김대중 정부는 IMF가 요구하는 구조조정에 착수했다. 동시에 경제 재건과 투자 노력에 힘을 기울인 결과 서서히 금융 위기로부터 탈출하기 시작했다. 2001년 8월, 우리나라에 대한 IMF 관리 체제가 공식 종료되면서 외환 위기로부터 완전히 벗어나게 되었다. 1997년 IMF 외환 위기 당시, 외환을 상환할 수 없게 되어 IMF 구제 금융을 받게 되자, 1998년 1월부터 4월까지 국민들이 가지고 있는 금을 모아 수출하여 이를 상환하자는 전국민적인 '금 모으기 운동' 캠페인이 벌어지기도 했다. 어떤 국민은 가지고 있는 결혼반지는 물론, 아이들 돌 반지까지 내어놓았다. 심지어 어떤 국가 대표 운동선수는 자신이 받은 금메달까지 내어놓을 정도로 애국심을 발휘해, 감동적인 장면을 연출하기도 했다.

당시 IMF 사태가 터지고 얼마 안 되어, 미국 아파트로 전화가 걸려 왔다. 서울 강남의 오피스텔 관리자라고 했다. IMF 사태로 자금 공급이 어려워, 5천만 원만 내면, 강남 오피스텔을 받을 수 있다는 홍보 전화였다. 당시만 해도 5천만 원이란 거금을 투자할 만한 형편이 되지 못하였기에 당연히 거절하였지만, 미국으로까지 전화해서 투자를 유치하는 현실을 보고 IMF 사태의 심각성에 대해 간접적으로 체험할 수 있었다.

요즈음 같으면 보이스 피싱 같은 사기성 전화라 생각할 수도 있겠지만, 당시 여러 가지 상황으로 봐서는 결코 사기성 전화는 아닌 것 같았고, 그만큼 우리나라 기업들의 자금 상황이 급박했던 모양이었다. 귀국 후 한참 시간이 지나고, 강남의 집값이 천정부지로 치솟는 모습을 보면서, "아, 그때 5천만 원을 융자해서라도 그 오피스텔을 분양받았다면, 부동산 부자가 되었을 텐데..."라고 생각하며 쓴웃음을 지은 기억도 난다.

IMF 위기가 닥치자, 갑작스러운 환율 상승으로 미화 1달러가 2천 원 선에 육박했다. 스탠퍼드 대학교에 유학 온 한국 학생들 가운데 몇 명은 학비와 생활비 감당을 못해, 중도에 그만두고 귀국하는 모습을 직접 목격했다. 마음이 아팠다. 비단 스탠퍼드 대학교뿐만 아니라 미국의 다른 대학교에 자녀를 유학 보낸 부모들도 마찬가지로, 자식들을 급거 귀국시키는 모습을 직접 목격하였다. 당시 정말 기도하는 마음으로 IMF 사태 같은 국가적 위기 사태가 다시는 일어나지 않기를 간절히 소망한 기억이 새롭다.

79

스탠퍼드 대학교 체제 시절과 관련하여 공학자로서 남길 이야기가 하나 더 있다. 앞서 내 연구 분야를 언급할 때 폴리이미드 연구와 '이달의 과학기술자상'과 관련한, 나노 세공체 연구 성과에 대해 언급한 바 있다.

스탠퍼드 대학교에 체재할 때는 폴리이미드 관련 연구를 하고 있었지만, 모처럼 귀하게 맞이한 연구년이었던 만큼, 앞으로 최소 10년은 새롭게 헤쳐나갈 미래의 연구 주제가 될 만한 첨단 재료를 찾기로 했다. 1997년 겨울, 우연히 나노미터 크기의 미세 기공을 갖는 재료의 합성에 관한 1992년 《미국화학회지(JACS)》에 발표된 논문을 읽게 되었다. 나노미터 크기의 미세 기공을 실험실에서 만들려면 물과 비누, 그리고 미세 기공을 가진 재료의 구조가 되어 줄 무기 재료가 필요함을 알게 되었다. 그 논문을 읽었을 때, "아 참, 고분자 비누도 있었지. 우리가 쓰는 비누 대신에 고분자 비누를 쓰면 미세 기공 제조에도 더 유리하지 않을까?" 하는 생각이 떠올랐다. "유레카!"를 외치며 그 생각을 하던 중에 새해가 밝은 1998년 1월, 우연히 《사이언스》란 세계적인 학술지에 실린 논문을 보게 되었다.

고분자 비누를 사용하여 미세 기공을 가진 재료를 합성한 논문이었다. 나와 똑같은 생각을 가진 중국 학자와 미국 학자가 쓴 논문이었다.(중국 학자는, 당시 캘리포니아주립대학교 샌타바버라 대학(UCSB)에서 박사후연구원으로 있던 동위엔 쟈오(Dongyuan Zhao)박사이다. 그는 지금 중국 상하이의 저명 대학인 푸단(Fudan) 대학교 교수이자 중국 과학원 원사(院士)로서 세계적으로 유명한 학자가 되었다. 2002년, 제주도에서 개최된 국제 학술회의에서 만나 나와 교류를 나눈 후, 2008~2011년, 3년 동안 교육과학기술부 지원으로 한-중 공동연구센터 사업을 수행하면서 같이 논문을 발표하기도 했다.) 내가 생각하고 있었던 똑같은 아이디어로 된 논문이 먼저 발표되어 무척 실망했지만, 한편으로는, 내 머릿속에 떠오른 연구 주제가 향후 미래의 최첨단 재료의 하나가 될 것이라는 내 생각이 옳았음을 확인하고는 기쁘기도 했다.

마침 한국의 내 연구실에 박사후연구원으로 와 있던 중국 연변 (Yanbian) 대학교의 최수국 박사[중국 이름; Xiucuo Cui]에게 관련 연구를 시작하도록 주제를 주었다. 물론 내 몸은 미국 캘리포니아에 와 있었지만, 내가 여름에 귀국할 때까지 먼저 연구를 시작하도록 전자 우편으로 지시한 것이었다. 이 주제에 관해 정년퇴임에 이르기까지 열심히 연구에 집중하다 보니, 2003년 말에는, 관련 분야 세계 연구자 1% 이내 연구자에 선정되었고, 2006년 11월엔 '이달의 과학기술자상'도 받았다. 2008년엔 세계 Top 4 연구자에 선정되는 영광을 누리기도 했고, 2014년엔 '국가연구개발 우수성과 100선'의 최우수상도 받았다.

조선족 중국인인 최수국 박사는 1년 반의 한국 체재를 끝내고, 중국으로 돌아간 후 연변 대학교에서 나중 북경석유대학교로 옮겼고, 내가 창설한 국제 학술회의 [ASAM, 263쪽 참조]를 북경에서 개최하는 데 도움을 주기도 했다. 연변 대학교 공과대학 학장 시절, 나와 조원제 교수님을 초청하여 백두산 관광도 시켜 주어 더욱 기억에 남는다.

당시 그 연구를 수행할 때, 부산대학교는 물론 주위에 나노미터 크기의 미세 기공을 관찰할 전자현미경이 없어, 혁신적인 아이디어로 새로운 미세 기공 재료 합성법을 발견하였지만, 논문을 완성하지는 못했다(당시 쟈오 교수와 연구를 함께 수행한 UCSB의 미국 교수에게 직접 논문을 보여 주고 의

견을 청취한 바 있다. 그 교수가 놀라운 결과라고 칭찬해 주며 간접적인 데이터로는 미세 기공 구조가 확실하지만, 전자현미경으로 직접 확인된 데이터가 필요하다고 조언했던 기억이 난다.)

한참 시간이 흐른 후인 2005년이 되어서야 논문으로 발표했다. 전자현미경 데이터 없이 발표된 논문이라 그저 그런 학술지에 논문을 발표했지만, 그래도 70여 회가 넘는 피인용도를 기록할 정도로 파급 효과는 있었다. 만약 1998~1999년 그때, 전자현미경 데이터를 포함한 논문을 작성해 발표했더라면, 최 박사도 쟈오 교수 못지않게 일약 세계적인 연구자로 뛰어오를 수 있었던 뛰어난 연구 결과였는데, 지금 생각해도 무척 안타깝다.

이렇게 연구를 수행하다 보면 결과 자체는 세계적으로도 우수한데, 우리가 얻은 데이터를 직접적으로 증명해 줄 고가의 기자재가 없어 고만고만한 학술지에 논문을 발표할 수밖에 없는 경우가 적지 않다. 이런 점이 세계적인 대학교 혹은 연구 기관과의 경쟁에서 뒤처질 수밖에 없는 지방 대학교의 안타까운 현실이다.

아무튼 내 연구실 최초의 외국인 박사후연구원으로서도 깊은 인연을 맺은 최 박사였는데, 2023년 겨울, 50대 후반의 나이에 유명을 달리했다는 안타까운 소식을 들었다. 그의 명복을 기원한다.

80

그리고 6년 후인 2004년 1월, 미국 동부에 있는 뉴욕주립대학교 버펄로 대학에서 1년간 방문 연구를 수행하였다. 내 연구실에서 박사 학위를 받은 제자가 박사후연구원 과정을 밟고 있던 곳이었다.

이 대학교 방문 연구 중에 가장 기억에 남는 사연은 나를 맞이한 그 대학의 조셉 가델라 2세 교수 가족에 관한 것이다. 친밀하게 조(Joe)라고 불렀던, 유명한 화학자이던 그분의 항상 웃는 모습이 아주 인상적이었다. 나중에 알고 보니, 그분의 자녀 둘은 모두 한국에서 입양한 아이들이었다. 아들은 태권도를 좋아하는 친구였다. 누나인 딸은 지적 장애인이자 지체 부자유 아이였다.

조 교수는 부인과 교대로 시간을 내어 딸의 등하교를 포함하여 모든 것을 돌보고 있었다. 지체 부자유로 늘 휠체어에 앉아 생활하지 않으면 안 되는 그 딸을 뒷바라지하려면 얼마나 힘들었겠는가! 그럼에도 불구하고 내가 체재하는 동안 한 번도 화를 내거나 짜증을 내는 모습을 본 적이 없다. 이탈리아계 미국인이라 가톨릭 신앙심 때문이기도 했겠지만, 그분의 천성이 착한 덕분이었을 것이다. 항상 웃는 얼굴로 만나는 그분의 모습에 정말 마음으로부터 존경심이 우러나지 않을 수 없었다.

어느 날, 그 교수 연구실 연구원들과 야구 관람을 함께했다. 버펄로엔 메이저 리그 야구팀은 없고, 마이너 리그 야구팀이 있었다. 더블헤더로 경기가 있던 그날, 처음 그 아이들을 보았다. 휠체어에 앉은 그 딸아이에게 간식을 먹일 때, 입가에 흐르는 음식물을 수건으로 일일이 닦아 주며 음식을 먹여 주는 교수의 모습을 보고, 말로 다 할 수 없는 존경심이 우러나 가슴이 벅차오름을 느꼈다. 한편으로는, 그 아이들이 둘 다 부모가 다르긴 하지만, 한국에서 입양되었다는 사실에 무언가 한마디 말로 표현할 수 없는 부끄러움에, 착잡해지는 마음 또한 숨길 수 없었다.

내가 귀국한 몇 년 뒤에 서울에서 개최된 국제 학술회의 참가차, 부인과 아이들을 데리고 한국으로 왔다. 아이들의 모국에 대한 기억을 심겨 주겠다며 데려온 것이었다. 당시 우리 대학교에서 강연을 요청하는 형식으로 부산도 방문하게 하였다. 이틀간의 짧은 시간 동안 두리발 택시를 예약해서 함께 다니게 하고 나름대로는 신경을 많이 썼지만, 그 가족들과 함께 다니면서 우리 부산이 장애인을 위한 시설이 얼마나 열악한지 피부로 느낄 수 있었다. 장애인들이 차를 타고, 밥을 먹고, 이동하기에 아무런 불편이 없는 미국에서 온 그 교수가 느끼기엔, 우리나라는 (그런 면에선) 크게 불편했을 것이다. 한국을 방문했을 때, 그 가족 일행이 처음으로 방문한 기관은 국기원, 곧 세계 태권도 본부 기능을 수행하는 기관이었다. 태권도를 좋아하는 아들을 위해 그분이 한, 첫 번째 선택이었음을 알고는 더욱 그 교수를 존경하게 되었다.

아무튼 그 교수는 아이들 때문이었겠지만, 대학 교수로서의 본분 이외 지역 봉사 활동에 매우 적극적이었던 것도 아주

인상적이었다. 2020년, 그분이 정년퇴임을 맞이하였을 때, 나도 초청을 받았다. 당시에도 그 교수는 자신의 정년퇴임을 축하하는 마음을 담아 (가능하면, 금액에 무관하게) 그곳의 지역 봉사 단체에 소액이라도 기부해 주면 좋겠다는 뜻을 전했다. 당시는 한참 코로나19가 기승을 부릴 때였다. 감히 해외 여행할 엄두가 나지 않아, 그분의 정년퇴임 기념식에 참석하지 못한 것이 못내 아쉽다. 연구년 동안 우리 가족의 체재비도 지원해 주신 그분에게 진심으로 죄송한 마음이 든다.

버펄로는, 북아메리카 동북부, 미국과 캐나다의 국경에 있는 다섯 개의 큰 호수, 오대호 중의 하나인 이리호 동쪽 끝에 있는 곳이다. 이리호의 영향으로 1년 중 6개월 동안 눈이 왔다. 겨울이라도 눈을 거의 구경할 수 없는 부산에 살다가, 10월경부터 시작해서 4월 말까지 내리는 눈을 실컷 보았다. 월세를 내는 단지형 단독주택에서 살았는데, 집 앞에 거의 1m 높이의 눈이 쌓이는 날도 적지 않았다.

그 하얀 눈과 함께 부엌 창문 앞에서 방 안을 바라보고 있던 사슴을 여러 번 목격한 것도 기억에 남는다. 간밤에 그렇게 많은 폭설이 내렸음에도 불구하고, 아침에 학교에 가려고 길을 나서면, 언제 치웠을까 싶을 정도로 도로엔 깨끗하게 눈이 치워져 있어, 역시 선진국이구나 하는 생각을 많이 했다. 부산에서 살다 와서 눈길 운전 경험이 없었던 터라 눈이 오면 걱정부터 앞섰는데, 이곳에선 폭설이 와도 운전에 걱정할 필요가 없었을 정도였다.

이리호와 온타리오호를 연결하는 나이아가라강에 면한 나이아가라 폭포 또한, 우리가 머물렀던 집에서 차로 30분 정도 거리에 있어 최소 열 번 이상은 방문했던 것 같다.

여름의 나이아가라 폭포도 좋았지만, 그 거대한 폭포수가 얼어붙은 겨울의 나이아가라 폭포 모습은 더욱 인상 깊었다. 또한, 이곳에 체재하면서 1주일간의 휴가를 받아 가족들과 함께 미국 동부 여행을 한 것도 좋았다. 뉴욕에서 출발한 관광 프로그램이었다. 나이아가라 폭포 주차장에서 만나서, 캐나다 오타와, 몬트리올, 퀘벡, 미국 메릴랜드주와 보스턴, 뉴욕을 거쳐 다시 나이아가라 폭포에 도착하는 관광 프로그램에 합류하여 여행을 즐긴 것도 오랫동안 기억에 남아 있다.

보스턴에 있는 하버드 대학교를 들러, 이 대학에 전 재산과 장서를 기증함으로써 그의 이름이 영원히 남게 된 존 하버드 동상의 왼쪽 구두 발가락을 만진 것도 기억에 남는다. 존 하버드 동상의 왼쪽 구두 발가락을 만지면 후손이 하버드 대학교에 갈 수 있다는 속설 때문인지, 방문객마다 만져, 그의 왼쪽 구두 발가락 부위는 황금빛으로 변해 있었다.

UCLA

81

6년이 흐른 2010년 여름, 미국 로스앤젤레스 (LA)에 위치한 캘리포니아주립대학교 로스앤젤레스 대학(UCLA)에서 1년간 방문 연구를 수행하였다. 화학과의 제프리 징크 교수 연구실이었다. 당시 이른바 분자 기계, 곧 분자 단위에서 구동되는 기계에 관련된 연구를 진행하고 있었는데, 그때 주로 참고한 논문이 징크 교수와 노스웨스턴 대학교의 프레이저 스토더트 교수의 공동 발표 논문이었다. 또다시 연구년을 맞이하여, 어느 교수 연구실에서 방문 연구를 수행할까 생각하다가, 분자 기계의 물리적 거동을 연구하는 징크 교수를 택해 UCLA에서 방문 연구를 하게 된 것이었다.

2016년, 각각 프랑스와 네덜란드의 다른 두 대학의 교수와 함께 스토더트 교수가 '분자 기계의 화학적 연구' 공로로, 노벨 화학상을 받게 되었다는 소식이 전해졌을 때, 잠깐 아쉬움이 몰려왔다. 2010년 그때, 만일 징크 교수 대신 스토더트 교수 연구실에서 연구를 수행했다면, 노벨 화학상 수상자와 공동 논문을 발표할 수도 있었겠다는 생각이 들었기 때문이었다. 하지만 이런 것도 내 운명 사전에는 이미 기록되어 있었을 것이기에, '내 연구 주제가 세계적인 흐름을 제대로 잘 좇아가고 있구나.' 하는 정도로 만족하였다.

학교에서 1시간가량 떨어진 팔로스 버디스(PV) 지역에 집을 구했다. 부산대학교의 재료공학부에 재직 중인 모 교수의 여동생이 소개하였다. 그곳에서 생활하고 계셨던 그분은, 집뿐만 아니라 우리가 체재할 동안 타고 다닐 차량도 소개하는 등 많은 도움을 주었다. 고마웠다. 덕분에 연구년을 끝내고 귀국할 때 LA 국제공항까지 그 차를 타고 이동할 수 있었다.

PV 지역은 북태평양 연안에 있는 해안 도시이다. 집에서 20여 분만 걸어서 가면 언덕이 나오고, 이 언덕을 오르면, 만(灣)을 따라 이어진 절벽과, 광활한 북태평양이 눈에 들어오는 멋진 풍광을 자랑하는 곳이었다. 부자 동네이기도 했다. 해안

도로의 멋진 절경을 따라 드라이브하는 것도 좋았다. 인근에는 트럼프 대통령이 소유한 트럼프 내셔널 골프클럽도 있었다. 18홀 어디에서나 바다가 보이는 코스로 유명하다고 한다. 아내와 함께 주말마다 이 언덕에 올라 하이킹한 것도 멋진 추억으로 남아 있다.

LA가 미국 영화 산업의 중심지인 할리우드가 있는 곳인 만큼, 가끔 UCLA에서도 할리우드 영화 촬영이 있었다. UCLA 캠퍼스도, 스탠퍼드 대학교만큼은 못했지만, 그런대로 카메라 앵글에 담기엔 부족함이 없을 정도로 캠퍼스가 아름다웠다. 아쉽게 할리우드 배우들과 마주친 적은 없었지만, 촬영 준비 과정은 몇 번 지켜본 적이 있다. 내가 있던 연구실 옆 건물에서 촬영이 있는 날이었다. 내용은 모르겠지만, 아마도 수사 영화를 촬영하는 것 같았다.

건물 입구에 적혀 있던 OOO 학과 인쇄가 되어 있던 부분에 Federal Bureau of Investigation (FBI)과 같이 △△△라고 인쇄된 수사 기관을 상징하는 글자를 덧씌웠다. 그리고 옆 건물 간판에도 마찬가지로 그 수사 기관의 이름을 덧씌워, 원래 있었던 학과 이름 대신, 마치 그 기관의 이름처럼 보이게 했다. 촬영 스태프들이 내가 출근하던 아침부터 작업을 시작했는데, 오후 퇴근할 때도 보니, 여전히 그 건물 주위에서 바쁘게 움직이고 있었다. 한 편의 영화를 만들기 위해 이렇게 많은 사전 준비가 필요하다는 것을 알게 되었다.

대부분 아내가 싸 준 도시락을 들고 다녔지만, 가끔은 캠퍼스 내 식당이나 캠퍼스 바깥의 인근 식당을 이용하기도 했다. 미국의 다른 대학교들과 마찬가지로, UCLA 학생회관 내에도 햄버거나 멕시코 음식 같은 서양식 음식 이외에도 태국 음식 같은 아시아 음식도 판매했다. 가끔 푸드 트럭에서 판매하는 음식을 사 먹기도 했다. 때로는 캠퍼스 바깥에 있던, 재미교포가 운영하던 조그만 한식당을 이용하기도 했다. 푸드 트럭 같이 안에 주방이 있고, 우리가 주문하면 음식을 내어 주었다. 그러면 밖에 놓여 있는 서너 개의 식탁에 앉아 음식을 먹게 되어 있었다. 그 가게에서 주로 김치볶음밥을 주문해 먹었다.

학생회관 식당에서 밥을 먹을 때는 대형 TV로 중계되는, 영국 EPL 프로축구 경기를 볼 때가 많았다. 박지성 선수가 소속된 맨유(Manchester United)의 경기가 있는 날엔, 빠짐없이 학생 식당에서 햄버거를 먹으면서, 맨유팀을 응원하곤 했었다.

대학 연구실까지 101번 고속도로를 타고 매일 출근했다. 세계적 대도시인 LA인 만큼 출퇴근 시간엔 차량 지체가 대단했다. 어떤 날은 2시간가량 소요되기도 했다. 고속도로 중간쯤 되는 어딘가 근처에 LA 국제공항이 있었다. 가끔 주차장이 되어 버린 고속도로 위 내 차의 앞 유리 가까이에서, 선명하게 푸른 빛을 반사하며 이착륙하는, 대한항공 비행기의 모습이 비칠 때마다, 아주 야릇한 상념에 젖곤 했다.

LA지역엔 30만 명 이상의 재미교포가 사는 만큼, 이곳 교민들을 대상으로 하는 라디오 방송국이 있다. 라디오코리아(RadioKorea)이다. 영어를 사용하는 미국에 체재하고 있었지만, 라디오 코리아 방송에서 흘러나오는 한국어 방송은 그야말로 사막의 오아시스와 같은 존재였다. 특히 주차장을 방불케 할 만큼 정체된 차 속에서 듣는 라디오코리아 방송은,

오랜 차 정체도 견디게 할 만한 활기를 불러일으키기에 충분했다. 1년간 체재하면서 가장 많이 들었던 노래는 이정옥 가수가 부른 〈♪숨어 우는 바람소리♪〉 였다. 거의 매일 라디오에서 흘러나오는, 애잔하며 은근히 향수를 자극하는 이 노래를 들으면서, 같은 제목으로 수필 한 편을 써 발표한 적이 있다.

LA 근교에 있는 게티 미술관 방문 또한, LA에 체재할 동안 가장 좋았던 경험이다. 1954년에 석유왕 진 폴 게티가 조성한 이 미술관은 고대 로마의 빌라와 같은 외양으로 되어 있다. 고대 로마/그리스의 유물들은 물론, 렘브란트, 오귀스트 르누아르, 빈센트 반 고흐, 에두아르 마네 등이 그린 유명 작품들도 전시되어 있어, LA 체재 동안 서너 번 방문하였다. 미술에 대한 심미안은 부족하였지만, 유명한 화가들의 그림을 내 눈으로 직접 볼 수 있다는 것만 해도 좋았다.

2025년 1월, 우리가 체재했던 PV 지역 근처에서 큰 산불이 일어났다는 뉴스를 듣고 마음이 무척 아팠다. 그곳에 체재하면서 보았던, 산 중턱의 아름답던 저택들이 모두 불탔기에, 그 화재가 마치 내 집이 불탄 것 같아 더욱 마음 아팠다. 자주 집 근처 언덕을 오르내리며 보았던, 광활한 북태평양을 마주한 피오르드 모양의 만(灣) 위 언덕에 놓여 있던 저택들의 풍경 자체가 한 폭의 그림이었기 때문에 더욱 마음이 아프다.

한국 교육, 미국 교육

82

네 번의 미국 대학교에서의 체재 기억을 정리하면서, 잠시 미국에서 경험했던 미국 교육에 대해 회고해 보고자 한다. 신시내티 대학교 방문 시엔 나 홀로 체재했지만, 그 후로는 아이들과 함께 체재하면서, 그곳에 있는 학교에 보내었다. 스탠퍼드 대학교 체재 시에 두 딸은 중학교에, 뉴욕주립대학교 버펄로 대학과 UCLA 체제 시, 늦둥이 아들은 각각 초등학교 1학년과 중학교 1학년에 다녔다.

입학시험 위주의 교육이 진행되는 우리나라와 달리, 융합적이고 창의적이며 자유로운 교육 과정을 보면서 놀라움을 감출 수 없었다. 특히 국어 따로, 수학 따로, 사회 따로 식의 수업이 아니라, 국어, 수학, 사회, 자연 등이 융합된, 이른바 전인(全人) 교육적 교과 과정으로 이루어져 있었다. 많지 않은 숙제였지만, 아이들 숙제를 봐 줄 때마다, 이게 수학 문제인지, 국어 문제인지, 사회 문제인지 모를 정도였다. 어떻게 해서 그런 교육이 가능한지 신기하게 여겨질 정도였다. 학교에서 받은 수업 내용을, 금방이라도 실생활에 응용할 수 있도록 교과 과정이 되어 있었다. 많은 숙제를 내어 주는 대신 우리나라 방과 후 교실 같은 취미 활동을 더욱 권장했다.

우리나라 학생들은 수학 올림피아드니, 과학 올림피아드 같은, 세계적으로 같은 나이 또래의 학생들을 대상으로 하는 학업 올림픽에서 거의 매년 최상위권을 휩쓸 만큼 실력이 뛰어나다. 요즈음 주위를 둘러보면, 젊은 엄마들 중심으로 선행 학습의 열풍이 대단한 걸 흔히 볼 수 있다. 엄마들의 말에 따르면 어릴 적부터 그리 해야 서울대학교 입학이 가능하고, 밝은 미래를 보장해 줄 수 있다고 한다. 그래서인지, 내 주위의 어린아이들을 보면, 초등학교 5, 6년 학생이 벌써 중, 고등학교 과정의 수학 공부를 하는 경우가 적지 않다.

하지만 이렇게 선행학습을 해가면서 공부하지만, 정작 대학교에 오면 그들의 학습 능력은 현저히 감소한다. 어릴 때부터 공부에 지쳐 그럴 수도 있겠지만, 내 생각엔 교육의 문제가 아닌가 한다. 우리나라 학생들은 세계 수학 올림피아드, 과학 올림피아드에서 최상위권 실력을 자랑하지만, 대학에서의 창의력은 상위권에도 들지 못하게 된다.

반면, 미국의 아이들은 초등학교는 물론 고등학교에 이르기까지 수학이나 과학 성적이 우리나라 아이들의 평균보다 못하지만, 대학생이 되면 놀라울 정도로 창의력을 발휘한다. 그런 창의력의 원천이 바로 초, 중등학교에서의 그 자유롭고 창의적이며 융합적인 교육 과정에서 비롯됨은 두말할 나위 없다. 주지하다시피, 실리콘밸리의 뛰어난 천재들은 오늘날 세계 경제계에 이름을 낼 만큼 창의력을 발휘하고 있지 않은가? 스티브 잡스, 빌 게이츠, 마크 저커버그 같이 오늘날 세계를 주름잡고 있는 경제인들을 보라.

멀리 갈 것도 없이, 해마다 10월이면, "우리나라에서는 언제 노벨 과학상이 나오나?" 하고 한탄하지만, 내가 생각하기엔 내가 지금까지 받아 온 교육, 그리고 아이들이 받아 온 교육을 생각하면 한국 과학자의 노벨 과학상 수상은 요원하지 않을까 한다. 가까운 일본을 보라. 20명이 넘는 노벨 과학상 수상자를 배출하였다. 여러 가지 원인이 있겠지만, 이 모든 현상이 우리의 교육 과정의 문제점에서 비롯된 것이라는 생각이다. (물론 노벨상 수상은 어느 정도 그 나라의 국력에 비례한다. 그러니 한국의 국력이 커진 만큼, 가까운 장래, 어쩌면 2025년에도 노벨 과학자 수상자가 나오리라는 희망은 지니고 있다. 2024년, 한강 작가가 노벨문학상을 받은 것도, 적어도 문화면에서는, K-드라마, K-팝, K-영화, K-클래식으로 대변되는 것처럼, 우리나라 국력이 그만큼 커진 덕분일 것이다.)

미국에 체재하면서 생물학 전공으로 석사 학위까지 받은 학생이 음악대학 박사 과정에 진학하는 것도 보았고, 화학공학을 전공한 학생이 대학 졸업 후 영문학으로 전공을 바꾸어 학위 과정을 이수하는 것도 보았다. 초등학교 때부터 이른바 전인 교육을 받아 온 그들이기에, 그런 자유로운 분위기에서 요즈음 우리가 말하는 융합적 전공 선택이 가능한 것이리라.

우리나라 학생들 경우, 이과 계열을 졸업한 학생이 문과 계열로 진로를 바꾼다든가, 그와 반대로 문과를 전공한 학생이 이과 계열로 전공을 바꿔 진로를 새로 설정한다든가 하는 것은 거의 불가능한 것으로 여겨진다.

미국 교육을 경험하고 돌아와서 그런지 우리 아이들도 학원 같은 사교육을 받는 걸 싫어했다. 나나 아내도 (한국의 현실을 애써 부정하면서까지) 아이들이 학원 가는 걸 좋아하지 않았다. 그러다 보니 우리 아이들은 중학교는 물론이고, 고등학교 때에도 학원에서 공부하지 않고, 정규 수업이 끝난 후

야간 자율 학습 등으로 대학 입학시험 준비를 했다. 이젠 모두 대학을 졸업하고 나름대로 자기 자리에서 최선을 다해 살아가고 있다.

우리 아이들이 다른 아이들처럼 입시 학원에 다녔더라면, 요즈음 아이들처럼 선행학습을 시켰더라면, 지금보다 훨씬 나은 인생길을 걸어갈 수 있지 않았을까 하는 아쉬움이 없지는 않다. 하지만 우리 같이, 시대의 조류를 거부하고 원칙대로 살아가도 잘 살 수 있는, 상식의 우리나라가 되었으면 좋겠다는 소망은 결코 저버릴 수가 없다.

83

노벨 과학상과 관련해 한 가지 더 언급할 일이 있다. 정부나 산업체 등으로부터의 연구비 지원 없이는 연구 활동이 쉽지 않다. 우리나라의 연구비 지원 정책을 보면, (초, 중등학교 때의 교육 과정의 문제점과 별도로) 우리나라 과학자들이 노벨 과학상을 받지 못하는 또 다른 이유가 있는 것 같다.

선택과 집중이라는 명목하에, 점차 거액의 연구비로, 극히 일부 학자들만 선택적으로 지원하는 방식으로 정책이 흘러가고 있다. 일본은 4년제 대학교의 교수 모두에게 일정액의 연구비를 지원하되, 그중에서 선택과 집중에 따라 우수 연구자에게 거액의 연구비를 지원한다. 중요한 것은 소액이라도 연구자 모두, 특히 대학교수들 모두에게, 매년 정기적으로 연구비가 지원되어야, 평생 자기가 하고 싶은 연구에 집중할 수 있는 법이다. 예측 가능한 연구비가 있어야 안심하고 연구에 집중할 수 있다. 이런 과정에서 연구 성과들이 누적되면서 우수한 성과가 나올 수 있는 것이다.

실제 일본의 노벨 과학상 수상자들을 보면, 인기 없는 주제라도 자신이 해 오던 연구를, 연구비 걱정 없이 평생 해 왔기 때문에 노벨상 수상의 영광을 안게 되는 경우가 적지 않다. 그런데 우리나라처럼 극히 일부 과학자들에게만 연구비가 몰리게 되면 기초과학을 포함하여, 나머지 대다수 연구자들은 자신만의 연구에 집중할 기회조차 박탈당하게 된다. 그 선택과 집중에 따라 연구비 지원을 받지 못하는 연구자들은, 아예 연구에서 손을 뗄 수밖에 없는 상황을 맞게 되는 경우도 적지 않다. 게다가 정권이 바뀔 때마다 자신의 전공과는 무관하게 정부의 입맛에 맞는 연구 주제로 연구 계획을 바꾸게 되고, 연구비 수혜가 이뤄지면, 그에 맞춰 연구를 수행하게 되는 경우를 수없이 많이 보아왔다. 이러고서야 어찌 노벨 과학상을 기대할 수 있겠는가!

기회가 있을 때마다, 연구비 지원을 담당하는 한국연구재단 같은 곳의 담당자를 만날 때마다 강조했다. 그런 소수 연구자에 대한 집중 연구비 지원도 필요하지만, 모든 연구자가 자신의 연구에 집중할 수 있도록 소액의 연구비라도 지속해서 연구비를 지원해야, 연구자들이 평생 자신이 하고 싶은 연구를 수행할 수 있고, 그런 가운데 노벨 과학상도 자연히 뒤따라오게 된다고 강조했다. 하지만 공무원들의 생각은 소수의 연구자에게 많은 연구비를 몰아 주어야 자신들이 관리하기가 편리하기에, 소귀에 경 읽기로, 들을 생각도 하지 않았다. 연구자로서 40여 년을 보내면서 우리나라 연구비 지원 정책에서 언제나 안타까움을 느꼈던 부분이라, 여기서 언급하였다.

한편, 미국 지역 이외의 다른 해외 대학교나 연구소를 중·단기 방문하여 연구를 수행하기도 했다. 일본의 사이타마 대학교, 도쿄공업대학, 일본 이화학연구소 (RIKEN), 일본의 규슈(九州) 대학교, 뉴질랜드의 오타고 대학교, 중국 상하이 과학원 산하, 상하이산업기술연구원 (나노과학기술 및 산업발전촉진센터), 상하이 대학교 등을 방문하여 그 대학이나 연구소의 저명 학자들과 공동연구를 수행하기도 했다.

84

이런 과정에서, 특히 단기 방문 연구 시절, 단 며칠이라도 가족들과 함께 여행한 것은 교수 생활하면서 덤으로 얻은 행복이었다. 동경에 머물 때, 잠깐 틈을 내어 일본의 북부 지방인 이와테현의 모리오카에서부터 남부 규슈 지방의 나가사키에 이르기까지 둘러보았고, 뉴질랜드 오타고 대학교 방문 시엔, 남섬의 더니든에서 북섬의 로토루아에 이르기까지 가족과 함께 여행한 것도 교수 생활할 동안 몇 번 안 되는 가족 여행이었기에 특히 기억에 남는다.

16.
밀리언마일러 클럽

40년간 지구 마흔 바퀴를 돌다

85

장기 해외 파견 근무뿐만 아니라, 국제적인 학술 교류 영역을 넓히기 위해 가능한 한 전문 분야의 국제 학술회의에도 많이 참석하려고 애썼다. 40대 전반까지는 사실상, 연구 실적도 부족하고, 또한 그런 학술적 인력교류가 부족하다 보니, 연구비 지원을 받기가 쉽지 않았다. 때문에, 국제 학술회의에 참석하려면 왕복 항공료와 체재비 등을 내 월급에서 충당할 수밖에 없었다.

혹자는 그렇게 하지 않아도 편하게 교수직을 수행할 수도 있는데, 자기 월급을 써가면서까지 그렇게까지 할 필요가 있을까 하고 생각할 수도 있을 것이다. 사실상 맞는 말이다. 하지만 다른 사람이 인정하든 말든, 내 마음속엔 언제나 내 분야에서 최고가 되고 싶다는 부질없는 욕망이 똬리를 틀고 앉았나 보다. 어려움이 있었지만, 무리한 상황 속에서도 할 수만 있다면 최선을 다하고 싶었다.

그러다 보니 교사였던 아내의 월급으로 생활하고, 내 월급은 국제선 항공료 등 국외여행 경비로 사용하곤 했다. 부모님이 "길에다, 하늘에다, 돈을 뿌리고 다닌다."고 안타까운 마음을 피력할 정도였다. 당시 우리가 맞벌이 부부인지라 부모님이 우리 아이들을 돌보고 있었다. 해서, 아내는 자기 월급에서 일정 금액을 떼어 매달 부모님께 용돈을 드렸다. 지금 생각하면 무척 살림살이가 빠듯했을 것이다. 내가 여러모로 집에서는 작아질 수밖에 없는 또 하나의 이유이기도 하다. 이렇게 세계 각국을 누비며 국제 학술회의에 참석하다 보니, 대한항공의 밀리언마일러 클럽에 가입하게 되었다.

밀리언마일러 클럽, 말이 쉽지, 비행기 탑승 실적이 백만 마일, 곧 약 1백6십만km를 넘긴다는 것이 어디 쉬운 일인가? 지구 둘레가 4만 75km 정도인 걸 고려하면, 교수로 재직하면서 지구를 마흔 바퀴 돌았다는 의미이다. 회사 중역이나 세계 유명 정치인이라면, 세계를 자기 집처럼 누비며 다니니, 밀리언마일러 클럽 가입이 그리 어렵지 않을 것이다. 하지만 나 같은 대학교수가 밀리언마일러 클럽에 가입한다는 것은 정말 어려운 일이다. 백만 마일의 탑승 기록은 내게는 어떤 훈장보다 더 의미 있는 훈장이 아닐 수 없다. 이 내용을 바탕으로 〈훈장〉이란 제목으로 수필 한 편을 쓴 바 있다.

물론 38년 6개월의 교수 생활에다, 과학원 박사 과정 동안 수행했던 1년 6개월의 조교 경력까지 합산되어, 40년 이상 교육공무원 근속자들에게 주어지는 '황조근정훈장'을 국가로부터 받았지만, 그것보다는 밀리언마일러 클럽이라는 훈장이 내게는 더 큰 의미가 있다.

고려 시대, 조선 시대 때 청렴결백한 선비들을 일컬어 청백리(淸白吏)라 한다. 현대 사회에서도 공공 기관의 관리들 가운데, 다른 사람들의 귀감이 될 만한 분들을 일컬을 때도 청백리라 일컫는다. 그분들에게 존경을 나타내는 의미로 정부에서 가끔 훈장을 수여하곤 한다. 청백리는 역사적으로는 존경을 받는 인물들일지 모르지만, 정작 청백리의 가족들, 특히 그 부인들은 고난의 삶을 살았음에 틀림없다. 그런 청백리의 삶을 생각하면, 나의 그 밀리언마일러 클럽 가입과 같은 훈장 이면에도, 아내의 말없이 흘린 눈물이 강을 이루었을 것이란 생각이 든다.

교수부임 초, 박사 학위 취득을 위한 실험 연구를 위해, 아직 신혼 초인 데다 이제 한 살, 두 살 된 연년생 두 딸을 두고 서울에서 사흘 밤을 보내어야 했을 때나, 내 월급을 털어, 국제적 학자로 발돋움하기 위해 연구 활동은 물론이고, 국내는 물론 온 세계를 누비며 다닐 때, 아내가 겪었어야 할 경제적, 심적 고통을 미루어 짐작하면, 입이 열 개라도 할 말이 없다. 부모님이 우리 아이들 양육에 도움을 주었다 하더라도, 엄마로서, 아내로서, 또 직장인[교사]으로서 홀로 남편의 빈자리를 채워가며 생활을 책임져야 하는 아내를 보면서, 나는 늘 '괄호 밖의 남자'라고 자책해 왔다. 아내에게는 늘 미안하면서도 고마운 마음을 간직하고 있다.

아무튼 그렇게 밀리언마일러 클럽에 가입될 정도로 하늘

을 누비며 다닌 덕택에, 그나마 어느 정도는 국제적으로 인정받는 학자가 될 수 있었다. 나아가 다수의 세계적인 학자들과 친구 관계를 맺을 수 있게 되었다. 이런 외국 학자들과의 인적 교류와 친분이, 교수 생활하면서 내 연구 활동에 큰 도움이 되어 주었음은 두말할 나위 없다.

밀리언마일러 클럽 가입과 관련하여, 서너 가지 더 언급할 내용이 있다. 교수 재직 기간 중 최소 40여 국, 90여 도시를 방문한 것 같다. 학술회의 기간 중의 방문이라, 본격적인 관광 여행은 할 수는 없었다. 학술회의 기간에, 학술회의 주최 측이 주관하는 참석자들을 위한 반나절 혹은 하루 정도의 주변 명소 탐방이 대부분이었다. 그러다 보니 그토록 많은 곳을 방문했지만, 뚜렷이 기억나는 곳이 많지 않다. 한 번 방문한 도시가 대부분이었지만, 두세 번 이상 같은 도시나 나라를 방문한 때도 적지 않다.

그중에 가장 자주 방문한 나라는 일본과 중국이다. 지역적으로 가까운 나라인 것도 한 이유이다. 일본은 국제 학술회의 참석 이외에도, 일본 교수들과 친분이 깊은 분이 많아, 그들의 소속 대학에 초청되어 강연하거나, 공동연구를 한 적이 많기 때문이다. 교수 재직 기간 동안 최소 40회 정도 이상은 방문하였던 것 같다. 그중에서도 도쿄공업대학과 규슈 대학교를 가장 자주 방문하였다.

다음으로 중국이다. 중국도 베이징, 상하이, 지난, 광저우, 시안, 하이난, 티엔진 등 많은 곳을 방문하였는데, 그중에서도 특히 상하이는 1년간의 연구년을 위한 체재뿐만 아니라, 상하이 대학교와의 공동연구로 최소 30회 이상은 방문하였다. 부산과 지역적으로 가깝다 보니 최근까지도 수시로 방문하면서 국제협력을 해 왔다.

86

1주일 만에 지구 반 바퀴를 돌다

밀리언마일러 클럽에 가입하는 동안 장거리 여행으로 기억에 남는 곳은 두 곳이다. 하나는, 2001년 5월, 1주일 동안 여정으로 다녀온 브라질 레시페(혹은, 헤시피)에서 개최된 국제 학술회의 참석을 위한 공무 국외여행이다. 인천 국제공항에서 레시페 구간 거리는 약 1만 8천km이다. 약 26시간이 걸린다. 왕복 약 3만 6천km의 먼 여정이다. 당시 부산 김해공항에서 출발해 인천 국제공항에서 미국 LA 공항을 경유하였다가, 브라질 상파울루 공항에 도착한 다음, 다시 레시페까지 비행기를 네 번이나 갈아타야만 하는 여정이었으니, 연결편 탑승을 위한 공항 대기 시간까지 합치면 거의 나흘을 비행시간으로 채웠다. 레시페에서 이틀을 체재한 후 같은 여정으로 귀국하였다. 얼마나 멀었던지 LA 공항에서 인천 국제공항까지 아직도 약 9천5백km를 더 가야 하는 데도, 상파울루 공항을 출발해 약 9천9백km 떨어진 미국 LA 공항에 도착했을 때는 마치 서울에 도착한 것처럼 여겨졌다.

다음으로는 1주일 만에 북반구의 에스토니아와 남반구의 호주 브리즈번을 방문한 공무 국외여행이다. 2012년 10

월, 호주 브리즈번에 있는 퀸즐랜드 대학교에서의 초청 강연이 예정되어 있어 공무 국외여행 허가를 받아 놓은 상태였다. 출장을 준비하던 중에 학교 일로 갑자기 에스토니아의 타르투 대학교에 공무로 갈 일이 생겼다. 당시 부산대학교 부총장을 맡고 있었을 때였다. 타루트 대학교에서 '코리아페스티벌'의 일환으로 발트 3국 관련 국제 심포지엄이 개최되었는데, 우리 대학의 총장급 인사의 방문을 요청하였다.

에스토니아는 라트비아와 리투아니아와 함께 발트 3국으로 알려진 곳인 만큼 한국과의 교류가 흔하지 않은 나라였다. 부산대학교의 이상금 교수가 그쪽 지역 대학교와 긴밀한 협력관계를 가지고 준비한 학회였다. 타르투 대학교의 고위 보직교수들뿐만 아니라, 핀란드 주재 에스토니아 한국 대사(핀란드 주재 대한민국 대사가 발트 3국의 대사도 겸임하고 있었다.)도 참석 예정이었다. 호주 출장이 예정되어 있었지만, 학교 사정으로 총장을 대신하여 그 심포지엄에 참석해 인사말을 하게 된 것이었다.

일단 부산 김해공항을 출발해 인천공항을 거쳐 핀란드의 헬싱키 공항에 도착하였다. 헬싱키 공항에 마중 나온 이 교수와 함께 고속버스를 이용하여 타르투 대학교에 도착했다. 1박 후 심포지엄에 참석해 부총장 자격으로 인사말을 했다. 저녁 만찬을 함께한 다음 다시 1박하고, 부산대학교의 다른 교수들은 그곳에서 남은 일정을 보내고, 나는 다시 헬싱키 공항을 출발하여, 인천공항에서 잠시 머문 뒤, 호주 시드니 공항을 거쳐 브리즈번에 도착하여 초청 강연을 했다. 그리고 1박 후 다시 인천공항으로 출발하였다. 당시 이 교수 덕분에 타르투뿐만 아니라 라트비아의 리가와 리투아니아의 빌뉴스도 잠깐 둘러보았다.

인천공항에서 헬싱키 공항까지 비행시간이 약 14시간, 그리고 인천공항에서 시드니 공항까지 비행시간이 약 11시간이다. 인천공항에서 잠시 머물긴 했지만, 타르투 대학교에서 볼 일을 마치고 헬싱키에서 시드니 공항까지 무려 25시간, 약 1만 2천5백km의 먼 여정이었다. 항공기 내에서 보낸 1박을 포함해 지구 북반구의 거의 최북단에서 남반구의 거의 최남단에 이르기까지 약 1만 2천5백km의 하늘길을 달렸던 것이었다. 왕복으로 치면, 항공기 내에서 2박 하며, 약 2만 5천km의 먼 하늘길을 다녀온 셈이다.

레시페 여정이나 에스토니아-브리즈번 여정처럼, 지구 반 바퀴를 도는 여정뿐만 아니라 나의 다른 공무 국외여행도 대부분 그런 식으로 이루어졌다. 일정이 바쁜 것도 있었지만, 공무 국외여행은 한 학기당 주말을 포함하여 10일 이내의 기간만 허용한다는 우리 대학교의 규정 때문이기도 하였다.(대학교마다 규정이 다르다.) 학생들의 수업권 보장을 위한 정책이니 규정을 따라야 했음은 물론이다. 국외여행 기간 빠진 수업은 나중에 그 시간만큼 보강해야 했다.

연구 실적이 쌓이다 보니 그동안 쌓아 올린 국제적 인지도 덕분에 해외 대학교나 국제 학술회의 등에서의 초청 강연이 많았다. 한 학기당 10일 이내 공무 국외여행 규정을 따르다 보니, 일본을 비롯해 가까운 동남아 국가 경우, 보통 1박 2일, 혹은 무박(밤 항공편 이용) 2일의 일정으로 다녀오는 경우가 대부분이었다. 심지어 멀리 미국에 출장 갔을 때도 1박 3

일(비행기에서 1박)의 여정으로 다녀오곤 했다. 그러니 많은 국가, 많은 도시를 방문했지만, 관광 여행이 아니다 보니 기억에 남아 있는 곳이 별로 없다.

이렇게 장거리 비행을 할 때 누구나 겪는 시차 적응이라든가, 이코노미석 증후군 같은 것을 비교적 덜 느끼는 나를 보고, 주위에서 '비행기 체질'이라 하기도 했다. 몸매는 말랐지만, 체력적으로는 건강했나 보다. 나름대로 시차 적응을 위한 노력도 많이 했다.

가령 도착지의 시간이 밤이면, 우리나라의 밤에 출발해도, 비행기 내에서 독서, 강의 준비, 혹은 기내 영화 감상 등을 하면서 잠을 자지 않으려고 애썼다. (그래야 도착지에 도착했을 때 우리나라의 낮에 해당하더라도, 피곤해서 잠에 곯아떨어질 수 있다.) 도착 시간이 낮이면, 우리나라에서 낮에 출발하여도 억지라도 잠을 자려고 했다(그래야 현지 낮 시각에 피곤하지 않게 활동할 수 있기 때문이다.) 반면, 짧은 여정일 경우, 도착지 현지에서도 우리나라 시간에 맞춰 몸시계를 맞추었다. 현지 시각이 저녁 6시라도 우리나라 시간으로 새벽 시간일 때엔, (눈에 안대를 낀 채) 무조건 일찍 잠자리에 드는 식으로 시차를 극복하려 애썼다. 하지만 60대가 넘어서면서는 장거리 비행일 경우, 이코노미석 증후군은 벗어나기 힘들어 보너스 마일리지로 비즈니스석을 이용하곤 하였다.

87

교수 재직 기간 동안 공무 국외여행에 관련된 추억 중에 기록에 남길 만한 또 하나는, 북한을 방문할 뻔했던 기억이다. 아마 김대중 대통령 시절이었을 것이다. 남북 관계에 훈훈한 바람이 불던 시절이었다. 당시 한국과학기술단체총연합회 주관으로 남-북한 화학자 한민족 학술회의가 준비되고 있었다. 3월 모일, 평양에서 개최될 예정이었다. 서울 지역의 화학자들이 주로 참가 대상으로 되어 있었지만, 나와 앞서 언급한 바 있는 같은 학과의 조원제 교수님, 두 명도 초청 대상에 포함되었다. 북한에 대한 호기심도 있고 해서, 당연히 초청을 수락하고, 대학에도 공무 국외여행 계획서를 제출했다. 당시 주관하는 측에서 극비로 해달라 했지만, 여행 국가명을 기록해야 해서, 내용을 기록하고 방문 국가에 조선민주주의인민공화국이라는 북한의 정식 명칭을 사용하였다.

국외여행 허가 공문이 학과로 내려오자, 다들 북한, 그것도 평양에서 개최 예정인 학술회의라 동료 교수들이 모두 궁금해했다.

하지만 남북 관계가 워낙 미묘한지라, 국외여행 허가 공문이 내려온 지 2주일쯤 되었을 때, 학술회의 날짜가 5월로 변경되었다는 소식이 전해졌다. 마침 5월 그날엔 내가 주관하는 다른 학술회의가 예정되어 있었다. 우리 대학교에서 일본 교토 대학교의 요시키 추조 교수와 한-일 국제 공동 세미나를 개최하기로 되어 있었다. 한국 측 학자 8명과 일본 측 학자 8명의 발표가 이미 확정된 상태였다. 내가 주관한 회의라 선택의 여지가 없었다. 같은 날짜에 평양에서 개최되는 학술회의 참가는 포기할 수밖에 없었다. 해서, 국외여행 취소 절차를 밟았다. 당시 예정대로 다른 학자들과 평양에 다녀온 카이스트의 지도교수께서 평양에서 있었던 이런저런 경험에 대해 전해 주었을 때, 조금은 아쉬운 마음이 들었지만, 어쩌겠는가? 이 모든 것도 운명이라 여겨야 할 것 같다.

유리 쉬시푸노프 교수

88

한편, 국제 학술회의 참가, 외국대학 방문, 우리 대학에의 해외 학자 방문 연구 등으로 외국 학자들과 많은 친분이 있었다. 미국을 비롯하여, 러시아, 프랑스, 독일, 일본, 중국, 뉴질랜드, 호주, 인도, 베트남, 타이완 등, 많은 나라의 학자들과 나름대로 아주 가까운 친분을 유지해 왔다. 그중에서 20명이 넘는 중국과 인도의 젊은 학자들은 내 연구실에서 박사 학위를 받거나 박사후연구원 혹은 방문 연구자로 공동 연구를 수행하였다. 심지어 이란, 파키스탄, 에티오피아 학생도 수개월 동안의 중기 방문으로 내 연구실에서 연구를 수행하기도 했다.

그중, 특기할 만한 몇몇 해외 학자들로는 우선, 일본 규슈대학교의 치사토 카지야마 교수를 들 수 있다. 나중에 규슈 대학교 총장은 물론 후쿠오카 여자대학 총장 및 이사장을 지낸 그는 내가 부산대학교 교수 부임 후 처음으로 만난 외국 학자로 수십 년간 교류를 이었다. 교수 임용 직후부터 한국고분자학회 부산경남지부와 일본고분자학회 규슈 지부와의 국제 공동 심포지엄을 준비하면서 교류를 시작하여, 그의 제자와 2세대 제자에 이르기까지 친분 관계를 계속하여 왔다. (1984년부터 시작된 이 부산경남-규슈 국제 공동 심포지엄은 교수들뿐만 아니라 대학원생들의 발표까지 확대되어 매 2년마다 부산-경남 지방과 규슈 지방을 번갈아 방문하며 개최되는데 지금까지 이어지고 있다.)

일본 JAIST의 유수케 카와카미 교수와 그의 제자 교수들은 일곱 번에 걸친 아시아-태평양 지역 첨단재료 국제 학술회의(International Symposium on Advanced Materials in Asia-Pacific Rim : ISAMAP) 조직을 통해서, 교토 대학교의 요시키 추조 교수와 그의 제자 교수들은 한-일 고분자 하이브리드 국제 공동 심포지엄과 매 5년마다 미국 하와이주 호놀룰루에서 개최되는 환태평양국 화학회 연합 국제 학술회의(International Chemical Congress of Pacific Basin Societies (PACHIFICHEM) 가운데 특별 심포지움 공동 조직을 통해 교류를 맺어 왔다.

특히 요시키 추조 교수는 2017년 5월에 내가 일본고분자학회에서 SPSJ International Award를 받도록 추천해 주기도 했다. 도쿄공업대학(2024년 10월부터 도쿄과학대학(Institute of Science Tokyo로 바뀜)의 신지 안도 교수, 중국 상하이 대학교의 리이 시 교수, 중국 산둥 대학교의 홍지 류 교수, 호주 뉴캐슬 대학교의 아자얀 비누 교수들과도 국제 공동 심포지움 조직이나 공동 연구 등으로 오랜 기간 교분을 맺어 왔다. (아자

얀 비누 교수는 호주 퀸즐랜드 대학교에 있을 때 나를 그 대학교의 명예교수가 되도록 추천해 주었다.)

이들 교수들을 비롯해 해외의 여러 대학교의 친분 있는 학자들 연구실에 내 연구실의 박사 과정 학생들 또는 박사후연구원을 보내, 짧게는 한두 주로부터, 길게는 수 개월 동안 연구를 수행하도록 하곤 했다. 특히 폴리이미드의 광학적 물성을 연구하는 신지 안도 교수 연구실에는 수 년에 걸쳐 내 연구실의 박사 과정 학생들을 보내 각각 3개월 정도 머무르면서 연구를 수행하게 하였고, 그곳 박사 과정 학생이 내 연구실에서 3개월 정도 머무르며 연구를 수행하기도 했다. 이렇게 해서 안도 교수와는 여러 편의 공동 연구 논문을 국제 학술지에 게재하기도 했다.

상하이 대학교의 리이 시 교수와의 국제 협력과 관련해서는 경제학을 전공한 조선족 중국인 양용남 박사와의 친분도 언급할 필요가 있다. 앞서 236쪽에서 중국 푸단 대학교의 동위엔 쟈오 교수와의 한-중 공동연구센터 사업에 대해 언급한 적이 있다. 2012년 9월 20~23일, 상하이에서 중국 상하이 시정부가 주관하는 2012 상하이 국제 나노과학기술포럼이 열렸는데, 나와 쟈오 교수의 공동연구센터 사업이 한-중 과학기술 협력의 모범적인 사례로 추천되어 3년간의 연구 성과를 발표하였다.

당시 베이징의 한중과학기술협력센터에 재직하고 있던 양 박사와 그때 처음 인사를 나누었다. 한국과 베이징의 삼성전자에서 중견 간부로 각각 6년간 근무한 적도 있는 양 박사는 한-중 과학기술 협력의 핵심 인사였다. 몇 년이 지난 후, 상하이과학원 산하 상하이산업기술연구원으로 자리를 옮긴 양 박사의 추천으로 2017년엔, 상하이산업기술연구원 내 상하이 나노과학기술및산업발전촉진센터(SNPC)에서 고급방문학자로 부산-상하이를 오가면서 연구년을 보내었다. 2018년 4월, 당시 SNPC의 고문으로 봉사하기도 했던 리이 시 교수가 자싱[가흥, 嘉兴]시에 상하이 대학교 신흥산업연구원을 열면서 내게 협력을 요청해 왔다. 이후 수시로 그곳을 방문하면서 국제 협력을 이어 갔다. 지금은 신흥산업연구원의 부소장으로 재직하는 양 박사와의 만남도 참 귀한 인연이라 하지 않을 수 없다.

한편, 미국의 케이스 웨스턴 리저브 대학교(CWRU)의 하추오 이시다 교수도 빼놓을 수 없다. 일본계 미국인인 그는 나와의 오랜 기간의 국제 협력을 바탕으로 자신이 편집장(Editor-in-Chief)으로 봉사하는 《Composite Interfaces》라는 복합재료의 계면을 다루는 국제 학술지의 아시아 편집인(Editor for Asia)으로 나를 위촉하기도 했다.

그래도 가장 친한 학자 한 사람만 꼽으라면, 러시아 과학원 극동연구소의 유리 쉬시푸노프 교수를 들 수 있다. 그와는 《Composite Interfaces》지의 논문 편집 건으로 친분이 시작되었다. 내가 객원 편집장이 되어, 국제학자들의 논문을 초청하던 중에 그를 알게 되었다. 이후 유리 교수와 여러 가지로 뜻이 맞아, 2007년 유리 교수 근무처가 있는 러시아 블라디보스토크에서 첫 번째 아시아 첨단재료 국제 학술회의(Asian Symposium on Advanced Materials; ASAM)를 공동 주관해 개최하였다. 그 후 이 학술회의는 2년마다 번갈아 가며 중국, 일본, 타이완, 베트남, 한국 등에서 개최되었다.

러시아는 유럽 국가로 생각되는 게 일반적이긴 하지만, 유리 교수가 재직 중인 러시아과학원 극동연구소가 있는 곳인 블라디보스토크는 지정학적으로 북한과 중국과 국경을 접한 곳이라 아시아에 속한다고도 볼 수 있다. 2015년엔 내가 주관이 되어 부산에서 그 학술회의를 개최한 바 있고, 올해 2025년 11월엔, 다시 부산에서 제9회 ASAM 개최가 예정되어 있다.

또한, 유리 교수는 나의 초청에 따라 2008년 시행된, 교육부 주관의 '세계 수준의 연구 중심대학(World Class University, 약칭 WCU) 육성 사업'으로 우리 대학에 와서 5년간 근무한 적이 있어 더욱 친분이 돈독하게 되었다. WCU 사업은 이명박 대통령 시절, '국외의 석학들을 국내로 초청하여 국내 학문의 수준을 향상시킨다.'는 명분으로 교육부가 시행한 사업으로 2008년 말부터 시작된 사업이다. 초빙된 외국학자의 비중에 따라, 가령 노벨상 수상자는 얼마, 세계 몇 % 이내 과학자는 얼마, 이런 식으로 연구비뿐만 아니라 연봉 기준으로 최소 수천만 원에서 수억 원까지 한국 체재비를 지원하였다. 5년간 8천억 원이 넘는 규모로 지원한 사업이다. 이 돈을 국내 학자들의 연구력 향상에 썼다면 더 큰 효과를 낼 텐데, 외국 학자들의 이름값만 믿고 그들에게 상당한 규모의 지원을 해 줌으로써 쓸데없는 국비 낭비라는 비판도 만만찮은 사업이었다.

아무튼 2013년 WCU 프로그램 종료 후에도, 유리 교수는 코로나19 시절 3년을 제외하곤, 해마다 여름방학 때면 내 연구실에 와서 머물며 공동연구를 해왔다. 유리 교수 방문 시엔 자주 내 연구실 대학원생들과 금정산성마을에서 함께 족구하고 토종닭집에서 함께 점심을 먹고 했다. 족구할 때는, 70대의 나이에도 불구하고 젊은 학생들보다 더 나은 체력으로 발군의 실력을 보여줘, 항상 최우수 선수(?)로 선발되었다.

유리 교수 덕분에 러시아 상트페테르부르크도 두 번이나 방문했다. 나도 그렇지만 그도 걷기를 좋아해, 어느 날은 아침 7시에서 저녁 10시까지 네바강을 따라 상트페테르부르크 전역을 걸어서 돌아다니면서, 관광명소들을 방문했다. 백야(白夜)의 도시이니 여름엔 저녁 10시가 되어도 아직 해가 지지 않았기 때문에 가능했다. 그곳에 있는 예르미타시 박물관을 방문하여 내 생애 최고의 미술 작품인 렘브란트의 〈돌아온 탕자〉 원본 그림을 내 눈으로 직접 보게 된 것도 유리 교수 덕분이었다.

스페인의 그라나다에서 개최된 국제 학술회의에 참석했을 때는, 알함브라 궁전이 있는 뒷산을 하이킹했다. 안달루시아 지방의 뜨거운 뙤약볕 아래 거의 3시간 정도 하이킹한 기억이 난다.

네팔 카트만두에서 개최된 국제 학술회의 참석 시, 50인승 항공기 조종석에서 주변 히말라야산맥을 배경으로 해발 8,849m의 세계 최고봉 에베레스트산을 직접 촬영한 것도 유리 교수의 초청 덕분이었다. '숨이 멎는 듯한' 감동을 받은 채 촬영한, 속칭 나의 '인생샷'인 그 사진은 10년이 넘는 세월 동안 내 휴대 전화기 배경 화면이 되어 있다.

그 밖에도 밀리언마일러 클럽 회원이 될 만큼 공무 국외 여행을 통해 수많은 경험을 했지만, 지면 관계로 일일이 기록에 남길 수는 없기에, 내 머릿속 기억으로만 간직하고자 한다.

17.
불효자의 고백

89

내가 결혼했을 때, 부모님은 맞벌이 부부였던 우리를 위해 우리 아이들을 키워주셨다. 그럼에도 효도 차원에서 부모님을 위해서 내가 한 건 아무것도 없었다고 말해야겠다.

어느 날 아침, 어머니는 우리가 전세로 살던 아파트 욕실에서, 손빨래하다가 갑자기 쓰러지셨다. 형이 부모님을 모시고 있었지만, 우리 아이들을 봐주러 우리 집으로 출근하셨다. 그 당시 우리가 전세로 살던 아파트는 학교에서 그리 멀지 않은 곳이었다. 그날 학교에 있다가, 어머니가 쓰러져 말문을 닫았다는 갑작스러운 아버지의 연락을 받고 급하게 집으로 가서 어머니를 병원으로 모셨다. 아버지께서도 그때 우리 아이들을 유모차에 태우고 동네 한 바퀴를 돌다가, 집에 돌아와 쓰러진 어머니를 발견한 뒤 내게 전화하신 것이었다. 상당히 시간이 흘렀던 셈이었다.

내 딴에는 서둘러 집으로 간다고 했지만, 불행히도 이른바 골든 타임을 놓쳤나 보다. 그날 아침 쓰러진 후 혼수상태로 지내시다, 거의 한 달 만에 깨어나셨다. 이윽고 뇌졸중 진단을 받았고, 오른쪽 팔, 오른쪽 다리를 사용하지 못한 채 13년간 자리보전하다 요양병원에서 돌아가셨다.

아버지 또한, 뇌졸중을 앓게 된 어머니의 팔다리가 되어 주시다가 노쇠하게 되어 함께 요양병원에서 얼마간 지내시다 돌아가셨다. 2007년 9월 9일, 내가 쉰한 살 때, 아버지께서 먼저 돌아가셨고, 그보다 4년 뒤인 2011년 2월 21일, 내가 쉰다섯 살 되던 겨울, 어머니께서 돌아가셨다.

어머니가 유명을 달리하셨을 때 우리 가족은 나의 해외 파견 연구로 말미암아 미국 LA에 체재하고 있었기 때문에, 어머니의 임종도 보지 못한 불효를 저질렀다. 어머니의 사망 소식을 듣고 서둘러 귀국 길에 올랐지만, 겨우 장례식에만 참석하게 되었다. 그날 예약했던 대한항공 비행기를 타려고 LA 공항에서 기다렸는데, 하필 그날따라 라스베이거스에서 출발하여 LA를 거쳐 서울로 향하는 대한항공기가 결항이 되어 버렸다.

다른 항공편을 대체해 타려고 공항을 뛰어다니며 알아보았지만, 대체 항공편을 구할 수가 없었다. 어쩔 수 없이 LA 공항에서 항공사가 제공하는 호텔에서 1박을 한 다음 날 같은 시간, 대한항공 편으로 귀국했을 때는 장례 마지막 날이었다. 영락공원 화장터를 거쳐, 아버지가 잠들어 계신 국립영천호국원, 6·25참전군인 묘역에 어머니를 함께 모신 다음 날, 곧장 비행기를 타고 다시 미국으로 건너갔다.

평생 "학교 다녀왔습니다. 학교 다녀오겠습니다."라는 인사 외에는, 부모님과 나눈 대화가 거의 없었던, 말수 적은 아들이었다. 게다가 그렇게 어머니의 임종은 물론 장례식에까지 늦게 도착하였기에, 세상에 나 같은 불효자가 또 있을까 하는 생각을 늘 하고 있다.

2007년 가을, 아버지가 돌아가신 직후부터 그동안의 나의 불효를 반성하는 의미에서 가톨릭교회 신자들이 즐겨하는 '묵주의 9일 기도'를 시작하였다. 2025년 올해까지 18년에 걸친 세월 동안 하루도 빠짐없이, 아침에 잠에서 깨면 '묵주의 9일 기도'부터 먼저 드리고 하루를 시작한다. 이 기도는 내 삶이 다 하는 그날까지 계속할 것이다. 신앙심이 돈독해서 그런 게 아니다. 부모님께 대한 나의 불효를 조금이라도 속죄한다는 마음에서 시작된 것이 오늘 이 시간까지도 내 손에서 묵주를 놓지 못하는 까닭이다.

3부.
수필가의 달을 좇아서

19.
첫 에세이집, 첫 수필집 발간-새로운 '달'을 찾아서

첫 산문집 발간과 수필부산문학회

90

이제 다시 문학가, 곧 수필가로서의 나의 이력으로 되돌아가고자 한다. 교수 생활을 시작한 지 얼마 되지 않은 1983년부터 대학 신문사인 〈부대신문〉으로부터 가끔 과학기술에 관한 교수 에세이나 교수 논설 원고 청탁이 오기도 하였다. 게다가 1986년엔 지역신문사인 〈부산일보〉로부터 새롭게 기획된 〈과학 에세이〉 원고 청탁을 의뢰받았다.

이 모든 일은, 아마도 당시 우리 대학에서 본부 보직을 맡고 있었던 모 선배 교수의 추천 때문이 아니었을까 하는 짐작이 간다. (정확한 연유는 아직도 모르고 있다. 그 선배는 〈부대신문〉 기자 출신이기도 했다. 어쩌면 내가 공과대학 교수이지만, 학생 시절 영어 신문사 기자로 활동하였기 때문에, '글'을 쓸 수 있다는 점을 알고 나를 추천하지 않았을까 하는 생각이 든다.)

1986년 7월 15일부터 매주 화요일, 〈부산일보〉에 [첨단과 생활 하창식 과학 에세이] 칼럼에 내 원고가 게재되게 되었다. 9월 2일까지 약 3개월 정도, 여덟 편이 게재되었다. 심지어 우리 대학이 아닌 동아대학교 학생들이 발행하는 〈학보사〉에서도 원고 청탁이 왔고, 부산상공회의소 같은 외부 기관에서도 원고 청탁이 왔다. 연구와 강의에 바쁜 가운데도 이렇게 청탁받은 원고들을 집필하다 보니 어느새 제법 한 권의 책을 엮을 만큼 원고가 쌓이게 되었다.

어느 날, 출판사를 운영하던 고등학교 동기가 우연히 나를 찾아왔다. 신문에 내 칼럼이 고정적으로 게재되던 걸 알고 있었던 그 친구는 나에게 책 출판을 권했다. 마침 그 친구가 당시 출판업을 하고 있었기 때문이기도 했다. 이렇게 해서 1995년, 생애 처음으로 제1산문집 『빨간 타이어』를 출간하게 되었다. '하창식 교수의 과학 단상 생활 단상 모음집'이런 부제를 단 이 책은, 대학 시절 발표했던 「가을의 주인공들에게」와, 부산일보 〈과학 에세이〉 및 〈부대신문〉 원고들을 포함해, 당시까지 학내외로부터 청탁을 받아 게재한 원고들을 묶어 엮은 것이었다. 물론 과학원 박사 과정 당시, 천주교서울대교구의 종교음악연구소에서 배웠던 그레고리안 성가 해설 내용도 포함하였다.

당시만 해도 책 출판에 대한 사전 지식이 없었는지라, 당연히 원고만 넘기면 출판사에서 알아서 출판해 주는 줄 알았다. 이 책 출판으로 내 생애에서 좋은 일과 궂은일을 동시에 겪게 되었다.

91

궂었던 기억부터 소환해야겠다. 이 책을 출판할 때 친구에게 책 출판에 즈음하여 출판비로 얼마를 입금하면 되느냐고 물었다. 46판 크기에 200여 쪽 되는 작은 산문집이라, 500부를 인쇄하여도 출판비는 2백만~2백5십만 원 정도 되었을 것이라 짐작된다. 하지만 그 친구는 나의 첫 문학책 출판이니 걱정하지 않아도 된다고 하며, 그냥 인쇄해 주겠다고 했다. 친구가 고마웠다.

몇 년이 지난 후 그 친구가 다시 나를 찾아왔다. 인쇄소를 접고 다른 사업을 시작하던 중이었다. 자금 사정이 어려워 1천만 원을 은행에서 대출하고자 하는데, 자기의 신용 상태가 좋지 못해 은행 대출이 어렵다고 했다. 그러면서 고등학교 동기가 지점장으로 있는 은행에서 신용 상태가 좋은 내 이름으로 대출금을 받게 해 주면, 이자와 함께 나중에 원금을 갚겠다고, 도와 달라고 했다. 몇 년 전, 내 책을 공짜로 출판해 준 것도 고맙고 해서, 기꺼이 친구를 따라 은행을 방문했다. 고등학교 동창들끼리의 만남이라 화기애애하게 지점장 방에서 차를 나누었다. 대출 서류를 내 이름으로 작성하고, 그 친구에게 1천만 원을 대출하게 도와 주었다.

6개월이 지났을까? 은행 지점장 친구에게서 연락이 왔다. 대출 후 한두 달은 은행 계좌로 이자가 입급되었지만, 이후로 이자가 계속 연체되고 있다는 것이었다. 그리고 친구는 연락이 되지 않는다는 것이었다. 어쩔 수 없었다. 내 이름으로 대출이 되어 있었고, 대출 이자가 계속 연체되니, 내 신용 상태에 불이익이 올까 신경쓰지 않을 수 없었다. 이자는 차치하고, 지점장 친구는 원금 상환을 걱정했다. 불어나는 이자가 신경 쓰여 어쩔 수 없이 연체 이자를 포함하여 1천만 원의 원금을 내가 대신 갚았다.

그 뒤 한참 오래 지난 후 내 책 출판을 맡아준 친구의 근황을 듣게 되었다. 목사의 아들이었던 그 친구는 이런저런 사업에 손을 대었지만, 하는 사업마다 실패했다는 사실을 알게 되었다. 불행하게도 그 친구는 그렇게 순탄하지 않은 삶을 살다가 몇 년 전 암으로 유명을 달리하였다.

그 친구에 대한 애증(愛憎)을 떠나서, 억지로라도 당시 책이 출판되었을 때, 출판비를 주었어야 했다는 후회가 밀려왔다. 물론 그 친구가 내 이름으로 1천만 원을 대출했을 때는, 내 책에 대한 출판비라 생각하고, 애초부터 갚을 생각이 없었을지도 모르겠다. 그 뒤라도 출판비가 얼마였으니, 늦게라도 출판비 얼마를 달라고 말했으면 당연히 출판비를 주었을 것이다. 어찌 되었든, 어렵게 삶을 살다가 하늘로 떠난 그 친구의 명복을 빈다.

이 첫 번째 산문집과 관련하여, 또 하나 부끄러운 고백을 해야겠다. 이곳저곳 원고들을 써내었지만, 정작 문학적 훈련 없이 글쓰기를 해 온 데다, 공과대학 교수 아니랄까 봐 우리말의 정확한 뜻을 부정확하게 사용하는 경우가 많았다. 서문을 대신하여 우리 대학에서 과학철학을 전공하는 어느 동료 교수의 추천 글을 실었는데, 내 머리말엔 '발문(跋文)'을 써준 그 교수에게 감사하다고 표현했다.

발문이란 '책의 마지막 부분에 작가를 잘 아는 지인들이 작가를 간략하게 소개하거나 칭송하는 글'을 의미하기 때문이다. 그 교수의 글을 책에 포함하면서, '발문' 대신 '추천사'라는 용어를 사용하여야 옳았기 때문이다. 아니면 발문의 말뜻대로 그 책의 끝에 수록했어야 했는데, 당시만 해도 어디서 들은 바 있는 '발문'의 뜻을 제대로 몰랐다. 지금 생각하면 정말 무식의 소치가 아닐 수 없다.

92

이제 좋았던 일을 회고해야겠다. 1996년 당시엔, 지금 부산시민공원(당시 미군 하야리아 부대)에서 부암동 방향을 잇는 부암고가도로 근처에 있는 럭키 아파트에 살았다. 근처에 연년생 딸들이 다니던 부암초등학교가 있었는데, 어느 날 출근길에 아이들을 학교에 데려 주게 되었다. 1교시에 수업이 있었던 터라, 급하게 아이들을 학교에 내려 주고 돌아가려고 서두르는 바람에 내 차가 운동장 스탠드 벽에 부딪히고 말았다. 벽이 크게 손상된 것은 아니었다. 내 차의 앞 범퍼에 약간 긁힌 자국은 남았지만, 자세히 보아야 흔적을 볼 수 있을 정도였다. 더구나 출근을 서둘러야 할 시간이었기에, 나중에 양해 말씀을 드리기로 하고, 필요하다면 변상해 줄 각오를 하고 일단 차를 돌려 학교로 출발했다.

1교시 수업 후 연구실로 돌아오니 전화벨이 울렸다. 부암초등학교에서 온 전화였다. 전화기 저편에서 자신을 이원우 교감이라고 소개하는 목소리가 들렸다. 얼른 그분께 자초지

종을 이야기하고, 그 자리에서 말씀드리지 못하고 급하게 학교를 나온 점에 대해 죄송하다는 말씀을 드렸다. 그리고 필요하다면 스탠드 벽 수리에 필요한 비용을 대겠다며 정중히 사과드렸다. 그러자 이 선생님은 아주 부드러운 목소리로, 그리 크게 손상된 것은 아니니 걱정하지 않아도 된다고 하셨다. 대신 자신도 교육자인 만큼 자기 학교 학생의 학부모가 같은 교육자라서 인사를 나누고 싶어 전화했다는 것이다.

아마 내 차가 스탠드 벽에 부딪힐 때 내었던 '쿵' 소리에 놀라서 교무실을 뛰쳐나와 확인했을지도 모르겠다. 아니면 운동장 근처를 순시하다 자기 학교 기물에 손상을 입히고 내빼는 차가 괘씸해서(?) 그랬는지도 모르겠다. 아무튼 그 상황을 목격한 뒤, 내 딸들을 교무실로 불렀나 보다. 내 딸들과 이야기를 나누던 중, 내가 부산대학교 교수라는 사실과, 딸들의 생활기록부에 있던 연락처를 알고는, 내게 전화를 했던 것이었다.

다음에 기회가 되면 한번 만나 뵙고 싶다며 전화를 끊었다. 고맙기도 하고 죄송하기도 했다. 그 후 얼마 지나지 않은 어느 날, 마침 오전에 수업도 없고, 얼마 전에 『빨간 타이어』 책이 출판되었던 차라, 아침에 딸들을 데려다 주면서 교무실에 들렀다. 이 선생님께 다시 한번 사과드리고 그 책을 선물하면서, 이런저런 이야기를 나누었다.

그리고 얼마 후 이 선생님으로부터 다시 전화가 왔다. 내 책을 잘 읽었다며, 자신이 몸담은 수필부산동인회에 내 이야기를 해두었다고 하시면서, 동인회 가입을 권유하셨다. 그렇지 않아도 글쓰기를 좋아하던 터라, 고마운 그 제안을 흔쾌히 받아들였다. 내가 수필부산동인회, 지금은 이름이 바뀐 수필

부산문학회와 인연을 맺은 계기이다. 대한민국에서 제일 오래된 수필 문학 전문 잡지를 발간하는 그 문학회 활동을 시작하게 된 것이다.

1963년, 김병규, 김일두, 박문하, 이남원, 오도환, 정신득, 장성만, 허천 등 여덟 분이 뜻을 같이해 수필부산동인회를 발족하고, 그해 7월 15일 창간호 《Essay》(제2호부터 《수필》로 바뀜)를 발간한 뒤 오늘까지 60년이 넘는 역사를 지닌 문학 단체이다. 나중엔 요산 김정한을 비롯해 김병태, 박지홍 한글학자 같은 쟁쟁한 명사들이 참여할 정도로 당시 부산의 내로라 하는 문인들이 함께한 유서 깊은 문학 단체였다. 수필부산동인회는 2004년부터 오늘날과 같이 수필부산문학회로 이름이 바뀌어 명맥을 유지하고 있다.

1996년 10월, 「평범하게 산다는 것」이라는 제목으로 한 편의 수필을 기고함으로써 수필부산동인회 활동을 시작하였다. 수필부산문학회에 가입하고 첫 모임에 참석하였더니, 뜻밖에 고등학교 시절 고전반 담당이셨던 이병수 선생님을 다시 뵙게 되어 무척 반가웠다. 부산대학교 경제학과에 재직하고 있었던 이해주 교수님도 그 모임에서 처음 만나 뵈었다. 당시에도 박홍길 동의대학교 교수님, 박송죽 시인 님 등, 쟁쟁한 문인들이 회원으로 활동하고 있었다.

사실 아직도 수필가로 부족한 점은 많겠지만, 그나마 내가 수필가로 글쓰기를 두려워하지 않고 활발한 작품 활동을 할 수 있었던 것은 바로 이병수 선생님의 존재 덕분이었다. 다른 사람도 아닌, 고등학교 은사가 함께하는 단체인지라, 동인지 《수필》 지에 작품을 낼 때마다 긴장이 많이 되었다. 혹시라도 내 글이 선생님의 명성에 누가 될까 봐 걱정되어서이다. 퇴고에 퇴고를 거듭한 뒤 원고를 제출하였다. 이런 과정이 후일 다수의 수필 작품을 발표할 수 있었던 창작의 원동력이 되어 주었다.

얼마 전 작고하신 선생님께 항상 고마운 마음을 간직하고 있는 까닭이다. 훌륭한 인품을 가지신 분이었다. 많은 말씀을 하시지 않았지만, 모임에서 만날 때마다 조용한 목소리로 나를 반갑게 대하시고, 말없이 격려해 주셨다. 선생님은 내 문학 활동의 바다에서 뱃길을 안내하며 빛을 비춰 주는 등대였다. 이제는 고인(故人)이 되신 선생님의 명복을 빈다.

수필부산문학회 활동을 하면서 1년에 두 편에서 네 편에 이르기까지 차근차근 작품을 발표하였다. 게다가 전문 학술 단체였던 한국고분자학회의 공식 기관지 《고분자》 지의 〈쉼터〉라는 고정 칼럼에 매달 한 편씩의 원고를 발표했다. 과학원 재학 때부터 《석림》 지를 편집하고, 공학도로서는 이례적으로 글을 좀 쓴다는 소문이 나 있었던 터라, 나를 염두에 두고 만들어진 칼럼이었다. 약 2년간 매달 우리나라 고분자 관련 연구자들을 위해 에세이 같은 칼럼을 기고했다. 그러다 보니 제법 한 권의 책을 엮을 만큼 원고가 쌓이게 되었다.

이렇게 해서 2003년, 두 번째 에세이집인 『사과와 요구르트』를 발간하게 되었다. 이전에 과학원에서 인연을 쌓은 출판사 사장의 권유가 있기도 해서이다. 당시 조원제 교수님과 공동으로 강의교재용으로 『고분자의 구조와 물성』이란 전문 도서를, 이 출판사를 통해 발간한 적이 있기 때문이기도 했다. 그 전문서는 이후 교수 재직 기간 동안, 조원제 교수님과의 공동 작업, 또는 다른 학자들과의 공동 작업으로, 3권의 영문 도서와 6권의 번역서를 비롯하여, 20권의 전공 도서를 발간하는 출발점이 되어 주었다.

등단과 첫 수필집 발간

93

수필부산문학회에서 활동하면서 전공 이외에 본격적으로 문학 활동을 하다 보니, 주위에서 "등단을 언제 했느냐?"라는 질문을 많이 받았다. 나중에야 문학 단체 활동을 하려면, 등단이 전제조건임을 알게 되었다. 해서, 그동안 수필가로 활동은 해왔지만, 어쩔 수 없이 등단 절차를 밟기로 했다.

여기저기 알아보다가, 이병수 선생님이 등단한, 월간 《수필문학》을 통해 등단 절차를 밟기로 했다. 2008년 8월이다. 월간 《수필문학》에 원고를 기고함으로써, 등단 절차를 마쳤다. 이 월간지는 보통 2회 추천으로 등단이 완료되는데, 이병수 선생님의 추천이 있었으므로, 1회 추천으로 등단하게 된 것이라는 말을 들었다. 나중에 알고 보니 이 문학지의 편집을 책임지고 있었던 분이 이병수 선생님과 같은 고향의 먼 친척이 된다고 했다.

등단 절차와 함께 생애 첫 수필집인 『가슴 따뜻한 세상을 꿈꾸며』를 발간하였다. 2008년 10월이다. 부산대학교 가톨릭교수회 회원이었던 미술학과 최수화 교수님의 그림을 표지

화로 사용하였다. 그리고 첫 수필집인 만큼, 권말에 수필부산 동인회의 회원이기도 했던, 이해주 부산대학교 경제학과 교수님의 발문과 이원우 선생님의 독후감 및 동의대 교수이자 한글학자셨던 박홍길 교수님의 작품 평을 실었다. 또한, 박선자 부산대학교 국어국문학과 교수님의 발문도 게재했다. 나에 대한 과분한 칭찬이 주류인 글들이라 낯을 뜨겁게 하는 글들이다. 그중에 이해주 교수님, 박선자 교수님, 그리고 박홍길 교수님 세 분은, 이제는 유명을 달리 하신 분들이라, 그분들이 더욱 그립다. 나에 대해 깊은 애정을 보여 주신 분들이기 때문에 더욱 그렇다.

박선자 교수님은 부산대학교 가톨릭교수회를 통해 알게 된 선배 교수로, 온화하고 부드러운 성품을 가지신 분이었다. 방송 아나운서 목소리로 성경을 낭독할 때의 목소리는 그야말로 천상에서 울려 나오는 아름다운 목소리를 가진 분이셨다. 유방암으로 정년퇴임까지 사시지도 못하고 작고하시어 안타까워했던 분이다.

박홍길 교수님은 한글학자로서 부산수필문인협회를 창설해 부산의 수필 문학계의 발전을 위해 힘쓰신, 부산 수필계의 어른이셨다. 수필부산문학회의 《수필》 지에 투고된 모든 원고를 꼼꼼히 읽어 보시고, 띄어쓰기나 문법의 잘못은 물론, 잘못된 우리말 쓰기 등을 수정해 주시곤 하였다. 내 첫 수필집 『가슴 따뜻한 세상을 꿈꾸며』 원고도 꼼꼼히 읽으시고 틀린 용어, 잘못된 단어 등을 일일이 수정해 주셨다. 덕분에 그 책은 원고의 우수성은 없지만, 적어도 우리말 쓰기 차원에서는 잘못이 없다고 자부하고 있다.

1996년 10월부터 12월까지 〈부산일보〉의 시사 칼럼인 〈시론〉 집필자로 참여하였다. 2003년엔, 〈국제신문〉의 〈시론〉 집필진으로 참여하여 5월부터 12월까지 7개월 동안 원고를 게재하였다. 또한, 그 전에 뉴욕주립대학교 버펄로 대학에서 1년 체재할 동안, 이런저런 수필들을 많이 쓰게 되었다. 강의와 학교에서의 제반 행정 의무에서 벗어나 연구 활동만 하면 되었기에, 여유 시간이 많이 주어졌다. 버펄로의 자연환경, 교민들과의 만남에서 느꼈던 소회 등을 포함해, 써 모았던 수필들을, 〈시론〉 원고 등과 묶어 『가슴 따뜻한 세상을 꿈꾸며』로 펴낸 것이었다.

94

이 기회에 문학가로서의 등단 절차에 대해 소견이 있어 잠깐 언급하고자 한다. 당시 월간 문학지를 통해 원고가 수록되면, 등단 절차는 그것으로 끝인 줄 알았다. 그런데 편집장으로부터 조심스럽게, 내 글이 실린 그달의 잡지를 구매해야 한다는 말을 들었다. 물론 원하는 권 수에 따라 신청할 수 있지만, 최소 수십 권 이상은 구매해야 한다는 것이었다. 당시에는 등단 절차를 밟는데 왜 돈이 오가야 하는지 도무지 이해할 수가 없었다.

나중에야 문학지 발간에 필요한 비용을 충당하는 데, 이런 등단 절차에 따르는 책 구매가 어느 정도 도움이 된다는 사실을 깨닫게 되었다. 그뿐만 아니라 작가에게는 자기 작품이 수록된 잡지를 지인들에게 배포함으로써 작가로서의 자신의 존재를 알리는 데 도움이 된다는 것도 알게 되었다. 나아가 다양한 문학 단체 활동을 하기 위해서는 등단을 증명하는 자료로, 등단 시 자기 작품이 게재된 문학지를 제출해야 한다는 것도 알게 되었다. 그러니 등단하면서 소정의 책 구매비용이 불가피하다는 사실을 인지하게 되었다.

공공 언론의 신춘문예에 당선되면, 자동으로 등단이 인정되는 경우가 대부분이다. 하지만 장르에 무관하게 문학지에 작품을 기고하면 1~2회의 추천평 혹은 심사평과 함께 자기 작품이 게재됨으로써 등단이 되는 경우가 대부분이기 때문에, 등단 작품이 게재된 문학지의 구매는 필수 요건이 되어 있다. 이해는 하지만, 돈이 들어야 등단이 될 수 있다는 꺼림직한 기분은 어찌할 수가 없다. 이런 문제는 언젠가는 개선되어야 하지 않을까 하는 개인적인 생각을 해 본다. 이렇게 제도가 개선되면 문학지 운영에 어려움이 따를 것이다. 나아가 등단의 문턱이 높아질 개연성도 있다. 그렇지만 등단 작품의 질을 더 높이는 데는 도움이 되지 않을까 하는 생각이다.

19. 두 번째 수필집 발간

95

우여곡절 끝에 수필가로서의 등단 절차를 밟게 되니, 당장 등단 절차를 밟았던 《수필문학》을 포함하여 여러 문학 단체에서 수필 원고 청탁이 쇄도했다. 자연히 발표 작품 수가 하나씩 둘씩 늘어나게 되었다.

어느 날, 수필부산문학회 모임에서였다. 함께 활동하던 회원 중에 박송죽 시인님과 이제 고인이 되신 박우야전 교장 선생님과 한 좌석에 앉게 되었다. 식사 전에 이마와 가슴, 그리고 양쪽 어깨에 성호를 그으며 기도하던 나의 모습을 보고, 몹시 기뻐하셨다. 두 분은 독실한 가톨릭 작가로서 수필부산문학회 이외에도 부산가톨릭문인협회 회원으로도 활동하고 계셨던 것이었다.

식사 중에 내게 부산가톨릭문인협회 가입을 권유하셨다. 당시에 부산대학교 가톨릭교수회 총무/회장으로 몇 년간 열심히 활동하던 중이라 귀가 솔깃했다. 이렇게 해서 2008년 12월, 부산가톨릭문인협회에 가입했다. 아울러 이제 등단 절차를 마쳤으니 2009년 1월, 새해가 밝자마자 부산문인협회 회원으로도 가입했다. 공식적으로 문인이 된 셈이었다. 2015~2016년, 2년 동안 부산가톨릭문인협회 회장으로 봉사하기도 했다.

당시 연구 활동에도 바빴지만, UCLA에서의 연구년 체재는, 글을 쓰기에 아주 좋은 환경이었다. 버펄로에서와 마찬가지로 미국 LA의 주변 환경, LA에서 만난 교민들의 애환 등을 함께 보고 들으면서 하나하나 작품들을 써나갔다. 그리고 몸은 비록 외국에 있었지만, 수필부산문학회의 《수필》지를 비롯해서 여기저기 전자 우편으로 청탁받은 원고들을 보내었다.

그렇게 모인 작품들을 엮어 제2수필집 『황금 들녘을 바라보며』를 발간했다. 당시 〈국제신문〉에는 〈아침 숲길〉이라고 하는 매주 금요일 기획되는 고정 칼럼이 있었다. 2007년 7월 9일부터 2008년 12월 8일까지 매달 첫 번째 혹은 두 번째 월요일, 〈과학 에세이〉 원고를 게재해 왔는데 해가 바뀌었을 때도, 〈과학 에세이〉 원고를 계속해 집필해 달라는 요청을 받았다. 하지만 〈과학 에세이〉 대신, 이제는 '사람 냄새나는' 수필 같은 에세이를 쓰고 싶다는 의향을 밝혔더니, 주로 문학가들이 돌아가며 집필하는 〈아침 숲길〉 필진에 흔쾌히 참여시켜 주었다. 그리하여 2009년 1월 2일부터 2011년 1월 21일까지, 거의 2년간 매달 1회 〈아침 숲길〉 원고를 게재하게 되었다.

여기에는 또 하나 숨겨진 야사(野史)가 있다. 첫 수필집

『가슴 따뜻한 세상을 꿈꾸며』를 펴낸 뒤, 〈부산일보〉와 〈국제신문〉 문화부 기자들에게 내 책을 보내주었다. 그러자 〈국제신문〉의 어느 기자는, 고맙게도 문화면 새 책 코너에 내 책을 소개해 주었다. '인문학을 사랑한 공학자의 세상 사는 이야기'란 제목의 소개 기사에서, "세상을 두루 살피는 폭넓음이 돋보인다. 간혹 일상의 생각을 풀어놓는 데 그쳐 문학적 도약이 약하다는 느낌을 주기도 하지만 대체로 간결하고 사색이 깃든 글"이라는 평을 했다.

이 기사는 내게 큰 자극이 되어 주었다. "아! 그렇구나. 그렇게 깊이 생각해 본 적은 없었지만, 공과대학 교수로 생활해 온 나의 글인 만큼, 공학자의 냄새를 지울 수는 없었겠구나. 이제부터는 좀 더 사람 냄새나고 문학적 도약이 있는 글을 써야겠다."는 다짐을 절로 하게 되었다. 이것이 내가 〈과학 에세이〉 대신 〈아침 숲길〉의 필자가 되고 싶다고 부탁하게 된 계기였다. 거의 2년 동안 내게 돌아온 차례대로, 한 달에 한 번 꼴로 내 에세이가 게재되었다. 원고 청탁을 받은 그날 혹은 그다음 날 원고 작성은 끝냈지만, 원고 게재 1주일 전 마감일까지 퇴고에 퇴고를 거듭하였다. 이 원고들이 주로 『황금 들녘을 바라보며』에 수록되어 있다. 다시 읽어도 나를 실망시키지 않는 글들이라, 그 기자에게 늘 고마운 마음이 든다.

20. 신앙 산문집 발간

신앙 산문집 발간과 방송 출연

96

『황금 들녘을 바라보며』를 발간한 이후, 대학 인펶의 일들을 맡으며 무척 바쁜 시간을 보내었다. 연구와 강의는 물론이고, 신앙적으로도 바쁜 나날을 보내었다. 앞서 잠깐 언급한 바 있지만, 특히 2102년, 2013년, 두 해 동안은 한국접착및계면학회 회장, 부산대학교 부총장에다, 교구평협 회장직까지 맡고 있었기 때문이다. 게다가 2014년 초부터 2015년 말까지는 교구평협 회장으로 연임되어 활동하였다. 4년간의 교구평협 회장으로서 이런저런 산하 단체에서 회장 연설을 했다. 또한, 천주교부산교구에서 발행하는 주보인 〈가톨릭부산〉에 신자들이 집필하는 고정 칼럼인 〈누룩〉 원고도 가끔 집필하였다. 이런 활동 덕분에 이 시기엔 신앙 관련 글들을 묶어 두 권의 신앙 산문집을 펴내게 되었다.

먼저 2015년, 세 번째 산문집인 『당신이 있기에 내가 있습니다』를 출간하였다. 주보 원고를 포함하여 교구평협 회장으로서 행한 연설문과 여기저기 발표한 원고, 인터뷰 자료들과 나의 신앙 고백문 등을 엮었다. 2017년, 네 번째 산문집인 『말씀 묵상으로 과학의 숲을 걷다』를 출간했다. 이 책은 천주교중앙협의회에서 발간하는 월간 《경향잡지》에서 '과학과 신앙' 관련 원고 청탁이 있어, 1년간 게재한 12편의 원고를 정리하여 발간한 책이다. 공학박사가 안 되었으면, 과학사가(科學史家)나 과학철학자가 되려고 했던 만큼, 공학 자체보다 과학이나 기술의 역사나 과학철학 등에 흥미가 있었기 때문에 평소에도 그쪽 분야의 책 읽기를 좋아하였다. 그러니 '과학과 신앙' 원고를 작성하는 것도 그리 어렵지 않았다.

이 '과학과 신앙' 원고를 바탕으로, 2023년 5월부터 2025년 4월까지 2년간, 매달 둘째 화요일 (2023년 가을 개편 전까지는 매달 마지막 화요일) 아침(11시~12시)에 101.1 MHz로 송출되는 부산가톨릭평화방송의 〈사랑이 있는 세상〉 코너에서 '과학과 신앙'이란 주제로 방송 출연도 했다. 《경향잡지》에 수록된 12개의 에세이 중에서 10개 주제를 포함해 전부 22개의 주제에 관해 이야기를 나누었다. 예전에 읽었던 과학의 역사에 관한 다양한 책들을 다시 읽으며 원고를 준비했다. 방송을 위해 도움 주신 방송국 PD, 작가, 아나운서, 및 기술 팀은 물론이고, 방송을 청취해 주시고 격려해 준 모든 청취자에게도 고맙다는 인사를 전하고 싶다.

97

그러면서 그동안 여기저기 써 모은 수필들을 엮어 세 번째 수필집 『자서전 217쪽』을 발간했다. 2016년 4월이다. '자서전 217쪽'이란 제목은, 당시 미국 어느 대학교의 입학시험 문제로 출제된 에세이 주제에서 빌렸다. "당신이 이제 막 300쪽의 자서전 쓰기를 마쳤다고 가정했을 때, 217쪽엔 어떤 내용이 담겨 있을 것인가를 생각하면서 정해진 분량으로 에세이를 써 보라."는 것이 입시 문제였다. 당시 고등학교에 다니던 아들이 '부모님의 전기를 써 오라'는 국어 숙제를 받아왔을 때, 내가 가진 느낌을 미국의 그 대학교 입시 문제와 결부시켜 한 편의 수필로 쓴 작품 제목으로 한 것이다. 그때는 이렇게 나의 자서전을 쓰게 될 줄 몰랐지만, 실제 나의 이 자서전 217쪽엔 어떤 내용이 담겨 있을지 나도 궁금하다. 독자들도 한번 확인해 보면 재미있을 것 같다.

이 수필집 발간으로 한국수필문학가협회로부터 제26회 수필문학상을 받았다. 내게는 첫 번째 문학상인 셈이다. 과학기술 분야 아닌 문학 분야, 그것도 수필 문학 분야에서 받은 상이라, 내게는 작지 않은 의미가 있는 상이다.

수필 쓰기는 공과대학 교수로서의 천직 못지않게, 내게는 중요한 과업의 하나였다. 《수필》 지를 포함해 청탁이 있는 곳은 어디든 마다하지 않고 원고를 제출하였다. 그렇게 모인 원고들을 정리하다 보니 또 한 권의 수필집을 펴내기에 알맞은 편수가 됨을 알게 되었다.

2018년 10월, 세 번째 수필집을 펴낸 지 2년 만에 네 번째 수필집인 『와일드카드』를 펴내었다. 그리고 12월, 제15회 부산가톨릭문학상 본상을 받았다. 두 번째 문학 관련 수상이었다.

과유불급(過猶不及), 곧 "지나침은 미치지 못함과 같다."는 공자님 말씀이 꼭 나를 두고 한 말씀인 것 같아 망설여지지만, 그럼에도 『와일드카드』에 대해 특별히 언급하고 싶은 부분이 있다.

"책 한 권을 다 읽어도 기억해 두거나 인용할 만한 구절을 단 한 줄도 찾아보기 힘들 때가 있다. 그런 책은 무슨 소용이 있을까?" - 올더스 헉슬리의 소설, 『연애 대위법』에 나오는 말이다. 『와일드카드』에서는, 다른 수필집들과는 달리, 작품마다 첫머리에 경구(警句)가 될 만하거나 독자들이 밑줄을 긋고 싶어 할 만한 문장들을 적고 굵은 글씨체로 나타내었다. 그리고 본문이 이어지는 독특한 구성을 취하였다. 적어도 나에게는 새로운 시도인 셈이었다. 헉슬리가 언급한 것처럼, 내 수필이 나만의 고백록 같은 작품이 아니라, 다수의 독자들이 읽고 싶어 하는 작품집, 입소문을 타고 널리 읽혔으면 하는 소망으로 그렇게 한 것이다. 내 작품을 읽는 독자들에게 좀 더 가까이 다가가, 읽고 난 뒤 조금이라도 동감하고, 더 바람직하게는 감동할 수 있는 작품이 되길 소망하는 뜻으로 그렇게 편집한 수필집이기에 나름대로 나에겐 애정이 가는 수필집이다.

4부.
내 머리 위에 뜬 새로운 달

21.
『강의실 너머』,
『내게 울림 준 세계문학, 스물다섯』,
인터 러뱅, 그리고 부산문학상 (대상)

『강의실 너머』와 부산대학교 석학교수

98

2021년 2월, 38년 6개월의 교수 생활을 끝내고 정년퇴임하였다. 자신이 평생 일하던 직장 생활을 마치고 자연인으로 돌아가게 된다는 것은, 누구에게나 특별한 의미가 있을 것이다. 공과대학 교수로서의 정년퇴임은 나에게도 여러 가지로 의미를 부여할 수 있을 것이다.

공학자로 치열하게 살아온 덕분에 부산대학교 석학교수로 특별 임용되어 70세까지 정년이 연장되었다. 지인들이 '석학교수'가 무엇인지 묻는 경우가 많아, 여기서 석학교수에 대해 잠깐 설명을 덧붙이고자 한다.

대학마다 사정이 다르겠지만, 종종 정치권 유력 인사나 중앙 정부의 고위직을 역임한 인사들을, 이른바 '석좌교수'로

초빙하는 경우가 있다. 그분들의 인적 네트워크를 통해 해당 대학에 필요한 굵직한 예산을 확보한다거나, 대학의 명성을 높이는 데 도움을 받을 수 있기 때문이다. 때로는 개인 차원에서 기업이나 개인이 기부한 기금으로 연구 활동을 하도록 대학에서 지정된 교수들이 그 기금을 바탕으로 대학에서 '석좌교수' 칭호를 받기도 한다. 때로는 탁월한 연구 업적을 낸 교수들을 선임하여 특별재원으로 임용하기도 한다.

부산대학교에서는 2016년, 당시 안홍배 총장 직무대행 시절, 59세~64세 되는 전임 교수 중에서, 교수 재직 기간 동안 '세계적 수준의 탁월한 연구 성과'를 거둔 교수를 엄선하여 '석학교수' 명칭을 부여하고, 70세까지 정년을 연장하여 연구 활동을 계속할 수 있도록 하는 제도를 만들었다. 그해 5월, 처음으로 부산대학교 전체 교수 중에서 다섯 명의 '석학교수'를 선발하였는데, 나도 그중의 하나로 뽑혔다 (임명; 2016년 5월 11일). 카이스트를 비롯해 몇몇 대학교에서 이렇게 정년 연장을 혜택으로 하여 '특임교수', '특훈교수' 등의 이름으로 우수 교수들을 선발하는 예가 있었으나, 국립대학교로서는 처음으로 만든 제도였다.

일반적인 '석좌교수'보다는 더 영예스러운 호칭이었기에, 내가 느끼는 자부심도 물론 크다. 당시 최연소로 석학교수로 임용되었지만, 그때는 아직 교수 재직 기간이 남아 있었기 때문에, 내가 정년퇴임한 2021년 3월에서야 실질적으로 석학교수로 특별 채용된 것이다. 70세가 되는 2026년 2월 말까지 임기이다. 교육부의 연구비 지원으로 전공 연구도 계속했으며, 매 학기마다는 아니지만 때때로 학부 학생들을 위한 전공과목 강의도 맡았다.

99

부산대학교 석학교수로 특별채용된 이후, 새로운 오솔길을 걸어가고 있다. 우선은 정년퇴임과 동시에 부산대학교 평생교육원(2024년, 최재원 총장이 취임하면서 미래시민교육원으로 명칭을 변경하였다.) 〈효원수필아카데미〉 강좌의 책임을 맡게 되었다. 매주 화요일 저녁 시간에 진행되는 이 두 시간 강좌는 수필부산문학회 회장을 역임하였고, 부산대학교 영문학과 교수였던 정진농 (필명; 정약수) 교수님께서 만들어, 지난 2009년부터 시작한 수필 전문 강좌이다. 그전엔 정진농 교수님이 영문학과 제자이자 수필가인 문경희 수필가와 공동으로 강좌를 진행하셨다. 나는 한 학기 1회 정도 특강을 하는 정도로 관련했는데, 나의 정년퇴임을 계기로 나에게 그 임무가 인계된 셈이었다.

첫해는 나 혼자 강좌를 책임졌지만, 사실 전공과목이 아닌 수필 강좌를 한다는 게 쉬운 일은 아니었다. 더구나 이론 강좌뿐만 아니라, 수강생들의 수필 작품에 대한 강평을 아울러 진행하기는 쉽지 않았다. 낮 동안은 연구나 강의 활동을 해야 하는 부담도 무시할 수 없었다. 때문에, 두 번째 해부터 윤미순 수필가 (전 부산가톨릭문인협회 회장)와 공동으로 강좌를 이끌어가게 되었다. 내가 부산가톨릭문인협회 회장으로 봉사할 때 사무국장으로 도움을 준 인연 때문이다. 윤미순 수필가는 부산문인협회뿐만 아니라 여러 단체를 통해 그런 수필 강좌에 대한 경험이 많아, 수필아카데미 강좌에도 큰 도움이 되어 주고 있다.

매 학기를 한 기로 산정해서, 2025년 봄학기엔 33기에 해당하는 약 30명 정도의 수강생들이 함께했다. 내가 이 강좌를 맡은 초기엔 수강생이 많지 않아 노심초사하기도 했는데, 시간의 흐름과 함께 이 수업을 통해 하나둘씩 수필가로 등단하게 되면서 소문이 난 덕분인지, 지난해 봄부턴 30명 정원이 채워지게 되어 다행이라는 생각이 든다.

『내게 울림 준 세계문학, 스물다섯』, 인터러뱅, 그리고 부산문학상 (대상)

100

아무튼 교수로 정년퇴임함으로써 약간의 연구 활동을 제외하면, 많은 자유 시간이 내게 주어졌다. 덕분에 그동안 미루어 두었던 책들, 특히 예전에 읽었던 책들뿐만 아니라, 읽고 싶었지만 읽지 못했던 문학 작품들을 읽을 수 있어 좋았다. 책을 사기도 하고, 대학 도서관에서 대출도 하면서, 많은 책, 특히 세계의 이름난 소설책들을 많이 읽었다.

이런 과정을 통해 2021년 정년퇴임하고 석학교수로 새로 임명받은 첫해 11월, 다섯 번째 산문집인 『내게 울림 준 세계문학, 스물다섯』을 출간했다. 제목 그대로, 내가 읽었던 세계문학, 특히 소설책 중에서 스물다섯 권을 선별하여 내용을 소개하고 내가 느낀 바를 감상문으로 적은 글들을 묶은 것이다. 이 에세이집에 소개된 소설들의 주제는 매우 다양하다. -시간, 현대 사회, 인간관계, 시대정신, 삶의 지혜, 문학과 문학 사조, 종교, 가족, 여성, 역사, 인물, 예술, 요리와 성(性), 노년의 삶, 여행, 미술 등등. 시대적으로는, 1816년에 발표된 괴테의 『이탈리아 기행(1,2부)』부터 2021년에 발표된 패트릭 화이트의 『전차를 모는 기수들』까지, 나라별로는, 한국, 일본과 중국은 물론이고 중동을 포함한 아시아 대륙 작품, 영국과 독일, 스페인을 포함한 유럽 대륙 작품, 미국, 멕시코, 칠레를 포함한 아메리카 대륙 작품, 러시아 작품, 호주 및 아프리카 대륙의 작품들을 골고루 포함하였다.

이 책이 발간된 데는 부산문인협회에서 발간하는 월간 《문학도시》 (당시 박정선 주간, 서문희 편집장)가 큰 도움이 되어 주었다. 수개월 동안 《문학도시》의 〈책 권하는 사회〉 코너에 기고했던 원고를 중심으로 엮었기 때문이다. 부산의 모든 문인에게 개방된 코너였지만, 내 글만 자주 실리는 게 부담스럽기도 하던 차에, 여러 가지 사정으로 〈책 권하는 사회〉 코너가 사라졌다. 그 코너를 위해 준비한 원고들이 많았다. 〈책 권하는 사회〉에 게재된 원고들은 물론이고, 미발표된 원고들도 묶어 발간한 것이다. 〈책 권하는 사회〉의 원고 청탁을 해 주신 박정선 주간과 서문희 편집장께도 고마움을 잊지 않고 있다. 당시 〈책 권하는 사회〉에 게재되었던 글 중 버지니아 울프의 「등대로」를 주제로 쓴, 「등대로-구원의 여인상」이, 2025년 2월에 발간된 《문학도시》 30주년 기념호의 대표작의 하나로 다시 수록된 것에 대해서도 보람을 느낀다.

한 작품, 한 작품 쓸 때마다 최선을 다해 집필하였기 때문에 〈책 권하는 사회〉를 읽은 독자들의 평가가 좋았던 것으로 기억된다. 『내게 울림 준 세계문학, 스물다섯』 책이 발행된 후 알라딘이라는 인터넷 서점의 도서 목록으로 등재되었을 때, 발행 초부터 시작해서 몇 주간 '포켓 에세이' 부문 베스트셀러 1위에 오르는 기쁨도 맛보았다. 나아가 『내게 울림 준 세계문학, 스물다섯』은 발간 이듬해인 2022년, 한국출판문화산업진흥원에 의해 '2022년 세종도서 교양부문'에 선정되는 기쁨을 맛보았다. 세종도서로 선정이 된 책들은 전국 주요 국공립 도서관에 비치된다. 덕분에 내 이름으로 발간된 책 중에서 처음으로 그 책은 2쇄가 발간되었고, 뿐만 아니라 인세도 제법 톡톡히 내 통장을 채웠다.

언제부터인가 인터러뱅(interrobang)이란 말이 주목받고 있다. 의문(?)과 감단(!)을 동시에 나타내는 감단 부호인 ?!를 말한다. 사전에 등재된 표준 문장 부호는 아니다. '물음 느낌표'라고 할 수 있겠다. '호기심과 놀라움'의 감정을 동시에 표현한다. 수사학적 질문을 뜻하는 라틴어 '인테로가티오(interrogatio)'와 감탄사를 의미하는 인쇄 단어 '뱅(bang)'을 합성한 신조어이다. 1962년, 미국의 광고 에이전시 사장인 마틴 스펙터가 창안한 말이라고 한다. 우리나라에서는 고(故) 이어령 교수에 의해 맨 처음 소개되었다. 사소한 질문에서 기발한 해답을 찾는 발상의 전환을 상징한다. 곧 통상적인 생각과 정형화된 것들에 던져진 질문에, 보다 혁신적 해법을 찾아낸다는 의미를 담고 있다.

『내게 울림 준 세계문학, 스물다섯』이 이렇게 입소문을 타는 소식을 들은 어떤 지인이 나에게 인터러뱅의 문자 메시지와 함께 뜨거운 격려를 보내준 적이 있었다. 화학자였던 그 지인은, 공학자였던 내가 수필가로 활동하며 그런 인문학적인 책을 발간하고, 나아가 내가 발간한 책이 좋은 평가를 받는 것을 보고, 놀라움과 감탄의 마음을 동시에 담아 뜨거운 축하의 메시지를 보낸 것이었다.

『내게 울림 준 세계문학, 스물다섯』은 또한 2022년 9월, 부산문인협회의 가장 큰 상인 부산문학상(수필 부문 대상)을 나에게 안겨 주었다. 문인들이 인정하는 진정한 상이라, 더욱 큰 의미가 되는 상이었다. 이 상을 받을 때, 그동안 공학자의 얼굴이 바라보는 '자신이 자랑스러운 세계적 공학자'의 이상을 상징하는 달을 좇으며 살아오면서도, 동시에 내 몸에 있는 수필가의 얼굴이 바라보는 진정한 예술가의 달에 한 걸음 더 내딛게 되었다는 생각이 들어 기뻤다.

한편, 『내게 울림 준 세계문학, 스물다섯』 출판과 거의 같은 시기에, 교수 생활을 회고하며 다섯 번째 수필집 『환승의 의미』도 발간하였다.

101

나의 정년퇴임을 기다렸다는 듯이, 퇴임과 동시에 수필부산문학회에서도 회장직을 요청받아 봉사하게 되었다. 2년이 임기여서 2022년 겨울, 회장직을 그만두려 했으나, 회장 연임을 하게 되었다. 마침 2023년이 수필부산문학회 60주년을 맞는 해일 뿐 아니라, 《수필》이 지령 100호 발간을 앞둔 시점이라, 큰 행사를 앞두고 맡은 사람이 계속 수고하라는 의미였으리라. 아무튼 2023년 10월 13일(금), 수필부산문학회 회장으로서, 동래에 있는 〈호텔 농심〉에서 수필부산문학회 60주년 기념 및 《수필》 100호 발간 축하 행사를 치르게 되었다. 전, 현 회원들은 물론이고, 당시 정인호 부산문인협회 부회장(2025년 현재 부산수필문인협회 회장), 송연희 부산수필문인협회 회장 등 주요 문인들이 참석한 가운데 성황리에 행사를 치렀다. 내가 몸담은 부산매니아 합창단의 축하 공연도 있었다.

수필부산문학회 60주년을 기념하여 박홍길 고문에게 공로상을 드렸다. 병환 중이었음에도 가족과 함께 참석하시어 자리를 빛내 주셨는데, 이 자리에서라도 박홍길 교수님의 생전 모습을 마지막으로 뵐 수 있어 참으로 다행이라 생각했다.

정년퇴임을 맞아 『환승의 의미』라는 다섯 번째 수필집을 펴냈다. '인생길을 환승한다.'는 의미로 펴낸 책이었지만, 내용 면에서는 그리 만족스럽지 못했다. 해서, 2023년, 참된 의미에서 공과대학 교수 생활 38년 6개월을 회고하는 회고록 같은 수필집을 펴내기로 마음먹고, 원고들을 작성하기 시작했다. 『환승의 의미』에 수록했던 수필을 비롯하여 교수 생활과 관련해 발표되었던 몇 편의 기발표 작품들을 포함하여, 『강의실 너머』란 여섯 번째 수필집을 펴내었다.

102

교수 생활하면서 겪었던 여러 가지 경험을 바탕으로, 38년 6개월 동안 보고, 듣고, 느꼈던 바를 적은 글들을 엮은 수필집이다. 이 자서전에 포함된 이야기들도 있지만, 그렇지 않은, 더 많은 이야기가 담겨 있다. 교수 생활하면서 지도했던 학생들과 있었던 일화나, 만났던 연구원들이나 학자들과의 인연, 교수 생활하면서 수행했던 여러 가지 직무들에 대한 기억 등등에 대해 마흔 가지의 가장 기억에 남는 일화들을 발췌해 수필로 엮었다. 이 수필집은 다음 네 가지 이유로, 지금까지 출간한 어떤 수필집보다 내겐 더 각별한 의미를 갖는 수필집이다.

첫째, 이 수필집엔 수필집의 제목과 같은 제목의 글이 하나도 포함되어 있지 않다. 둘째, 이 수필집은 자서전이나 회고록과는 분명히 다른 수필집이지만, 내용상 수필로 쓴 자전적 회고록이라 볼 수 있다. 셋째, 이 수필집엔 교육-연구-강의, 교수 생활의 3대 의무 중에서도, 특히 교육자로서의 스승상에 대해 중점을 두고 쓴 글들이 대부분이다. 넷째, 이 수필집은 수시로 모은 글들을 단순히 모은 책이 아니라, 처음부터 아예 제목을 정해놓고, 1년여 시간 동안 제목에 적합한 글들을 의도적으로 집필한 글들을 모아 기획 출판하였다. 가장 중요한 이유이다.

『강의실 너머』가 출간된 뒤 부산대학교출판문화원 측에서 북토크 자리를 마련해 주었다. 수필부산문학회 회원, 〈효원수필아카데미〉 수강생을 비롯한 수필 관련자들은 물론이고, 고분자공학과 3학년 학생들과 대학원생들도 참석하였다. 부산대학교 인덕관의 대회의실을 꽉 채울 정도로 성황을 이루었다.

103

또한, 비록 공과대학 교수로 정년퇴임했지만, 대학 교수로서 청소년들에게 도움이 될 만한 책을 쓰고 싶었다. 해서, 동서고금의 청소년 성장에 도움을 주는 교양소설, 또는 성장소설들에 대한 간단한 소개와 감상문을 엮은 『무지갯빛 성장 소설 이야기』도 펴내었다. 2024년 1월에 출판했다. 정년퇴임 후 이 소설, 저 소설을 읽으면서, 괴테의 『빌헬름 마이스터의 수업 시대』를 읽게 되었다. 이른바 교양소설 혹은 성장소설의 효시라 알려진 그 책을 시작으로, 토마스 만의 『마의 산』, 제임스 조이스의 『젊은 예술가의 초상』 등, 청소년들의 성장을 다룬 스무 권의 다양한 소설들을 읽으며, 『무지갯빛 성장 소설 이야기』를 펴내게 된 것이다.

2024년 봄, 나의 문학 활동 이력에 나름 특별한 의미를 부여할 수 있는 문학 단체 가입이 있었다. 바로 '길' 동인 가입이다. 한글학자. 언론인, 평론가, 시인, 소설가, 아동문학가, 수필가 등 부산 지역의 내로라하는 명사들이 함께 활동하는 문학 동인회이기 때문이다. 특히 이해인 수녀님께서 함께 활동하는 동인회라 더욱 의미 있는 동인회이다. 이 자서전을 쓰도록 용기를 주신 김상원 소설가님의 추천으로 가입하게 되었다. 책으로만 만나던 수녀님과 같은 동인으로서 함께 만나, 문학과 삶의 이야기들을 자주 나눌 수 있는 소중한 시간을 가지게 되어 기뻤다.

22.
예술의 융합- 새롭게 걷게 된, 내 삶의 오솔길

문화모임 부산매니아합창단

104

정년퇴임하면서 교수 생활에 바빠서 하지 못했던 취미생활을 본격적으로 해 보고 싶었다. 음악을 좋아해, 20대에 청년 성가대 활동도 하고 40대에 성당 성가대 활동도 했지만, 이런저런 사정으로 각각 두 해를 채우지 못하고 그만두었다.

40대 초반, 음악에 대한 미련으로 피아노를 배우고 싶었다. 동네 학원에 등록해 배우려고 했지만, 1주일 만에 그만두었다. 어린아이들만 북적대는 곳에 40대 아저씨가 배운다는 자체가 창피한 일이기도 했지만, 손이 굳어 건반 운용이 마음대로 되지 않아서였다. 청춘 시절의 일기장을 보니, 대학생 시절에도 한번 시도한 적이 있었던 것 같다. 그때부터라도 꾸준히 배우고 익혔더라면, 지금은 상당한 수준으로 피아노 연주가 가능했을 것으로 상상해 보지만, 끈기와 인내가 부족해 피아노 연주에 대한 꿈은 아예 접었다.

50대 초반이었던 2005년, 당시 학과의 학과장을 하면서 학과장 수당으로 30만 원을 받았다. 물론 학과장 업무를 잘하라고 준 월급 외의 돈이었긴 하지만, 추가로 받게 된 이 돈을 유용하게 사용하고 싶었다. 마침 아내가 근무하던 학교에, 플루트 전공을 하는 대학생 딸을 둔 동료 교사가 있었다. 이런 나의 바람을 들은 그 동료 교사의 딸에게서 1년 가까이 플루트 교습을 받았다.

매일 우리 아파트를 방문한 학생 선생으로부터 열심히 배웠다. 원체 소질이 없는 데다, 아파트 특성으로 층간 소음이 신경 쓰여 제대로 연습할 수 없었다. 때로는 대학교의 뒷산에 올라 어제 배운 내용을 복습하며 불러 보곤 했지만, 악보를 보고 부를 수 있는 수준 정도 이상으로는 발전이 없어 실망이 컸다. 더구나 전문 연주자들처럼 비브라토를 구사하려면 더 많은 연습이 필요하였다. 쉽지 않은 연습 상황과, 늘지 않는 실력, 게다가 학과장 임기가 끝나 추가로 받는 돈이 없어진 데다, 마침 그 학생이 다른 일정으로 바쁘기도 해서 플루트 강습을 그만두게 되었다. 이후 추가로 연습도 하지 않고 하니, 지금은 운지법은 물론 1년간 배웠던 모든 내용을 완전히 잊어 버렸다.

이후 50대 후반이 되었을 때, 교구평협을 통해 알게 된 이정우 회장님과 우연히 합석한 회식 자리에서 그분이 오카리나를 꺼내어 연주하는 모습을 보고, 나도 오카리나를 배우고 싶다는 생각이 들었다. 그 자리가 계기가 되어 그다음 주부터 천주교 남산성당 문화센터에서 하는 오카리나 강습에 참여하게 되었다. 2017년 연구년을 맞아 한국과 중국 상하이를 오가며 연구를 수행하기 전까지 약 4년여 기간 동안 매주 화요일 오후 1시간씩 강습을 받았다. 역시 비브라토 같은 고급 기술을 구사할 수는 없지만, 악보를 보고 연주할 정도는 배웠다.

연구년으로 1년간 쉬었다가 오니, 오카리나를 가르쳤던 분이 팬플루트반을 새로 개설해 가르치고 있었다. 해서, 남산성당 문화센터에서 2년 정도 팬플루트를 배웠다. 그러다 2019년 말부터 전 세계를 공포에 떨게 했던 코로나19로 인한 사회적 거리두기 지침에 따라 팬플루트 강습이 중단될 수밖에 없었다. 그리고 오늘에 이르렀다. 연습량에 따라 실력이 늘게 되어 있지만, 후일 계속되는 연습 부족으로 더 이상 실력은 늘지 않고, (플루트 경우와 마찬가지로) 오히려 배웠던 것마저 조금씩 잊어 가고 있다. 그동안 배웠던 오카리나나 팬플루트 연주를 언제 다시 할 수 있을지 모르겠다.

그래도 나의 이런 모습에 영향을 받았던 때문일까? 지금은 모두 그만두긴 했지만, 내 아이들도 자기들의 대학교 관현악단 동아리에 입단해, 독학으로 바이올린이나 첼로, 콘트라베이스를 익혀, 단원으로, 악장으로, 정기 연주회에서 연주하기도 했다. 관악기와 비교해, 현악기는 더 어릴 적부터 공부해야 연주법을 제대로 배운다고 하던데, 늦은 나이인 대학생 때 그런 현악기를 배워, 관현악단 단원으로서 무대에 선 모습을 보면서 무척 대견했다.

내 이야기로 다시 돌아와, 2022년 겨울, 합창하고 싶다는 생각이 들었다. 악기 연주에는 소질이 없었지만, 음악을 좋아하다 보니, 노래를 함께할 수 있는 합창을 해 보고 싶다는 소망을 지니게 된 것이다. 인터넷을 통해 합창단 정보를 검색하다, 동래구 근처에 소재한 어떤 합창단 정보를 알게 되었다. 그 합창단으로 전화하니, 나이 제한이 있다고 했다. 대신 내 나이에 맞는 적합한 합창단이 있다며, 그 합창단 단장을 역임했던 분이 지금 새 합창단 단장을 맡고 있다고 연락처를 알려주었다.

105

지금 활동하고 있는 '문화모임 부산매니아합창단'과의 인연이 시작된 계기이다. 이렇게 해서 매주 목요일 저녁, 부산시민회관 연회실에서 있는 합창 연습에 맛들이게 되었다. 합창단에 들어와 보니 지휘자와 반주자는 러시아 상트페테르부르크 음악원에서 공부한 재원이었다. 상트페테르부르크 음악원은 러시아의 모스크바 음악원과 더불어 러시아를 대표하는 세계적인 명성을 가진 음악원이다. 1862년에 작곡가이자 피아니스트였던 안톤 루빈시테인이 설립했다. 차이콥스키, 쇼스타코비치, 프로코피예프를 비롯한 세계적인 작곡가들과, 마리스 얀손스, 발레리 게르기예프, 그리고리 소콜로프 등과 같은 최정상급 지휘자, 연주자들이 이 음악원 출신이다.

지휘자 한성용 선생님은 상트페테르부르크 국립음악원뿐만 아니라, 러시아 표또르자보스크 국립음악원 최고연구자 과정도 졸업하였다. 또한, 울산시립합창단 부지휘자를 역임하는 등, 지휘 경험이 풍부한 분이다. 반주자 김주리 선생님은 상트페테르부르크 국립음악원 최고 연구자 과정을 졸업하고 음악예술학 박사 과정을 졸업하기도 했다. 다양한 해외 수상 경력도 가지고 있다. (현재 석사 학위 이상 학위 소지자 또는 그만한 해외 수상 경력이 있는 부산의 반주자들 모임인, 부산반주연구회 회장으로도 봉사하고 있다.) 여러 합창단 단장 경험을 가진 정현모 단장 또한, 뛰어난 리더십으로 신설 합창단이지만, 합창단 이름 앞에 '문화모임'을 붙일 정도로 합창단 활동에 인문학적인 컨셉을 더해서 활동하는 부산에서 유일한 합창단이란 긍지를 가지고 '문화모임 부산매니아합창단'을 잘 이끌고 있었다. 그분은 공과대학 출신임에도 불구하고 부산대학교 예술대학 음악학과 대학원을 졸업할 만큼 음악을 향한 열정이 대단하시다. 합창단엔 40대 후반인 여성 단원 한 명을 제외하고는 대부분 50, 60대의 중,장년 단원들이 활동하고 있다. 20여 명에 불과한 작은 합창단이지만, 단원 각자가 마음을 모아, 화음을 맞추며 실력 있는 합창단으로 발돋움하고자 노력하고 있다.

106

합창단에서 활동하면서, 내가 '예술의 융합'에 관심 있는 걸 알게 된 단장의 권유로 2023년 6월 24일 토요일 오후, 남포동의 카페 "게네랄 파우제"에서 합창단의 살롱 음악회와 함께 나의 〈예술의 융합을 생각하다〉 토크콘서트를 가졌다. '문화모임' 합창단인 만큼 음악이 있는 '예술의 융합' 문화 활동의 일환이었다. 문학, 음악, 미술, 그리고 영화를 아울러, 융합적 시각에서 예술을 다루었다. 소설책에 나오는 명화(名畫)와 음악, 영화에 흐르는 음악, 음악을 다룬 소설과 그림 등에 대해 강의하면서, 관련 음악 감상의 시간을 가졌다. 어디선가 들어보았던, 귀에 익은 고전음악과 함께, 영화음악이나 OST 등을 들려주는 토크였다.

이어서 6월 29일(목) 저녁, 합창단의 정기 휴무일을 틈타, 초여름 비가 내리는 가운데, 부산대학교 운죽정 카페 2층에서 〈예술의 융합을 이야기하다〉라는 두 번째 토크콘서트를 갖게 되었다. 문학과 음악, 미술, 영화를 아우르는 〈예술의 융합〉 강연은 나에게는 뜻밖에 새롭게 발견된 오솔길이었다. 블루오션이었다.

게네랄 파우제 카페와 운죽정 카페에서의 토크콘서트를 시작으로, 그해 7월 27일 저녁, 양정 라이 빠에서도 합창단 창단 1주년 기념 미니 파티와 함께 세 번째 토크콘서트를 가졌다. 이윽고 2024년 3월 28일, 서면 문화공간 "겟츠"에서 합창단원들과 초대 손님들을 위한, '불멸의 삶을 살다간 음악의 성인, 베토벤'에 관한 토크콘서트를 가졌다. 2024년 11월 28일에도 합창단원들을 위해, '21세기에 부활한 베토벤, 쇼스타코비치'란 제목으로 토크콘서트를 가졌다.

〈예술의 융합〉 토크콘서트와 강의 활동

107

합창단원들을 위한 토크콘서트에 이어, 연제구 생활문화센터 (2023년 9월 9일(토) 오후), 금정도서관(2024년 9월 6일(금) 오전)에서 시민들을 위한 〈예술의 융합을 생각하다〉 토크콘서트를 가졌다. 나아가 2024년 7월, 부산대학교 평생교육원 여름학기 강좌를 개설하였다. 2025년 1월엔 다시 겨울학기 〈예술의 융합을 생각하다〉 강좌를 가졌다.

처음 여름학기를 개설할 때, 〈예술의 융합〉에 관심 가져 주는 사람들이 과연 많을까 염려되어 정원을 15명으로 모집 공고를 내었다. 하지만 뜻밖에 더 많은 분이 수강 신청을 해 대기자가 많아지자, 결국 30명으로 정원을 올렸다.

그렇게 많은 분이 〈예술의 융합〉에 대해 관심을 가지는 것을 보고, 내가 새롭게 걸어가는 〈예술의 융합〉이라는 이 오솔길은 확실히 블루오션이라는 데 대해 자신감을 가지게 되었다. 2025년 겨울학기도 마찬가지로 30명의 정원이 조기 마감되는 걸 보고, 역시 나의 신념은 옳았다는 판단이 들었다. 2024년 여름학기를 수강한 일부 수강생들은, 수업 내용이 좋았다며, 수업 시간에 다루지 않은 내용도 계속 들려 주면 좋겠다고 해서, 팀을 만들어 한 달에 한 번씩 〈예술의 융합〉에 관한 비공식적인 강의를 더 해 주기도 했다. 내 강의에 관심을 가지고, 격려해 준 모든 수강생이 고맙다. 그중에서도 이렇게 내게 맞는 새로운 길을 걸어갈 수 있도록 계기를 마련해 준 '문화모임 부산매니아합창단'의 정현모 단장께는 특별한 감사의 마음을 간직하고 있다.

『공학자, 베토벤에 빠지다』, 『공학자, 예술의 융합을 이야기하다』, 『공학자, 쇼스타코비치를 만나다』 출간

108

이런 과정을 거쳐 2024년~2025년 두 해에 걸쳐 두 권의 책을 펴내었다. 곧 『공학자, 베토벤에 빠지다』와 『공학자, 예술의 융합을 이야기하다』이다. 부산대학교출판문화원의 임프린트(imprint) 브랜드인 '도서출판 문창별'(2024년 6월 1일 출범)을 통한 제1호 및 제2호 출판물이다.

우선 내가 베토벤에 관한 책을 쓰게 된 동기는 물론, 합창단에서의 베토벤에 대한 토크콘서트가 직접적인 원인이다. 하지만 베토벤에 대해 집중적으로 연구하게 된 계기는 21장에서 말한 바 있는, 『무지갯빛 성장소설 이야기』의 구상과 관련이 된다.

그 책에 포함된 책들 가운데 하나가 1915년 노벨문학상 수상자이기도 한 프랑스 작가, 로맹 롤랑의 『장 크리스토프』이다. 그 책을 읽으면서, 그 책이 음악의 성인이라 불리는 베토벤을 모델로 쓴 책이란 걸 알게 되었다. 물론 베토벤의 일생과는 관련이 없는 책이지만, 주인공 장 크리스토프가 고난을 딛고 일어서는 음악가이기 때문이다.

『장 크리스토프』를 읽기 전에도 음악사적으로도 워낙 유명한 베토벤이라, 그가 쓴 〈교향곡 5번 다단조, 작품 번호 67 "운명"〉이나 〈교향곡 9번 라단조, 작품 번호 125 "합창"〉, 그의 피아노 소품 〈바가텔 25번 가단조 (WoO 59, Bia 515) "엘리제를 위하여"〉 등은 익히 알고 있었다. 하지만 그 책을 읽고 베토벤에 관해 좀 더 깊이 공부하고 싶었다. 베토벤에 관한 책들을 읽고, 베토벤을 다룬 영화나 그림들을 보면서 더욱 베토벤의 삶과 음악 세계에 빠져들게 되었다. 이렇게 하여 『공학자, 베토벤에 빠지다』 책을 쓰게 되었다.

『공학자, 예술의 융합을 이야기하다』는 그동안 가진 이런저런 토크콘서트 내용과 2024년 여름학기 〈예술의 융합을 생각하다〉 강의 내용을 바탕으로 쓴 책이다. 특히 이 『공학자, 예술의 융합을 이야기하다』는 2025년 1월, 부산대학교출판문화원 주관으로, 부산대학교 아트 센터가 기획한 'Future of Art' 기획 전시회와 연계하여 북토크를 가져 더욱 의미 깊었다. 수필부산문학회원, 〈효원수필아카데미〉 수강생, 〈예술의 융합〉 수강생 등 많은 분들이 참석해 주었다.

109

사실, 〈예술의 융합〉 오솔길을 걸어오면서, 나의 예술에 관한 생각을 한번 정리해 본 적 있다. 게다가 이 자서전을 쓰면서, "나의 삶에 가장 큰 영향을 끼친 책은? 그림은? 음악은? 영화는?" 등에 대해 생각해 보았다.

학창 시절에 읽었던 책보다는 정년퇴임 후 최근 4~5년 사이에 더 많은 책을 읽고, 영화나 그림을 보고, 음악을 들었다. 그 책들 가운데에 딱 한 권만 고르기가 쉽지 않다. 그래도 누군가가 꼭 한 권만 고르라면, 미국의 동화 작가 트리나 폴러스가 쓴, 『꽃들에게 희망을』을 꼽는다. 나비가 되는 애벌레의 꿈을 그린 동화이다. 예쁜 그림이 그려진 노란색 톤의 표지가 인상적이다. 아름다운 나비를 본 수많은 애벌레가 저마다 나비가 되고 싶어서로 밟고 밟히며 산을 쌓아가는 가운데, "꼭대기까지는 '기어가는' 게 아니라 '날아서' 가야 한다"는 진실을 깨닫게 된다는 줄거리이다. 얇은 책이지만 언제나 깊은 감동을 주는 책이다.

그래도 한 권의 책을 더 고르라면, 우징숑[오경웅(吳經熊), John C. H. Wu]의 『동서의 피안』을 꼽는다. 중국의 저명 법학자가 가톨릭 신앙을 가지게 된 삶의 여정을 그린 책이다. 동양과 서양의 종교를 비교, 분석하고 종합하면서 동서를 초월한 피안(彼岸)의 세계가 바로 그리스도교 신앙임을 제시하고 있다. 내가 천주교회에서 세례를 받기 전후 읽었던 책인데, 미사 전례음악과 더불어 결정적으로 나를 성당으로 이끈 책이기 때문이다.

그런가 하면 내 삶에 가장 큰 영향을 끼친 그림 하나를 꼽으라면, 주저 없이 17세기 네덜란드의 '빛의 화가' 렘브란트의 〈돌아온 탕자〉를 꼽는다. 사실 학창 시절, 미술책에서 그 그림을 보았을 때는 그리 큰 감동을 받지 못했다. 하지만 상트페테르부르크에서 개최되었던 어느 국제 학술회의에 참석했을 때, 그곳에 있는 예르미타시 미술관 층계참에 걸려 있던 그 그림의 원본에 눈이 마주친 순간, 그야말로 숨이 멎는 듯한 감동이 다가왔다. 명암 처리로, 돌아온 탕자의 어깨를 두 손으로 감싸 안는 모습도 감동적이었지만, 층계를 올라갔을 때 층계 사이의 벽면에 커다랗게 걸린 그림을 보는 순간, 내 눈높이에 맞춰 그 아버지의 두 손을 보게 되었다.

크기가 다른 아버지의 두 손은 그야말로 내겐 큰 충격이었다. 아버지(하느님)를 상징한다는 한 손과, 어머니(성모님)를 상징한다는 또 다른 한 손, 그 두 손의 모습이 뭐라고 말할 수 없는 깊은 울림을 내게 안겨 주었기 때문이었다. 미술 작품에서 그렇게 큰 감동을 받았던 것은, 그때가 처음이었다.

그리고 〈예술의 융합〉 오솔길을 걸으면서 알게 된, 18세기 스위스 태생의 오스트리아 화가, 앙겔리카 카우프만이 그린 〈음악과 미술 사이에서 방황하는 자화상〉 또한, 두 번째 내 삶에 영향을 끼친 그림이라 볼 수 있다. 이 그림을 보는 순간 딱 나의 삶을 보여 주는 그림이라는 느낌이 들 정도로 깊은 인상을 받았다. 음악과 미술 사이에서 평생을 방황하며 살아온 카우프만의 모습에, 공학자와 수필가, 야누스적인 두 개의 다른 모습의 삶을 살아오면서 끊임없이 갈등을 겪어 온 내 삶의 모습이 투영되어 있었기 때문이었다.

이 그림에서는 당대의 유명한 화가로서 위상이 굳건함에도 불구하고, 성인이 된 화가는 여전히 어릴 적 오페라 가수의 꿈을 생각하며 과거 소녀 시절 자신의 손을 놓지 못하고 있다. 그뿐만 아니라, 팔레트를 손에 든 유명한 화가인 현실에도 불구하고, 미래를 향한 자신의 손은 뮤즈의 여신들이 사는 파르나소스산을 가리키는 모습은, 마치 공학자와 수필가, 혹은 예술가 사이에서 갈팡질팡하는 나의 모습과 많이 닮아 있다. 그런 까닭에 『공학자, 예술의 융합을 이야기하다』의 표지 그림으로 카우프만의 그림을 사용하였다.

음악의 경우는, 모든 고전음악이 다 아름다워, 딱 한 곡만 고르기는 더 어렵다. 그러다 보니 고전음악의 경우는 세 가지

음악을 내가 가장 좋아하는 음악으로 고르게 된다. 첫 번째가 이탈리아 작곡가 볼프 페라리의 오페라 〈성모의 보석〉 간주곡이다. 1911년에 발표된 이 곡에 '성모'라는 단어가 있어 가톨릭교회의 전례음악인 줄 알고 찾아 들어본 곡인데, 종교적인 내용은 전혀 아니었다. 나폴리를 배경으로 자유분방한 한 여인을 사이에 두고 두 남자가 벌이는 사랑싸움을 배경으로 하는 비극적인 줄거리를 담고 있다. 하지만 그때 들었던 그 아름다운 선율의 간주곡은 내 혼을 완전히 빼놓을 만큼 매혹적이라 나의 최애곡이 되게 되었다.

두 번째로 대학 입학을 앞둔 시점에 우연히 빠져들었던 멘델스존의 〈바이올린 협주곡 마단조, 작품번호 64〉이다. 그리고 〈예술의 융합〉 오솔길을 걸으며 배우게 된, 베토벤의 〈피아노 소나타 17번 라단조, 작품번호 31-2 "템페스트"〉이다. 특히 3악장은 내가 세 번째로 좋아하는 고전음악 목록이다.

영화는 〈사운드 오브 뮤직〉이 나의 가장 좋아하는 영화이다. 최소 10회 이상 감상하였다. 영화 중에서도 예술 영화, 그중에서도 특히 음악 영화를 나는 좋아한다. 그러다 보니 영화 OST들을 많이 선호하는 편이다. 손예진, 조승우, 조인성이 주연한 우리나라 영화 〈클래식〉의 〈♪사랑하면 할수록♪〉, 빠삐용의 〈바람처럼 자유롭게(♪Free as the Wind)♪〉, 〈어느 멋진 아침〉에 나오는 스웨덴 재즈 피아니스트 얀 요한슨의 〈♪양치기처럼(Licksom en herdinna♪〉, 이탈리아 태생의 영화음악 거장인 엔니오 모리코네가 작곡한 영화 〈Once upon a Time in the West〉의 테마곡 등 좋아하는 곡이 많아, 어느 한 곡을 최애곡으로 뽑기가 쉽지 않다. 그래도 꼭 한 곡만 고르라면, 〈사운드 오브 뮤직〉 테마곡 〈♪The Sound of Music♪〉을 고른다.

2025년 2월, 위와 같은 내용들을 포함해 이리저리 쓴 글들을 모아 제7수필집 『어느 멋진 아침에』를 출간하였다. 주로 〈예술의 융합〉을 강의하면서 느꼈던, 『공학자, 베토벤에 빠지다』와 『공학자, 예술의 융합을 이야기하다』에 수록된 내용을 중심으로 수필 형태로 쓴 글들을 모은 수필집이다. 이 수필집을 펴낸 뒤 어느 독자에게서 내용이 어렵다는 반응을 받은 적이 있다. 이 수필집을 읽으며, 책에 나오는 문학책이나 영화, 음악 등에 관한 공부를 따로 해야 하기 때문이라고 했다. 수필은 독자들에게 편하게 읽히도록 해야 하는데, '공부'하면서 읽게 해서 미안한 마음은 들지만, 그래도 모처럼 예술에 관한 수필집이라 내게는 만족스러운 수필집이다.

110

그리고 세 번째 책으로 2025년 6월 말에 『공학자, 쇼스타코비치를 만나다』를 출간했다. 쇼스타코비치는 〈재즈 모음곡 2번 왈츠〉로 잘못 알려진, 〈버라이어티 오케스트라를 위한 모음곡 1번〉 가운데 〈왈츠 2번〉으로 유명한 러시아의 천재 작곡가이다. 음악사적 가치로도 중요한 작곡가이다. 〈교향곡 7번 다장조, 작품번호 60, "레닌그라드"〉, 〈등에 모음곡 중 로망스, 작품번호 97a, 8번〉 등도 잘 알려진 그의 곡이다. 구소련, 대숙청의 시대라 불릴 만큼 악랄했던 이오시프 스탈

린의 전체주의 정권 아래, 언제 숙청당할지 모르면서 매일매일 죽음의 언저리에서 살아온 작곡가인 만큼, 베토벤이나 구스타프 말러만큼 그의 음악을 듣는 사람들은 정신적으로 치유되는 느낌을 받는다고 한다. 항상 내가 '20세기에 부활한 베토벤'이라는 별명을 붙이며 존경하는 까닭이다. 특히 2025년은 쇼스타코비치의 서거 50주년이 되는 해(8월 9일 서거)이고도 해서, 그에 관한 에세이집 발간은 더욱 뜻이 깊다.

2025년 7월 18일, 영광도서에서 북토크를 가졌으며, 또한 9월 30일, 부산대학교 도서관이 주관하여 이 책으로 〈저자와의 만남〉을 가진다.

이 책 출간에 즈음하여 시사 월간지 《시사(時事)매거진》은 2025년 8월호 '혁신 리더' 특집으로 내 책 출간 소식을 전하면서, 나를 "공학자의 시선으로 예술을 이야기하는 '예술의 융합' 전문 공학자"로 소개해 주어 고마웠다. 그러면서 그동안의 토크콘서트 활동 사진들과 함께 두 쪽에 걸쳐 나의 '예술의 융합' 여정을 상세히 다루어 주었다. "공학자로서의 탁월한 분석 능력과 40년간의 강의 노하우, 그리고 30년간의 수필가로서의 story teller로서의 능력이 바로 하 교수가 고전음악을 중심으로 문학, 미술, 및 영화를 아우르는 '예술의 융합'이라는 독창적 지적 탐구를 이어가는 원동력이 되어 주고 있다."고 평가했다. 이 기사는, "공학자의 시선으로 바라보는 하 교수의 '예술의 융합적 성찰' 활동이 향후 문화 콘텐츠 산업의 새로운 방향성을 제시할 것으로 기대된다."는 문장으로 끝맺고 있다. 내가 걸어가고 있는 〈예술의 융합〉이라는 새로운 오솔길이 나름 좋은 평가를 받는 것 같아 보람을 느꼈다.

111

지나고 생각해 보니, 사실 정년퇴임 후 새롭게 걷고 있는 〈예술의 융합〉 오솔길은, 유년 시절부터 시작하여 오늘에 이르기까지 끊어지지 않고 이어진 길인 듯하다. 수필과 관련된 문학 활동은, 앉은뱅이책상에 앉아 늘 무엇인가를 쓰시던 아버지의 모습을 보면서 길이 시작된 듯하고, 예술에 대한 사랑은 중학교 미술 선생님의 관심에서 비롯된 것으로 여겨진다.

게다가 대학 시절 〈교양음악〉 강의를 통해서, 또한 예정에 없었던, 갑작스러운 참가 결정이었지만, 대학 음악경연대회 참가를 위해 동아리 후배들과 혼성 중창곡 연습을 하면서, 음악에 대한 사랑을 키워 온 것도 내 마음속에 이미 있었던 그 오솔길 위에서의 활동이었을 것이다.

정년퇴임 후 합창단 활동을 통해 걷게 된, 〈예술의 융합〉이라는 오솔길은, 본래 내 마음속에 있었던 길이었지만, 현실이라는 안개 속에 가려 보이지 않았을 따름일 뿐이었다.

〈예술의 융합〉 오솔길을 걸어가는 중이던 어느 날, 아들의 과거 고등학교 시절의 음악과 미술 교과서를 우연히 보게 되었다. 지금 내가 새롭게 관심 가지고 공부하고 있는 내용 대부분이 교과서에 수록되어 있음을 보고 적이 놀랐다. 중학교 때의 음악, 미술 시간 때의 추억뿐만 아니라 고등학교 저학년 때도 분명히 음악과 미술 교과목을 배웠을 것인데도, 그때 기억은 거의 남아 있지 않다는 사실 때문이었다.

아마도 대학 입학이 최우선인 인문계 고등학교였기 때문일 것이다. 국어, 영어, 수학 위주의 수업이 이루어짐에 따라, 음악, 미술, 체육과 같은 예능 수업은 형식적으로 시간만 때우는 식의 교육이 이루어졌기 때문일 것이라는 생각이다. 아들의 교과서를 훑어보면서 생각했다. 오늘날도 여전히 고등학교 교육은 대학 입학시험을 위해 필요한 교과목 위주의 교육이 대부분이고. 우리 때와 별다르지 않게 예능 교육을 소홀히 하는 점이 무척 안타깝다는 생각이 들었다.

112

내가 처음 우리 대학교의 출판문화원을 통해 『내게 울림준 세계문학, 스물다섯』 같은 책을 펴내었을 때, 사실은 내가 받은 연구비의 간접경비로 출판 경비를 대고자 했다. 그 책은 에세이집으로 출판하긴 했지만, 준비 과정에서 거의 연구 수준이라고 할 정도로 시간과 노력을 기울였기 때문이었다. 간접경비란 연구에 직접 소요되는 경비 이외, 약간(보통 연구비 총액의 5% 이내)의 경비를 떼어 연구자가 자유롭게 사용할 수 있도록 적립한 경비를 말한다.

국민의 세금으로 지원되는 연구비이기에 간접경비 또한 엄밀한 기준에 의해 사용되어야 함은 당연지사이다. 하지만 연구 외적인, 사(私)적인 용도로 쓰겠다는 것도 아니고, 연구 차원에서 발간한 책의 출판 비용은 간접비 사용 인정이 되어야 마땅하다. 더구나 대학생을 포함한 이 나라 청소년들에게 도움을 주고자, 연구 차원에서 준비하고 집필하여 발간한 책이라면, 오히려 권장 차원에서 간접경비 사용은 더욱 허락되어야 마땅하지 않을까 하는 것이 나의 생각이다.

하지만 공과대학 교수가 출간하는 책이 전공 도서가 아니라는 이유로 출판비 지원이 거부되었다. 아마도 국어국문학과 교수가 같은 제목의 저서를 출판하였다면, 출판비 지원이 가능했을 것이다. 같은 논리로, 만약 국어국문학과 전공 교수가 과학 서적을 출간하였어도 전공과는 무관한 저서 출간이란 이유로 출판비 지원이 거부되었을 것이다. 무척 실망하였다. 출판비의 재정적 부담 때문이 아니었다.

자비로도 얼마든지 출판할 수 있었다. 다만 공과대학 교수도 융합적 시각에서 얼마든지 인문학적 도서 출판을 할 수 있다는 확신이 있었기에, 그런 융합적 시각에서 연구비에 의한 출판비 지원을 기대했을 뿐이었다. 그것도 교수 재직 시엔 한 번도 요청하지 않았고, 정년퇴임을 하였기 때문에, 재직 기간 동안 적립된 간접경비를 당당하게 요청했다.

학제적 융합을 권장하는 시대가 도래했음에도 불구하고, 융합적 노력에 대한 지원을 철저히 거부하는 현실은 내게 큰 실망을 안겼다.

교수 생활로부터의 완전한 퇴임을 준비하며

113

그럼에도 불구하고, 앞으로도 나는 내 발 앞에 놓인 〈예술의 융합〉이라는 상쾌한 오솔길을 뚜벅뚜벅 걸어갈 것이다. 야누스적 취향을 가진 별난 공학자이자 수필가로서, 나만의 길을 걸어갈 것이다.

다가오는 2025년 11월, 유리 쉬시푸노프 교수와 내가 창설한 ASAM 국제 학술회의(제9회)가 후배 교수들의 준비로 부산에서 개최될 예정이다. 교수들이 정년퇴임을 맞게 되면, 연구를 함께했던 그 교수의 대학원 제자들이 중심이 되어 정년퇴임 기념식이 열리는 경우가 적지 않다. 2019년 말부터 2021년 초까지 세계를 강타한 코로나19 전염병 여파로 한자리에 모이기가 쉽지 않아, 내가 정년퇴임하던 2021년 2월엔 별 행사 없이 조용히 정년퇴임을 맞이하였다.

그리고 5년의 석학교수 재임 기간이 끝나간다. 내년 2026년 2월 말이면 석학교수 임용 기간이 끝남으로써, 진정한 퇴임을 앞두고 있다. 이제 진정한 교수직 퇴임을 앞두고, 뭔가 보람된 이벤트를 갖고 싶다는 소망을 간직하게 되었다. 통상적인 정년퇴임 기념식에선, 교수가 그동안 수행했던 연구 내용을 간단히 소개하고, 자신이 걸어온 교수 생활에 대해 회고하는 시간을 갖는다. 예전에는 교수직 재임 동안의 논문을 모은, 논문 봉정식을 열기도 했다.

내가 맞이하는 참된 퇴임식에 나름대로 조그만 의미를 부여하고 싶었다. 해서, 11월 국제 학술회의 마지막 날, 그동안 나에게 은인이 되어 준 제자들에게 감사의 뜻으로 점심 대접을 하기로 하였다. 그 자리에서 논문 봉정식이나 나의 연구 활동을 정리하고 회고하는 대신, 합창단 활동과 함께 한성용 지휘자 선생님이 여신 성악 교실에서 배운 가르침을 바탕으로, 나만의 작은 음악회를 열기로 했다.

2023년, 부산매니아합창단의 몇몇 단원들과 함께 '한성용 성악 교실'에 등록해 성악을 공부했다. 2023년 말, 성악 교실에서 제1회 향상 음악회가 열렸고, 조두남 작곡 〈♪그리움♪〉을 불렀다. 2024년 말, 제2회 향상 음악회에선, 이탈리아의 빈첸초 벨리니 작곡의 〈♪Fenesta che lucive (불 꺼진 창)♪〉을 불렀다. 2025년 말, 제3회 향상 음악회에서는 이수인 작곡 〈♪가지산 억새 바람♪〉과 이탈리아의 빈센초 벨리니 작곡의 〈♪Vaga luna, che inargenti♪〉를 부를 예정이다.

가칭, '하창식 교수 퇴임 기념 성악 발표회'이다. 이 발표회를 위해 부산매니아합창단의 김주리 반주자 선생님께도 축하 연주를 부탁해 두었다. 성악 교실에서 발표한 곡과 김효근 작곡의 〈♪눈♪〉을 포함해 다섯 곡의 성악곡을 준비 중이다. 전문적인 성악가는 아니지만, 또한 그 발꿈치에도 가까이 갈 수 있는 실력도 안 되지만, 나의 퇴임을 자축하기 위해 용기를 내었다.

중간이라도 자신이 없어 마음이 바뀔까 봐, 내 연구실을 거쳐 간 제자 대학원생 대표에게 귀띔해 두었다. 나의 이야기를 듣고 있는 독자들에게도 미리 귀띔하는 것도 같은 이유에서이다. 말하자면 공개적으로 내 다짐을 보여 줌으로써 내가 자신에게 한 약속을 번복하지 못하도록 구속할 수 있기 때문이다. 다가오는 11월 그날을 기다리며, 열심히 성악곡 부르는 연습을 하고 있다.

23.
남은 이야기들

114

지금까지 어릴 적부터 이 시간까지 내가 살아오면서 경험했던 삶의 궤적을 훑어보았다. 어떤 한 사람의 삶을 어떻게 책 한 권으로 엮을 수 있겠는가? 시간이 지나감에 따라 과거의 기억이 사라지는 것도 이유가 되겠지만, 살아오면서 만났던 사람과의 관계, 가족과 같은 가까운 관계이든, 아니면 잠시 옷깃을 스쳐 간 인연의 관계이든, 타인과의 관계에 대한 이야기 보따리를 모두 풀어놓기는 불가능한 일일 것이다.

70년 세월을 회고하자니, 사실상 여기 적힌 이야기들보다, 하지 못한 이야기들이 훨씬 더 많다는 걸 깨닫게 되었다. 내 삶의 이야기를 정리하면서, 한 가지만 덧붙이고자 한다. 누군가가 자신의 삶을 이야기할 때 듣는 이들이 자주 하는 질문은 이런 종류일 것이다. “당신의 삶 중에서 가장 기억에 남는 일은 무엇입니까?” “당신의 삶 중에서 가장 행복했던 시절은 언제였습니까?", "당신의 삶 중에서 가장 불행했던 시절은 언제였습니까?", "당신의 삶 중에서 가장 아쉬웠던 것은 무엇입니까?", "만약 당신이 과거 어느 순간으로 돌아갈 수 있다면, 어느 시절로 되돌아가고 싶습니까? 또 그 이유는 무엇입니까?", "당신의 삶에 미친 가장 중요한 사람은 누구라고 생각합니까?" 등등.

나의 삶을 스스로 평가하면서, "이만하면 되었다."라고 자신 있게 말할 수는 없다. 만족보다는 아쉬움이 훨씬 더 크다. 사람의 삶이란 게 원래 그런가 보다. 불완전한 게 사람이니까. 다만, 누군가가 나에게, "그러면 네 삶에 있어 가장 아쉽게 생각하는 건 무엇이니?" 하고 묻는다면, "지란지교(芝蘭之交)를 나눌 친구가 없는 것이 제일 아쉽다."라고 말하고 싶다. 지란지교(芝蘭之交)는, 중국 고전의 하나인 『명심보감(明心寶鑑)』, 「교우(交友)」〉편에 나오는 향기로운 꽃들인 지초와 난초처럼 맑고 깨끗하며 두터운 벗 사이의 사귐을 일컫는다.

"선한 사람과 함께 있으면 지초와 난초가 있는 방으로 들어가는 것과 같아서 오래되면 향기를 맡지 못하니, 그 향기에 동화되기 때문이다(與善人居, 如入芝蘭之室, 久而不聞其香, 卽與之化矣)." 라고 공자(孔子)가 말했다. 내게도 친구들이 많다. 학창 시절의 친구들, 교수로 재직할 동안 만난, 많은 국내외 동료 학자들은 물론이고, 가족, 친지, 이웃, 취미 단체 등등의 만남을 통해, 나를 좋아하는 지인들도 많고, 또 내가 좋아하는 지인들도 많다. 내가 만난 친지와 지인들은 거의 모두, 공자가 말하는 것과 같은, 좋은 향기를 뿜는 지초나 난초 같은 분들이다.

여기서 내가 뜻하는 지란지교를 나눌 친구란 공자의 말씀 내용이 아니라, 유안진 시인의 시에서 말하는 친구를 뜻한다. 곧 「지란지교를 꿈꾸며」라는 제목의 시이다. 이 시를 보면 다음과 같은 내용이 나온다.

"저녁을 먹고 나면 허물없이 찾아가 차 한잔을 마시고 싶다고 / 말할 수 있는 친구가 있었으면 좋겠다./…악의 없이 남의 이야기를 주고받고 나서도 / 말이 날까 걱정되지 않는 친구가…/…나의 일생에 한두 사람과 끊어지지 않는/ 아름답고 향기로운 인연으로 죽기까지 지속되길 바란다. /"

대학 시절 같은 학과 소속인 데다, 같은 동아리에서 활동한 용근이와 우춘이는, 다른 친구들이 '삼총사'라 부를 정도로 4년 동안 늘 붙어 다닌 친한 친구였다. 하지만 대학 졸업 후 서로가 다른 길을 걸어가다 보니 지금은 어디서 어떻게 지내는지 알 수가 없다. 그러니 "저녁 먹고 나서 허물없이 차를 마실" 형편이 되지 않는다. 유안진의 「지란지교」는 계속해서 이렇게 노래한다.

"사람이 자기 아내나 남편,/ 제 형제나 제 자식하고만 사랑을 나눈다면 / 어찌 행복해질 수 있을까?…/…그가 여성이어도 좋고 남성이어도 좋다. / 나보다 나이가 많아도 좋고, 동갑이거나 적어도 좋다. /"

말하자면, 유안진의 시에서 말하는 그런 지란지교를 나눌 친구를 평생 꿈꾸어 왔지만, 그런 친구를 사귀지 못한 점이 가장 아쉽다.

115

한편, 흔히들 문장 쓰기 훈련을 하는데, 일기 쓰기가 도움이 된다고 한다. 나의 경우 딱히 문학 수업을 위해 일기를 쓴 건 아닌 것 같다. 중학교와 고등학교 때 조그만 수첩에 그때그때 마음속에 있었던 생각들을 일기에 적기도 했었다. 매일은 아니고 가끔 내 생각을 써 내려간 일기장 수첩이 서너 권 되었던 기억이 난다. 대학 시절과 대학원 시절에도 대학노트에 수시로 내 마음을 담은 일기를 썼다. 일곱 권의 분량이다. 그리고 40대 초반, 교수 생활하면서 겪었던 이런저런 마음의 갈등에 대해 고백록처럼 쓴 일기가 있다. 대학노트 1권 정도의 분량이다.

2021년 정년퇴임을 하면서 연구실 정리를 하던 중에 중학교 2~3학년 때 쓴 '수험생 일지'를 우연히 보게 되었다. 손에 쥐어질 정도의 조그만 수첩에 적힌 일지였다. 말하자면 내가 중학교 때 쓴 일기인 셈이다. 당시 일기에도, 부산고등학교 입학을 인생 최대의 목표로 정하고, 그때그때의 학습 목표, 시험을 잘 치렀을 때의 기쁨, 시험을 잘못 치렀을 때의 실망 등을 자세히 기록하고 있었다. 그뿐만 아니라, 국어 문제집을 주신 담임 선생님께 대한 고마움도 기록되어 있었다.

내 감정을 일기에 담으면서, '수필'이라는 용어를 쓰기도 해서, 미래에 본격적으로 활동하게 될, '수필가'의 싹이 그때부터 자랐을지도 모르겠다는 생각을 한 것으로 기억난다.

그런가 하면 대학 시절과 과학원 시절 동안 쓴 일곱 권의 일기책은 그야말로 청춘의 성장사(成長史)였다. 이 자서전에 담긴 내용 이외에도, 당시 읽었던 책들에 대한 독후감이나, 친구들을 포함한 지인들과의 만남 등의 구체적인 내용이 담겨 있었다. 심지어 그림을 그려가며 당시 꾸었던 꿈 내용을 상세히 서술한 날도 있었다.

게다가 진로 문제에 대한 고민은 물론이고, 본격적인 러브스토리는 아니지만, 내 청춘 시절 스쳐 지나갔던 몇몇 여성들과의 짧은 만남, 혹은 만남 시도 등에 대한 상념(想念), 이성(異性)에 관한 생각 등이 적혀 있었던 걸로 기억된다. 옛날 청춘 시절의 일기장을 읽으면서, 어떤 표현들은 낯이 뜨거워질 만큼 부끄러운 서술들도 적지 않음을 보았지만, 그 모든 것은 '청춘'이라는 이름으로 용서(?)받을 수 있을 것이다.

과학원 시절 쓴 일기장엔 석사 과정 동안 겪었던 연구의 어려움과 가톨릭 신앙에의 귀의(歸依) 전후 경험했던 엄청난 마음의 갈등과 평화, 그리고 공학 전공에 대한 회의, 앞으로의 계획 등이 자세히 담겨 있었다. 이 자서전을 쓰면서 정확한 기억, 특히 그 시절에 있었던 일들의 정확한 시점을 불러내는 데, 청춘 시절의 일기장 내용이 큰 도움이 되어 주었다.

30대에서 50대까지는 앞가림하느라 바빠서 그랬는지, 아니면 본격적으로 수필 작품을 쓰면서 일기 같은 자기 고백적 글을 쓰게 되어 그랬던 건지는 모르겠지만, 본격적인 일기는 쓰지 않았다. 그 가운데 30대 초 잠깐 쓴 일기장엔 박사 학위 논문 작성 과정의 여정과 그 여정에 따라 희생을 치를 수밖에 없었던 가족에 대한 미안함과 감사하는 마음이 기록되어 있다. 역시 40대 초 얼마간 쓴 일기장엔 동료 교수들과의 관계, 공학자로서 두각을 나타내기 위해 앞만 보고 달려가는 과정에서 일어난 여러 가지 좋은 일, 궂은일, 착한 마음, 욕된 마음이 적혀 있다. 공자는, 40세면 불혹(不惑)의 나이라 했는데, 나는 공자님 말씀에 어긋나게 40대엔 더욱 세상의 유혹에 많이 흔들렸나 보다.

『신약 성경』(「마르코」 7: 22)에 나오는 말씀처럼, 나의 탐욕, 악의, 시기, 중상, 교만, 어리석음에 대한 진솔한 고백이 구구절절 쓰여 있다. 언젠가 기회가 된다면, '거짓되고 이기심 가득한' 욕망덩어리인 진짜 내 모습을 담은, 나의 진정한 참회록을 쓰고 싶다.

40대 중기 이후부터는 내 앞가림한다고 바빠서 그랬는지는 모르겠지만, 60대까지는 더 이상 일기를 쓰지 않았다. 하지만 60대가 되자, 다시 일기를 쓰기 시작하였다. 공자님 말씀대로 이순(耳順)의 나이가 되어서 그런지 40~50대보다는 훨씬 성숙된 나의 모습을 그리고 있다.

예전에는 수필 작품을 발표하려면 원고지에 직접 글을 써야 했다. 첫 번째 에세이집이었던 『빨간 타이어』도 그랬고, 첫 번째 수필집인 『가슴 따뜻한 세상을 꿈꾸며』 원고도 모두 원고지 위에 직접 원고를 작성하였다. 언제부터인가 컴퓨터 워드 작업이 시작되면서, 원고지 쓰기를 그만둔 듯하다. 원래 손 글쓰기를 싫어하던 차에 컴퓨터의 워드 기능은 그야말로 신문물이었다.

아마 컴퓨터의 워드 기능 덕분이었을 것이다. 원고지 사용 대신 책상에 놓인 컴퓨터로 원고를 작성하면서부터 일기를 다시 시작하였을 것이다. 60대 초부터 새로 일기를 쓰기 시작하였다. 좀 더 정확히 말하자면, 컴퓨터 워드 프로그램으로, 매일매일 그날 있었던 일, 그날 느꼈던 생각들을 일기처럼 쓰기 시작하였다. 이렇게 해서 시작된 일기 쓰기는, 2025년 오늘에 이르기까지 하루도 빠짐없이 계속되고 있다. 바쁜 일이 있을 때는 며칠 몰아서 일기를 쓰기도 하지만, 아무튼 하루도 빠짐없는 일기 쓰기가 오늘까지 거의 10년이 다 되어 간다. 이런 일기 쓰기가 나의 문장 쓰기 훈련에 도움이 되어 주는 것만은 분명한 사실일 것 같다.

지금까지는 앞에서 언급한 일기장들을 모두 보관하고 있지만, 언젠가는 모두 폐기해야 할 것이다. 학교 연구실에서 보관하던 일기장들을 보관하기에 마땅한 장소도 없을 뿐 아니라, 일기장에 적힌 사실들 가운데 대부분은 이 자서전에 거의 모두 담았거나, 아니면 나의 기억 속에서만 머물러야 할 내용이 적혀 있기 때문이다. 언젠가는 일기장 내용을 바탕으로 내 기억 속에 머물러 있는, 부끄러운 나의 참모습을 드러낸, 참회록 같은 자서전을 써 보리라 다짐해 본다.

116

나에게 남은 이 지상에서의 삶이 언제까지 이어질 줄은 전혀 예측할 수가 없다. 그런 의미에서, 앞으로 살아갈 내 삶이 어떤 식으로 이어질지 예측할 수 없다. 하지만 지금까지 살아온 삶을 반추하였을 때, 특히 교수직 정년퇴임 이후의 삶을 생각하면, 일단은 공학자란 이름은 사라지겠지만, 수필가 겸 '예술의 융합' 전문가라는 이름으로 남은 삶을 살아가지 않을까 하는 생각이 든다.

특히 2026년 2월, 부산대학교 석학교수의 임기가 끝나면, 대학 캠퍼스를 완전히 떠나게 된다. 부산대학교 명예교수란 명칭은 계속 유지되겠지만, 말 그대로 공식적으로 대학 캠퍼스를 완전히 떠난 후의 내 삶이 어떤 식으로 전개될지 정말 예측이 되지 않는다.

그렇지만 정년퇴임 후 찾아낸 '예술의 융합' 전문가라는 새로운 오솔길을 열심히 걸어가게 될 것임은 분명할 것 같다. 더구나 대학 캠퍼스를 완전히 떠나면서 더욱 많아진 여유 시간 덕분에, 수필가로서 더 많은 수필 작품이 탄생할 것으로 예측된다.

다시 내 자서전의 제목으로 돌아와서, 공학자와 수필가, 어찌 보면 야누스의 얼굴같이 전혀 다른 두 성격의 삶을 살아온 나는 이 자서전에서, 두 개의 극단적으로 다른 삶을 살게 된 배경에 관한 이야기를 펼쳤다. 2026년 2월 끝내게 될 부산대학교 석학교수 시절까지 포함하여, 1974년 부산대학교 공과대학 입학 이후 52년간 공학자의 얼굴이 보는 달을 쳐다볼 동안, 내 다른 수필가의 얼굴은 자기 머리 위에 뜬 예술가의 달은 맘껏 바라볼 수 없었다.

내 삶이 얼마나 남았을지는 모르겠지만, 이제부터는 공학자의 달이 아니라, 예술가의 달을 더 자유롭게, 더 풍요롭게 바라보고 싶다. 수필가의 얼굴이 바라보고 있는 그 달을 좇으며 남은 일생을 더 풍요롭게 보내고 싶다.

끝으로, 정년퇴임하면서 건강 유지를 위해 부산의 갈맷길을 완주하리라고 마음속으로 다짐한 바 있다. 하지만 오늘이 시간까지 자신에게 한 약속을 지키지 못했다. 내년 완전한 자유를 누리는 시점부터 부산의 갈맷길 완주를 시작하겠노라 다시 다짐해 본다.

이 자서전의 원고를 쓰며 내 삶 전체를 되돌아보면서 매우 의미 있는 시간을 보내었다. 하지만 나의 삶 이야기가 이 글을 읽는 독자들은 물론이고, 다른 사람들에게 어떤 의미가 되어 줄 수 있을지는 모르겠다.

나의 삶을, 역사적으로 이름을 남긴 위인들의 삶과 비교해 생각해 보면, 한없이 작아지는 나를 느낀다. 문학, 음악, 미술, 영화, 할 것 없이 위대한 예술가들은 그들이 남긴 작품을 통해 모든 시대, 모든 곳에 있는 사람들에게 감동을 안겨주어 왔다. 위대한 과학자들도 그들의 뛰어난 발명 혹은 발견 등으로 인류를 위해 크게 이바지하였다. 그런가 하면 자신의 불행을 딛고 꿈을 이룬 사람들, 다른 사람들을 위한 희생과 봉사의 삶을 살다간 사람들과 같이, 우리 주위에서 우리에게 가슴 찡한 감동을 선사하며 보람차고 참으로 의미 있는 삶을 산 보통 사람들도 많다. 사실 나는 그분들이야말로 자서전을 쓸 자격이 충분하다고 믿는다.

그런 점에서 나의 삶을 되돌아볼 때, 자신이 아니라, 내 이웃, 내 사회에 나는 얼마나 도움이 되는 삶을 살아왔으며, 다른 사람들에게 선한 영향력을 끼치며 살아왔는가를 누군가 묻는다면, 자신 있게 "예"라고 대답할 수 없어 부끄럽기 그지없다. 누군가 나더러 다시 태어난다면 무엇을 하고 싶으냐고 묻는다면, 다음 생에서는 그렇게 다른 사람에게 도움이 될 수 있는 사람, 사람들에게 감동을 주는 사람이 되고 싶다고 답하고 싶다.

아무렴, 이 자서전을 통해 나의 살아온 이야기를 적으면서, 그래도 오늘에 이르기까지 걸어온 나의 삶이 나만의 삶은 아니었다는 걸 깨닫게 된 것만 해도 고마운 일이다. 내가 잘나서가 아니라 이런저런 도움을 주신 분들 덕분에 그나마 오늘의 내 모습이 된 것이기에, 그 모든 분께 다시 한번 감사의 마음을 가지게 되었다. 무엇보다 각각 한의사(지원), 고등학교 영어 교사(지현), 의사(재훈)로 성장할 때까지 '괄호 밖의 남자' 대신 (워킹맘의 고됨을 무릅쓰고) 아이들을 양육하며 나의 삶을 뒷바라지해 온 아내에게 가장 큰 감사 인사를 전하고 싶다. 물론 '빵점 아빠'가 해 준 것도 없는데 잘 자라준 아이들에게도 고마움을 전한다.

나아가 이 자서전에 직접 이름을 거론하지는 않았더라도, 내 삶에서 일어난 모든 일을 회상하다 보니, 내 삶 언저리에서 나는 모르고 있었겠지만, 나에게 도움을 주거나, 도움이 되어 주신 은인들이 무수히 많다는 것도 깨닫게 되었다. 나에게 도움이 되어 주신 모든 은인께 감사의 마음을 전해 드리면서 자서전의 문을 닫고자 한다.정년퇴임 기념으로 펴낸 『강의실 너머』의 마지막 부분에서 내가 썼던 문장을 여기 다시 옮긴다. 이 문장 이상으로 내 마음을 더 잘 표현할 수 있는 문장을 아직까지는 찾아내지 못했기 때문이다.

"Tempus fugit, amor manet. (시간이 흘러도, 사랑은 남는다.)" 라는 라틴어 명언이 생각난다. 앞으로도 시간은 흐르겠지만, 그들에 대한 사랑과 존경의 마음은 내 생이 다하는 그날까지도 남을 것이다."

| 발문 1 |

저자는 군 복무 면제를 받은 한국과학원(카이스트 전신) 출신 공학자였다.

김상원 (소설가)

내가 소속된 부산문인협회는 2025년 올해 1,500여 명의 회원이 등록되어 있다. 매달 몇 권씩 문예지나 단행본이 배달되어 온다. 내가 2002년 《한국소설》 13회에 등단하여 회원으로 가입한 지 23년이 되었으니, 나 개인에게만 수백 권의 책이 배달되어왔있다.

대부분의 문인들은 자신이 집필하고 있는 작품을 쓰다 보면 시간이 없는 데다, 배달되어 오는 책이 너무 많아 다 읽을 수가 없다고들 한다. 나 역시 그렇다. 나의 장르인 소설이든지, 지인이 보내온 단행본이나 문예지를 훑어보다, 읽을거리가 아니면 던지듯 서장(書欌)에 끼워 둔다.

내가 하 회장의 수필을 읽는 것은 부산가톨릭문인협회 회장을 역임하여, 같은 자문위원으로 되어 있고, 또 부산대학교 부총장을 역임한 것이 돋보였기 때문이었다. 그보다 수필은 자신의 삶이나 저자의 이념(理念)과 철학이 내재되어 있으므로 수필을 읽으면서 저자를 어느 정도 파악할 수 있기 때문이기도 했다.

저자의 수필은 꾸밈이 없고 문장과 내용이 리얼하고 진솔했다. 저자의 인격이 글 속에 묻어 있었다. 그래서 하 회장의 수필을 읽고 독후감을 문자로 보내기도 하고, 대화를 나누기도 하면서 친숙하게 되어, 내가 가까이하는 문인들과 종종 함께 식사를 하기도 했다. 무엇보다도 저자는 부총장을 역임한 이력과는 달리, 서민적이고 겸손하면서도 푼푼한 성격이라 조심스럽지 않아 대하기가 편했다.

하 회장이 일곱 번째 수필집을 보내왔을 때였다. 나는 그때 나의 안태본 연지동과 접한 초읍동에서 자란, 나보다 4살 아래인 여성 수필가가 쓴 자전적 에세이를 읽고 있었다.

에세이 내용은, 1950년도는 모든 것이 부족한 가난한 세대라, 학교 공납금을 내지 못해 중학교를 끝내 중도에서 접고, 공장에 다니며 돈을 벌어 늦게야 학업을 끝낼 수 있었다는 처절한 사연을 눈물로 서술한 자서전 같은 이야기들이라, 그 세대를 저자와 함께 호흡한 나는, 그 가난을 회상하며 자서전을 완독했다. 아마 그 책이 자전적 에세이가 아니었다면, 밤잠을 설치며 완독하지 못했을 것이다. 하 회장에게 수필 대신 자서전을 써 보라고 문자를 보냈다. 저자는 뜻이 없는지 답이 오지 않았다.

그래서 점심을 먹자고 약속하고, 여성 수필가에게 급히 책을 보내달라고 했다. 나는 내가 써준 어느 기업가의 자서전도 함께 쇼핑백에 담았다. 사무실에서 두 권의 자서전의 내용 설명을 했다.

2015년이었다. 내가 다니는 성당 자매가 남편과 함께 사무실로 찾아왔다. 손에는 내가 쓴, 장편소설 『세월이 흐르는 강』이라는, 눈에 익은 소설을 가지고 있었다. 나는 의아했다. 이분은 6.25 전쟁, 1.4 후퇴 때, 여덟 살의 나이에 부모를 두고 작은아버지를 따라 원산에서 피난민을 실은 미 군함을 타고 내려와 부산에 뿌리를 내리고 살아오면서, 평생을 어머니와 어릴 때 뛰놀던 고향 산천을 그리며 살았다고 했다. 그 그리움과 고아로서 처절한 고생을 하며 기업을 이룬 세월의 족적을 자서전으로 남기고 싶다고 나를 찾아온 것이다. 나는 자서전을 써 본 적도 없고, 쓸 줄도 모르니, 잘 쓰는 소설가를 소개하겠다고 하면서, 소설가 이규정 교수에게 전화를 하려고 휴대폰을 드니 못 하게 막으며 말했다.

선생님이 쓴 『세월이 흐르는 강』을 읽었다며, 이 소설간이 쓰면 된다고, 내가 국민학교 때부터 고아로 힘들게 살면서 기업을 이룬 과정을 쓴 일기장을 정리해 놓았으니, 소설가 선생님께서 책으로 완성해 달라고 했다. 나는 정리한 일기상의 원본을 교정하고 수정하면서 교열하고 문장화하여 7개월 만에 도서 출판 지평에서 출간했다.

나는 하 회장에게 여성 수필가의 자전적 에세이 1권, 『풀 마을 잔영』과 2권, 『풀 마을 소녀』와 내가 써준 자서전 『고향 가는 길』을 주며 다시 설득했다.

내가 하 회장에게 자서전을 간행하라고 권하는 것은 지금까지 일곱 권의 수필집을 간행한 것보다 단 한 권의 자서전으로 자신을 알리고 돋보일 지름길을 두고 수필집을 계속 간행하는 것이 안타까웠기 때문이라고 하며, 하 회장이 국립대학교 부총장을 역임한 이력이 아니었다면 권하지 않았을 것이라고 설득했다.

요즈음 TV 영상에서 즐길 거리가 많아 일반인도 책을 거의 읽지 않는다고 하나, 자서전은 문예지나 단행본과는 달리 저자가 살아온 궤적과 족적을 기술하였기에, 저자가 어떻게 살아왔는지 이력을 들여다보려고 관심을 가지고, 거의 대부분의 지인들이 읽는다고, 자서전을 간행해 보라고 적극 권했다. 그래도 하 회장은 "제가 감히 어떻게..." 하며 망설였다. 하긴 자서전은 정치가나 대기업을 이룬 기업가, 혹은 한때를 풍미하게 살아온 사회인이 아니면 감히 쓸 수 없었다. 그러나 하 회장은 자신을 과소평가한 것이다.

하 회장은, 자신은 그저 공부만 열심히 했고, 직책은 직장 생활의 과정일 뿐이라고만 알고 있는 것이다. 그래서 저자는 자신의 이력이 대단하다는 것을 의식하지도 않은 것 같았다. 받은 상이 무엇 무엇이냐고 물었더니 그중 부산시 문화상을 받았다는 것이다. 나는 깜짝 놀랐다. 문화상은 아무나 받을 수 없는 상인데도, 저자는 귀한 상을 받은 것 같다는 생각을 하지 않는 것처럼 느껴졌다. 나는 또 몇 살에 대학교수가 되었느냐고 물었다. 스물여섯 살에 되었다고 했다. 나는 다시 놀랐다. 26세이면 대학 졸업을 하지 않은 학생도 있는데, 그것도 국립대학인 부산대학교 교수가 되었다고 했다.

2025년 4월 1일 자 〈조선일보〉 신문에 이런 기사가 실려 있었다. 광주과학기술원(GIST) 학·석·박사로 졸업한 여성인 강기승 박사가, 만 27세로 고려대학교 최연소 교수로 임용되었다는 기사였다. 그것도 한국 주요 신문인 〈조선일보〉에 난 기사이었다. 자서전 저자 하창식 교수는 지금부터 53년 전

1982년 9월에 스물여섯 살에 교수가 되었으니, 신문에 난 강기승 교수보다 53년이 빨랐고, 한 살 적은 나이였다. 참으로 대단한 저자의 이력임에도 아무것도 아닌 듯 흘리는 경력으로 말했다. 그래서 나는 말했다. 자서전을 빛내고 부각하려면 자신의 이력과 수상작은 반드시 기술해야 한다고 했다.

끝으로 저자의 지면을 빌려, 내가 추천하여 하창식 저자가 가입한 '길' 동인을 소개하려고 한다. 2003년 창립하여 2025년 올해 22년째이다. '길' 동인의 구성원은 다른 단체 동인이나 회원들보다 훌륭한 분들이 소속되어 있다. 구성원은 이해인 수녀 외 14명인데 이 중 6명이 부산시 문화상 수상자이다. 수상자는 1. 공재동 〈중앙일보〉 신춘문예 당선자, 2. 김정자 교수, 3. (故)이규정 교수, 4. 이문섭 〈부산일보〉 중진 언론인, 5. 최화웅 MBC 보도국장, 6. 하창식 교수, 6명이다.

저자가 자서전에 발문을 써달라고 했는데 발문에 부응되었는지 걱정이 된다.

| 발문 2 |

깊고 아늑한 숲에서 맑고 고운 선비를 만나다[3)]

(故)박선자 교수 (부산대학교 국어국문학과)

수필은, 글쓴이의 삶을 있는 그대로 만날 수 있고, 글쓴이의 눈길을 따라 그가 펼쳐놓은 세상을 거니는 즐거움을 누리는 두 가지 보람으로 읽게 된다.

나는 『가슴 따뜻한 세상을 꿈꾸며』를 읽고, 맑고 고운 선비 하 교수를 가까이 만나게 되었고, 그가 꿈꾸는 세상 안을 누비는 즐거움까지 누렸으니, 그 보람에 뒷글을 아낄 수 없게 되었다.

하창식, 그는 반듯하고 올곧은 공학자이자 과학자이다. 그는 스스로를 괄호 밖의 남자라 하나, 괄호 안의 사람살이를 하는 사람이다. 그의 글을 읽으면, 가슴 따뜻한 세상은 그가 꿈꾸는 세상이 아니라, 있는 그대로 그의 삶이기에, 읽는 이

3) 이 글은 2008년 10월에 펴낸 나의 첫 번째 수필집 『가슴 따뜻한 세상을 꿈꾸며』에 게재되었던, 故 박선자 교수님의 발문을 전재한 것이다. 17년 전, 쉰두 살 된 나에 관한 생각을 피력하신 글이다. 하지만 칠순을 앞둔 지금의 나와도 크게 다를 바 없는 나의 모습을 나 자신보다 더 잘 파악하고 쓰신 글이라 그대로 전재하였다. 물론 몸 둘 바를 모를 정도로, 나의 사람됨보다 더 나를 높게 평가해 고맙기도 하고 쑥스럽다. 그래도 공학자로서의 나, 수필가로서의 나, 두 개의 달을 바라보는 야누스 같은 나의 모습을 이 글만큼 더 잘 표현할 수는 없을 것 같다는 생각에 다시 수록하였다.

의 마음이 절로 따뜻해진다.

눈을 보면 그 사람의 마음을 안다고 한다. 나는 그의 눈을 들여다본 적이 없으니 그를 안다고 할 수는 없다. 그래도 나는 하 교수를 꾸밈없고 참한 사람이면서 무척 부지런하고 뛰어난 교수로 알고 있다. 후배 교수인지라 목이 좀 아프기는 하지만 높이 우러러보고 있다.

짚어보니 나는 그가, 연구 업적 엄청난 고분자공학과 교수이고 가톨릭교수회 회장을 지냈으며, 금정성당 교우였다는 걸 빼고는 거의 아는 바가 없다. 새삼 아쉽지만 그리 오래되지 않은 존경, 그 존경의 씨앗은 그의 빼어난 연구 업적도 아니요, 놀라운 수상 실적도 아니다. 내 존경의 바탕은 지위나 명성, 권력이나 부가 아니기 때문이다.

하 교수에 대한 나의 존경은, 부산교구 가톨릭교수회 수필집 『씨앗 되게 하소서』에 실린 「나를 이끄신 성모님」이라는 그의 글에서 비롯한 것 같다.

과학원 대학원생으로서 논문이 안 풀려 고민에 빠져 있을 즈음, 1979년 둘째 일요일 신당동성당 안 눈부시게 빛나는 햇살로 환하게 웃으시는 성모상에서 "얘야, 어서 오너라."라는 말씀을 듣고 이끌리듯 들어서게 되었고, 그로 하여 안 풀리던 실험이 기적적으로 풀리고 논문을 마무리하게 되어 다음 해 세례를 받게 되었다는 그의 신앙고백에서, 말씀을 알아듣는 열린 마음과 이를 잘 따르는 어진 마음이 얼마나 곱고 아름답던지, 주님 마음을 오래 아프게 하고 거칠고 메마른 삶의 들판에서 엎어지고 자빠지며 이리저리 헤매다 마흔이 넘어서야 겨우 믿음의 끈을 잡은 나에게는 때늦은 뉘우침과 깊은 감동으로 다가왔다.

그 뒤 어쩌다 듣거나 보게 된 그의 삶에서, 학자로서 맑고 반듯하며 배움에 쉼 없이 나아가는 몸가짐과, 교수로서 성실하고 부지런하며 가르침에 살뜰히 보살피는 마음가짐을 읽어 낼 수 있었다. 이 두 가지, 어울리기 쉽지 않은 올곧음과 따뜻함의 조화는 우리 둘레에서 쉽게 찾아볼 수 없는 아름다움인지라 오래 기다려 온 이를 만난 듯, 반가움에 하 교수를 더욱 좋아하게 되었다.

열 살 남짓 된 아들이 첫영성체를 한다고 한 달 정도 교리와 미사 참례를 준비하는 동안, 그 바쁜 하 교수는 아들의 손을 잡고 거의 거르지 않고 성당에 나왔다. 아들의 신앙 걸음마에 함께하는 아버지의 소박하나 소중한 사랑의 보살핌에 나의 존경심은 조금씩 더 자라났다. 그러다 멈출까 봐, 가까이 속속들이 알지 못하는 하 교수에게서 한 뭉치의 글이 보내져 왔다.

아하, 빈틈없이 꽉 짜인 나날의 삶이라도 이리 느긋하고 따뜻할 수 있구나, 가슴 저 안에서 박수 소리가 들려왔다. 우리 누구에게나 주어진 날들도 어떤 눈길로 바라보며 어떻게 살아가느냐에 따라 이다지도 밝게 달리 빛날 수 있다는 데 놀라며, 아주 느리게 깊숙이 덮어둔 나의 삶도 되짚어 보게 되었다. 뒤늦게 이미 다 놓쳐버린 나의 날들이 새삼 부끄럽고 안타까웠다.

첼로를 켜는 딸의 연주회[4]를 지켜보며 자신의 음악 사랑

4) 내 딸은 전문 첼리스트가 아니라, 당시 대학 오케스트라 동아리에서 아마추어로 첼로를 연주하였다.

을 그 안에 오롯이 담고자 하는 아버지. 아버지 잃은 이즈음에 참으로 아버지다운 아버지를 본다. 첼로를 좋아하는 나는 다음에 그 따님 연주가 있다면 꼭 가 보고 싶다. 바흐의 무반주 첼로 조곡이 아니라도, 요요마·장한나·미샤 마이스키 들의 뛰어난 연주가 아니라도 아버지의 잔잔한 사랑을 드리운 딸의 첼로 연주라면, 빈 들녘 스산한 나의 늦가을도 따뜻해질 것 같아서다.

차갑고 메마른 학문적 탐구에 빠져 있을 때라도 성모님의 말 없는 부르심을 알아들은 착하고 곱상한 공학도, 아무리 바빠도 어린 아들 신앙의 첫걸음에 손잡고 함께하며, 젊은 날 음악에 빠진 열정을 딸아이의 수호성인인 세실리아라는 세례명을 붙여주고, 큰 딸아이의 연주회에 다녀온 날 밤, 큰딸, 작은딸, 그리고 아들 녀석 셋이 아빠 엄마를 위해 멋진 삼중주의 가족 연주회를 여는 꿈을 꾸고, 꿈속에서 아내와 자식들을 위해 플루트 연주를 피날레로 했다는, 이 가슴 따뜻한 과학자. 나의 존경은 그렇게 피어나 자랐고, 이 글을 읽으며 더욱 튼튼해졌다.

그가 살아온 길은 한 치의 모자람도 없이 잘 자란 나무들로 가득한 숲이다. 그 안에는 아늑한 쉼터가 곳곳에 있고 솔바람을 마음껏 들이킬 수 있어, 거니는 즐거움이 선선하다. 여기저기 작은 오솔길이 열려 있어 나무 등걸을 어루만지며 서로 주고받는 발걸음이 다정하다.

잘 자란 나무들은 사랑의 질서로 더욱 아름답고, 튼튼한 믿음으로 든든하다. 알차게 열린 삶의 보람들, 촘촘한 학문의 가지들이 하늘을 조금도 가리지 않으니, 맑고 포근한 하늘이 숲 안에 내려와 앉은 듯하다. 왜일까? 그렇다. 그의 사랑과 학문의 열정이 한 낱의 거짓도 꾸밈도 없이 투명한 까닭이다. 살다 보면 때로 먼지를 덮어쓰기도 하고 때로 때가 묻기도 하거늘 어찌 그리 깨끗하고 맑을 수 있을까? 나눔과 쪼갬으로 대상을 밝히다 보면 딱딱하고 메마르기도 할 터인데, 하 교수는 어디서나 누구에게나 보송보송 부드럽고 나긋나긋 따스하다. 그래서인지 그가 마련한 숲속 세상은 빈틈없이 빽빽해도 넉넉하고 아늑하다. 누구나 쉬 들어설 수 있고 아무리 깊숙이 들어서도 지치지 않는다. 그윽한 솔바람이 감돌아 그대로 젖어 들게 된다. 이같이 깊고 아늑한 삶의 숲속에서 맑고 고운 하 선비와 믿음을 함께하며 같은 자리에서 일하고 있다는 건 아주 드문 축복이다.

그에게서 나노 이야기를 들은 적 있다. 1nm(나노미터)는 10^{-9}m (미터), 시간의 단위인 ns는 μs (마이크로 초)의 1/1000인 mμs(밀리마이크로초), 즉 1초의 1/10억에 해당한다고 한다. 이렇게 쪼개진 입자는 동질적인 구조로 함께할 때 엄청난 힘과, 놀라운 새로움을 드러낸다고 한다.

그는 주어진 삶의 시간을 나노로 쪼개고 그 어느 하나라도 소홀히 하지 않고 그 하나하나를 하나로 모은 나노 식 삶을 살아온 것 같다. 그래서 그의 삶이 순수하고 아름답고 다채롭게 빛나는 것은 아닐까?

믿음과 사랑을 한가운데 두는 과학자·교육자·일상인으로서, 어버이를 섬기고 그리워하는 아들이며, 딸 아들 귀애하는 아버지이며, 아내에게 고마워할 줄 아는 지아비이며, 배움과 가르침을 날로 더하는 학자이자 스승이며, 높낮이를 재지 않고 더불어 살아갈 줄 아는 이웃이며, 스스로를 아끼고 사랑할 줄 아는 사람, 이 하나하나가 하창식 이름의 나노 입자로서 가지런히, 그리고 빈틈없이 가로세로 엮이니 더없이 곱고 아름다운 빛을 낸다. 이제 그를 알 것 같다.

그에게는 없는 것이 두어 가지 있다. 거짓이나 꾸밈은 눈 닦고 찾아도 보이지 않는다. 그러기에 오랜 만남이 없어도 맑은 물속처럼 그의 속내를 들여다볼 수 있다.

그에게는 지나친 욕심이 없다. 그래서 그의 걸음은 아무리 바빠도 힘들거나 지쳐 보이지 않는다. 남다른 그의 나날에서 잔잔한 여유를 즐길 수 있는 것도 그 때문이리라.

그에게는 교만이나 자랑이 없다. 오로지 성실로 이룬 탑이 높으니 스스로 뽐낼 것이 없어서라기보다는 언제 어디서나 누구에게나 마음을 낮출 줄 알아서이리라. 이는 신앙인이 가져야 할 첫째 덕목이자 마지막 보람이다. 그러니 일찍이 성모님의 눈에 들어 뽑힐 수밖에 없었을 것이다.

이 수필집에 담긴 삶의 조각들에서도 하창식 교수는 여전히 부지런하면서도 느긋하고, 반듯하면서도 두렷하고, 철저하면서도 서정적인, 마음 따뜻한 선비로 드러난다. 스스로 일상에서 괄호 밖의 남자라고는 하나 괄호 안의 삶을 더욱 아끼는 사람으로 다가온다.

그것은, 그가 더 큰 괄호인 하느님 안에서 주님 사랑을 한가운데로 하여 살아가고 있는 까닭이다. 믿음으로 가족과 더불어 이웃과 사랑을 나누고 있는 까닭이다. 그 사랑은 우리 사회의 교육과 정치, 문화에도 뚜렷하고 올바른 길잡이가 될 수 있음을 보여 준다. 세상을 거꾸로 볼 줄 아는 슬기로움으로 거칠고 메마른 세상을 너그러이 감싸 안을 줄 알고, 과학자는 무엇인가를 더듬으며 과학의 질서를 바탕으로 한 인문과 서정의 사랑을 두루 갖춘 세상을 꿈꾸어 대통령의 휴가에 물리학책을 권하고 싶어 하는 선비 하창식,[5] 그를 새롭게 읽게 되어 이 여름의 무더위가 되레 시원하다. 한 줄기 상긋한 바람이 나의 눅눅하고 칙칙한 나날을 맑게 씻어내니 마음이 한결 가뿐하다. 뒷글로 자리하게 되어 고맙고 흐뭇하다.

---

5) 「괄호 밖의 남자」, 「세상 거꾸로 보기」, 「대통령의 휴가」 등에 대해서는 『가슴 따뜻한 세상을 꿈꾸며』에 수필 작품으로 수록되어 있다.

| 연보 |

1956. 1. 부산 출생
1978. 2. 부산대학교 화학공학과 졸업(공학사)
1980. 2. 한국과학원(KAIS) 화학공학과 졸업(공학석사)
1981. 6. 한국과학원이 한국과학기술원(KAIST)으로 명칭 변경됨
1982. 9. 부산대학교 고분자공학과 전임강사 임용
1987. 2. 카이스트 화학공학과 졸업(공학박사)
1988. 8. ~ 1989. 8. 미국 신시내티 대학교 재료공학과 방문 연구
1994. 10. 부산대학교 고분자공학과 교수 승진
1995. 3. 제1에세이집 『빨간 타이어』 출간
1996. 10. 수필부산문학회 가입
1997. 8. ~ 1998. 7. 미국 스탠퍼드 대학교 화학공학과 방문 연구
2000. 3. ~ 2001. 8. 부산대학교 기획부실장
2003. 1. 제2에세이집 『사과와 요구르트』 출간
2003. 4. 우수논문상(한국과학기술단체총연합회)
2003. 6. ~ 2008. 5. 국가지정연구실 지정(과학기술부)
2003. 12. 카이스트 올해의 동문상(카이스트 총동창회)
2003. 12. 한국공학한림원 정회원 선출
2004. 1. 한국과학기술한림원 정회원 선출
2004. 1. ~ 2005. 1. 미국 뉴욕주립대학교 버펄로 대학 (SUNY Buffalo) 화학과 방문 연구
2005. 11. 눌원문화상(학술상) (눌원문화재단)
2006. 11. 이달의 과학기술자상(과학기술부)
2007. 10. 부산광역시 문화상(자연과학 부문)
2007. 12. 부산대학교 최고 연구자(Best Researcher) 선정
2008. 1. ~ 2010. 12. 《Macromolecular Research》 편집위원장

2008. 8. 월간 ≪수필문학≫ 등단(수필문학사)

2008. 10. 제1수필집 『가슴 따뜻한 세상을 꿈꾸며』 출간

2008. 12. 부산가톨릭문인협회 가입

2009. 1. 부산문인협회 가입

2009. 12. 부산대학교 Best Researcher 선정

2010. 7. ~ 2016. 6. 나노그리드소재 파이오니어 융합연구단 단장 (교육과학기술부)

2010. 9. ~ 2011. 8. 미국 UCLA 화학과 방문 연구

2011. 4. 삼성고분자학술상(한국고분자학회)

2011. 12. 제2수필집 『황금 들녘을 바라보며』 출간

2012. 1. ~ 2013.12. 한국접착및계면학회 회장

2012. 1. ~ 2013. 2. 부산대학교 부총장

2012. 2. ~ 2014. 1. 천주교부산교구 평신도사도직협의회 회장 (제37대)

2013. 4. ~ 2015. 12. 호주 퀸즐랜드 대학교 명예교수

2013. 10. 기초연구 우수성과 50선(한국연구재단)

2014. 2. ~ 2016.1. 천주교부산교구 평신도사도직협의회 회장 (제38대)

2014. 8. 국가연구개발 우수성과 100선 (환경 에너지부문 최우수상) - 미래창조과학부장관 표창

2015. 1. ~ 2016. 12. 부산가톨릭문인협회 회장

2015. 7. 제3에세이집 『당신이 있기에 내가 있습니다』 출간

2016. 1. 국제PEN한국본부 가입

2016. 2. ~ 2019. 1. 부산문인협회 이사

2016. 4. 제3수필집 『자서전 217쪽』 출간

2016. 5. 제26회 수필문학상(한국수필문학가협회)

2017. 3. ~ 2017. 12. 중국 상하이산업기술연구원 고급방문학자

2017. 5. SPSJ International Award(일본고분자학회)

2017. 6. 제4에세이집 『말씀 묵상으로 과학의 숲을 걷다』 출간

2018. 1. 한국수필문학가협회 이사

2018. 1. 《Composite Interfaces》 아시아 편집인(Editor for Asia)

2018. 9. 베트남과학기술원(VAST) 공로 메달

2018. 10. 제4수필집 『와일드카드』 출간

2018. 12. 제15회 부산가톨릭문학상(본상) (부산가톨릭문인협회)

2021. 1. ~ 2022.12. 수필부산문학회 회장

2021. 2. 부산대학교 정년퇴임

2021. 3. 부산대학교 석학교수 임용

2021. 3. 부산대학교 평생교육원 《효원수필아카데미》 강사

2021. 11. 제5에세이집 『내게 울림 준 세계문학, 스물다섯』 출간

2021. 11. 제5수필집 『환승의 의미』 출간

2022. 9. 제29회 부산문학상(대상)

2022. 11. 『내게 울림 준 세계문학, 스물다섯』
2022년 세종도서 교양부문 선정

2023. 1. ~ 2024.12. 수필부산문학회 회장

2023. 4. 제6수필집 『강의실 너머』 출간

2024. 1. 제6에세이집 『무지갯빛 성장소설 이야기』 출간

2024. 7. 제7에세이집 『공학자, 베토벤에 빠지다』 출간

2024. 10. '길' 동인 가입

2025. 1. 제8에세이집 『공학자, 예술의 융합을 이야기하다』 출간

2025. 1. 부산수필문인협회 부회장

2025. 2. 제7수필집 『어느 멋진 아침에』 출간

2025. 6. 제9에세이집 『공학자, 쇼스타코비치를 만나다』 출간

2025. 8. 자서전, 『내 머리 위 하늘엔 두 개의 달이 떠 있었다』 출간

2026. 2. 부산대학교 석학교수 퇴임 (예정)

| 전공 관련 저서 및 역서* |

1. 조원제, 하창식 (편저), 『고분자의 구조와 물성』, 방한출판사, 서울 (1984).
2. 조원제, 하창식 (편저), 『고분자화학』, 대영사, 서울 (1989).
3. 황창선, 하창식 외, 『컴퓨터 프로그래밍-FORTRAN 77을 중심으로』, 부산대학교출판부 (1991).
4. 조원제, 하창식, 『고분자 가공』, 부산대학교출판부 (1991).
5. 김성철, 하창식 외, 『고분자공학(Ⅰ)』, 희중당, 서울 (1994).
6. 김성철, 하창식 외, 『고분자공학(Ⅱ)』, 희중당, 서울 (1997).
7. 유종선, 하창식 외, 『고무기술의 기초』, 한국신발피혁연구소, 부산 (2000).
8. 하창식, 이희우, 『나노포러스 고분자』, 문운당, 서울 (2001).
9. 유기탄성체연구회 (김진국, 하창식 외) 역, 『고무과학과 기술』, MRC media, 서울 (2001).
10. 조원제, 하창식 외, 『고분자 재료(Ⅰ)』, 문운당, 서울 (2003).
11. 조원제, 하창식 외, 『고분자 재료(Ⅱ)』, 문운당, 서울 (2003).
12. 강태범, 하창식 외 대학교재연구회 역, 『물리화학』 (T. Engel 과 P. Reid 지음), 사이플러스, 서울 (2007).
13. Y. Kim and C.S. Ha, 『Advances in Organic Light-Emitting Device』, Trans Tech Publications, Switzerland (2008).
14. 유종선, 하창식 외 역, 『접착용어사전』 (일본접착학회 저), 한국접착및계면학회, 서울 (2009).
15. 유종선, 하창식 외 역, 『고무탄성』 (久保亮五 저), 한국신발피혁연구소, 부산 (2009).
16. 유종선, 하창식 외 역, 『접착과 접착제- 선택의 포인트』 (小野昌孝 저), 한국신발피혁연구소, 부산 (2009).

17. 박태현, 하창식 외, 『화학 교과서는 살아있다』, 동아시아, 서울 (2012).
18. 조원제, 하창식, 정일두 (편저), 『고분자화학』, 문운당, 서울 (2013). (조원제, 하창식 (편저), 『고분자화학』, 대영사, 서울 (1989) 개정판).
19. C.S. Ha and S. Nagappan, 『Hydrophobic and Superhydrophobic Organic – Inorganic Nanohybrids』, Pan Stanford Publishing, Singapore (2018).
20. C.S.Ha and S.S. Park, 『Periodic Mesoporous Organosilicas: Preparation, Properties, and Application』, Springer, Singapore (2018).
21. 하창식, 이중희 역, 『반데르발스와 분자과학』 (A. Ya. Kipnis, B.E. Yavelop, J.S. Rowlinson 저, 『Van der Waals and Molecular Science』, Oxford University Press (1996) 저), 부산대학교 출판부, 부산 (2018).

* 저자나 역자 수가 4명 이상인 경우, "○○외"로 나타냄.

글 쓰는 공학자, 하창식 자서전

내 머리 위 하늘엔
두 개의 달이 떠 있었다

초판 인쇄 2025년 8월 18일
초판 발행 2025년 9월 1일

저자 하창식

표지 사진 배영우 (수필부산문학회)
디자인·편집 배영미

발행인 최재원
펴낸곳 부산대학교 출판문화원
출판등록 제1983-000001호 1983.11.10.
부산광역시 금정구 부산대학로 63번길 2 (우편번호46241)
대표전화 051-510-1932 팩시밀리 051-512-7812
www.press.pusan.ac.kr

* 잘못된 책은 구입한 서점에서 교환해 드립니다.

정가 24,000원

ISBN 978 - 89 - 7316 - 843 - 9 (03990)